陈洪绶之谜

陈 强◎著

中国国际广播出版社

图书在版编目（CIP）数据

陈洪绶之谜 / 陈强著 . —北京：中国国际广播出版社，2023.2
ISBN 978-7-5078-5303-2

Ⅰ.①陈… Ⅱ.①陈… Ⅲ.①陈洪绶（1598–1652）–人物研究
Ⅳ.① K825.72

中国版本图书馆 CIP 数据核字（2022）第 248905 号

陈洪绶之谜

著　者	陈 强	
责任编辑	王立华	
校　对	吴光利	
装帧设计	有 森	

出版发行　中国国际广播出版社有限公司 ［010-89508207（传真）］
社　址　北京市丰台区榴乡路 88 号石榴中心 2 号楼 1701
　　　　　邮编：100079
印　刷　北京华强印刷有限公司

开　本	710 × 1000　1/16
字　数	308 千字
印　张	19.5
版　次	2023 年 2 月　北京第一版
印　次	2023 年 2 月　第一次印刷
定　价	78.00 元

前　言

枫桥文化底蕴深厚，文人墨客代不乏人。"一代画宗"陈洪绶，就是枫桥陈家长道地人，他与元末的"画梅圣手"王冕、元末明初"诗坛领袖"杨维桢，合称为"枫桥三贤"，是诸暨人文一块响亮的金字招牌。

陈洪绶所在的家族，叫宅埠陈氏，是枫桥的一大望族。始迁祖陈寿，字玄冈，河南阌乡人。宋建炎三年（1129），陈寿随父亲陈鐩护卫皇子至杭州。绍兴乙卯（1135），举特奏名进士，除庆元路学正，迁翰林经谕。绍兴二十年（1150），陈寿上书朝廷，论胡寅不当贬，触怒秦桧，贬为应奉翰林文字，遂以疾辞官。陈寿自河南阌乡迁杭，辞官后无家可归，经同年友冯羽仪介绍，娶枫桥王氏为妻，于是徙居枫桥之宅埠，在枫溪江畔、梯山之阳肇基发祥，从此枝繁叶茂，瓜瓞绵延。历经宋、元、明三朝，宅埠陈氏簪缨联翩，科甲辉煌，成为枫桥人文的滥觞。到陈洪绶时代，宅埠陈氏已繁衍至十六代。陈洪绶是宅埠陈氏的"灏"字辈，行第"灏七十七"。陈洪绶出身书香门第、官宦世家，他虽没有做过官，但却以杰出的艺术成就，成为宅埠陈氏家族中影响最大的先贤，是宅埠陈氏家族的骄傲。

陈洪绶自中年离开枫桥后，最终没有叶落归根，他的后裔散处绍兴、北京、天津等地。目前新纂的《宅埠陈氏宗谱》已不再有他后裔的记载。论及辈分，陈洪绶则是我的第十一世族祖。因此，我对陈洪绶始终怀着敬仰膜拜之心。作为同宗后裔，阅读并研究陈洪绶，成为我近年来业余坚持的一大爱好。

五年前，也就是 2017 年，我开始系统阅读陈洪绶的《宝纶堂集》，以及所有研究陈洪绶的相关著作。通过阅读，特别是通过原著与研究成果的比较阅读，我慢慢产生了一些疑问：譬如，研究者认为陈洪绶与陈洪绪兄弟关系不睦，坊间也传闻陈洪绶当初是被兄长赶出枫桥的，但我在陈洪绶的诗文中却找到了截然相反的答案；譬如，清代孟远的《陈洪绶传》历来被研究者视为圭臬，但我却发现了这篇传记存在的诸多失实之处；譬如，陈洪绶与枫桥的牛头山及永枫庵、陈洪绶与枫溪雅集，在其诗作中多有提及，但研究者往往视而不见……我将这些疑问用文字记录下来，慢慢就有了一组关于研究陈洪绶的文章。

2021年，我开始研读《宅埠陈氏宗谱》，并与族兄陈国平一起编撰《宅埠陈氏家族文化》初稿，通过细心查阅和梳理，终于将陈洪绶的家世弄得水落石出。更可喜的是，期间我还点校了陈洪绶父亲陈于朝的《苎萝山稿》，结果我的发现填补了陈洪绶研究中存在的诸多空白：譬如陈洪绶"年四岁，就塾妇翁家"中的"妇翁"，不是萧山的来斯行，而是山阴的张葆生，这个妇翁被"张冠李戴"了足足三百多年；譬如陈洪绶十岁师从蓝瑛、孙杕学画，蓝瑛与孙杕其实不是陈洪绶的长辈，他们与陈洪绶竟是"通家眷"关系；譬如陈洪绶十七岁娶萧山来氏为妻，其实真相是陈洪绶先入赘萧山来氏，故陈洪绶有个很特别的说法，叫"侍妇翁来斯行先生几杖"；譬如陈洪绶学佛信佛，这也并非他的怪癖，而是基于家学渊源，尤其是深受其父亲陈于朝的影响，因为陈于朝对于枫桥的佛教事业做出了不小的贡献……陈于朝《苎萝山稿》的发现，不仅揭开了陈洪绶身世的诸多谜团，也以确凿的史料颠覆了专家学者既有的定论，从某种意义上说，《苎萝山稿》是打开陈洪绶研究的一把钥匙。而我则很幸运，成为第一个拿到这把钥匙的人。

这本《陈洪绶之谜》，是我五年来断断续续研究陈洪绶的文字结集。它或许不成熟，但它是我潜心阅读的读书札记；它或许入不了方家法眼，但它是陈洪绶故乡后裔对历史真相正本清源的研究成果。我将此书编印出版，期在纠正陈洪绶研究中存在的似是而非的问题，并为陈洪绶研究者提供源自枫桥本土的第一手材料。

今年是陈洪绶逝世370周年。拙稿得以在今秋顺利定稿并交付出版，得到了枫桥镇党委政府的大力支持，在此特致谢忱！

陈 强

2022年10月于枫桥

目录
MU LU

1

陈
洪
绶
之
谜

一代画宗陈洪绶

陈洪绶（1598—1652），字章侯，又名胥岸，号小净名、悔迟、老迟、勿迟、云门僧等。诸暨枫桥陈家长道地人。陈洪绶出生前，父亲陈于朝做了一个梦，梦见一个道士手持莲子，对陈于朝说，吃下这颗莲子，你将会生一个"宁馨儿"，所以陈洪绶幼名"莲子"，年长后改为"老莲"。

陈洪绶是枫桥宅埠陈氏第十六世。六世祖陈翰英，官广东南雄府同知；五世祖陈元功，授德府典膳所典膳正；曾祖陈鹤鸣，官扬州经历；祖父陈性学，历任广东、陕西布政使。这样的科第世家，曾激发了陈洪绶年轻时求取功名、忠义报国的强大精神动力。父亲陈于朝，是浙东著名才子，工诗词，善书画，后因身体染病，无法参加科考，以信佛念佛排遣痛苦。陈于朝对书画及佛教的喜好，对陈洪绶产生了极其深远的影响。

陈洪绶年幼时，由曾祖陈鹤鸣做主，与山阴张葆生的女儿定了"娃娃亲"。张葆生（1575—1645），字尔葆，号二酉，明末画家、收藏家，善山水，与沈周、李流芳、董其昌诸大家齐名。陈洪绶"年四岁，就塾妇翁家"，此"妇翁"即山阴的张葆生，此真相隐藏在陈于朝的《苎萝山稿》中。

在山阴张家，陈洪绶与张葆生的侄子张岱结下了深厚的友谊。后来，张葆生女儿早夭，陈洪绶回到枫桥，但张岱却成了陈洪绶一生的至交。张岱在《石匮书后集·妙艺列传》中传写了五位人物，张葆生与陈洪绶并列其中，张岱在张葆生传记后附记："婿陈洪绶，自幼及门，颇得其画法。"张岱在《三不朽图赞·画艺》中，也将陈洪绶列于张葆生之后。由此可知陈洪绶绘画的师承。

陈洪绶九岁那年，父亲陈于朝去世，此后引领他走上艺术道路的，则是当时已出名的画家蓝瑛、孙杕。此二人均是杭州人，虽与陈洪绶年龄悬殊，但他们与陈洪绶却是"通家子弟"的关系，即彼此世代交谊深厚、如同一家的兄弟关系。蓝瑛、孙杕身为陈于朝的"家儿"（见《苎萝山稿》），在陈于朝去世后，将扶植陈洪绶视为己任，故陈洪绶后来又有杭州学画的经历。蓝瑛、孙杕对陈洪绶鼓励有加，陈洪绶十岁濡笔作画时，两人曾这样夸赞："使斯人画成，道子、子昂均当北面，吾辈尚敢措一笔乎？"意思是，如果陈洪绶在绘画上有成就了，大画家吴道子、赵孟頫都得退居其后，我辈怎敢再下笔作画呢？这是基于"通家子"关系的溢美之言。

正是得益于名家张葆生的启蒙教育，得益于蓝瑛、孙杕的极力扶植，加上自身的"天纵之才"和后天努力，陈洪绶很早就以绘画扬名，"十四岁悬其画市中，立致金钱"（毛奇龄《陈老莲别传》）。

成家后的陈洪绶，大部分时光是在动荡不安中度过的，"山河破碎风飘絮，身世浮沉雨打萍"。但对陈洪绶来说，更大的痛苦则源于功名。他将"学而优则仕"看作人生的至高理想，为此他宁肯放弃卓异的艺术天赋而去追求功名。然而，尽管胸怀经世致用之心，他的功名之路却屡屡受挫。二十一岁，成为秀才；二十四岁，乡试失第；三十岁，乡试又失第；三十三岁，乡试再失第；三十四岁，祖泽告竭……

明崇祯十五年（1642），陈洪绶变卖部分田产，纳资进入国子监。他满怀报国之志，发奋苦读，每次考试总是名列高等。崇祯十六年（1643）三、四月间，陈洪绶被召为中书舍人。中书舍人是个从七品的小官，朝廷看中了他的绘画能力，给了他这个有名无实的虚职，命他进宫临摹历代帝王图像。

陈洪绶在仕进无望的处境中，替皇家做了三个月的"簪笔"之臣。其间，他得以遍览内府所藏图画，大大开阔了眼界，绘画技艺日益精进。陈洪绶在北京城的艺术声望越来越高，他"名满长安，一时公卿识面为荣，然其所重者，亦书画耳"（孟远《陈洪绶传》），人们将他与北方著名人物画家崔子忠相联系，并称为"南陈北崔"。

然而，成为一名画家岂是陈洪绶几十年来孜孜以求的梦想？正如孟远在《陈洪绶传》中所说的："所谓书画者，亦一时兴会所寄耳，而世顾以是为先生重也，悲夫！"书画不过是陈洪绶的业余爱好，但世人看重的却是陈洪绶的绘画才能，这在陈洪绶心里产生了巨大的落差。

明崇祯十六年（1643）七月，陈洪绶接到家中书信，长子义桢"误入少年场"，将仅剩的家产荡尽一空，陈洪绶缺乏经济后援，不得不离开京城，打道回府。这意味着，陈洪绶大半生苦苦追寻的功名之路，就此半途而废。

回到枫桥的陈洪绶，给友人良卿写了一封书信，信中提到了他抛弃功名的真实内心："仆老年归，真大乐，半生小官弃去，如脱疬痔。"陈洪绶体会到了不被功名束缚的短暂喜悦。晚年，陈洪绶在《游净慈寺记》中总结了自己的功名之路，他说："所以不如愿者，有志气，无时运，想功名，恋声色，而造化小儿玩弄三十余年。"并因此悲叹"所谓有志者事竟成，徒虚语尔"的无奈。客观上的生不逢时，加上年轻时贪恋声色，精力分散，让陈洪绶三十年的心血付出，换来的竟是一个破碎的梦。

因为枫桥田产已变卖殆尽，陈洪绶回到枫桥后的第二年春天，举家迁到了绍兴，暂时寓居在父亲生前忘年交徐渭的青藤书屋，从此走上了他的绘画人生。

但一场更大的劫难在悄然逼近。明崇祯十七年（1644）三月十九日，北京城被李自成攻陷，崇祯皇帝在煤山自缢身亡，大明王朝倾覆。听到这个晴天霹雳的噩耗，陈洪绶在绍兴哭泣狂呼，"甲申之难作，栖迟越中，时而吞声哭泣，时而纵酒狂呼，时而与游侠少年椎牛埋狗，见者咸指为狂士"（孟远《陈洪绶传》）。

五月，福王朱由崧在南京即位，改元弘光，开科取士。九月，友人王紫眉、王素中劝陈洪绶参加弘光政权在南京开设的科举考试，陈洪绶严词拒绝，报之以七律诗三首，其中一首写道："二王莫劝我为官，我若为官官必瘥。几点落梅浮绿酒，一双醉眼看青山。"诗句读来轻松豁达，却隐含着报国无门、国事无望的痛苦。

清顺治二年（1645）六月，鲁王朱以海驾幸张岱家，陈洪绶在一旁作陪，鲁王命他作画，他却假借醉酒不能从命。鲁王又征召他为翰林，陈洪绶也不肯接受。不久，福建南明政权的隆武帝朱聿键也派出使者，以御史的官职前来征召，也被陈洪绶婉言谢绝。奸臣马士英从南京逃到绍兴，以"繡帛玉斝卑礼求一见"，陈洪绶"闭门拒之"，马士英挽陈洪绶好友乞求一纸，终不可得。

清顺治三年（1646），这一年陈洪绶四十九岁。五月底，清兵下浙东，陈洪绶因拒绝绘画而险遭杀害。六月，避乱于山中，自鹫峰寺至云门寺，剃发为僧，逃难活命。陈洪绶出家，是无奈的人生选择，"岂能为僧，借僧活命而已"，才是他的真实心理。

面对明朝的沦亡，陈洪绶既没有参加义军，也没有慷慨死节，只是选择隐身遁世，终究有点说不过去，故而陈洪绶经常悲叹"国破家亡身不死，此身不死不胜哀"，甚至发出"废人莫若我"的自嘲。这种苦闷的遗民生活，使得陈洪绶的某些行为变得更加狂放不羁。

清顺治三年八月，陈洪绶托人在秦望山下寻找隐居之地，未果。九月底，薄坞有一老妇让出一块地供他盖茅屋，于是在友人的资助下，陈洪绶将家移到了薄坞。在那里生活了不到五个月，陈洪绶在精神上享受了片刻的愉悦，但其物质生活却越来越得不到保障，家里经常陷入无米、无钱、无酒、无纸、无烛的困境。无奈，为了卖画求生存，陈洪绶不得不再次将家移至绍兴城内。

陈洪绶一生行为狂放。明亡之前的狂放，是一种不满于现实的狂放；明亡之后的狂放，则是一种亡国遗黎的狂放。死与不死的矛盾，造成他既悲恨又自惭的心理，反映在行动上，或是"逢人不作一语"，或是"时而纵酒狂呼"。

陈洪绶外表狂放，但内心郁闷，加上好饮酒，好声色，伤时伤事，严重影响了他的身体健康。清顺治九年（1652），陈洪绶自我感觉身体越来越糟糕，突然终止访友，从杭州回到绍兴。就在这一年的十月十六日，陈洪绶在绍兴的家中，喃喃念着佛号，默默地离开了这个痛苦的世界，结束了他壮志未酬的悲哀的一生。

陈洪绶死后，在子女没有到齐的情况下，家人草草安葬了这位身处细民之中却名传千古的旷世奇才。一代奇才陈洪绶，就这样默默地离开了人间。

陈洪绶有遗著《宝纶堂集》十卷、《题画诗》一卷、《避乱草》一卷、《筮仪象解》四卷。他一生绘有无法详细统计的绘画作品，至今仍保存在国内外诸多博物馆中。2012 年，天津人民美术出版社出版了《陈洪绶全集》四大册，前三册收录了陈洪绶的书画作品 700 多幅，第四册收录了他的诗文集。

陈洪绶的绘画和诗文，不仅是中国最珍贵的文化遗产之一，也是世界文化的珍贵遗产。

陈洪绶是一位天才画家！他在中国绘画史上的地位和成就，首推人物画与木刻版画。但他同时也是一位人物、花鸟、山水画均冠绝于时的卓越画家。他不仅给明末清初衰微的画坛掀开光辉的一页，更重要的是丰富了绘画的艺术传统。

师古人，是陈洪绶明确的绘画思想。他尊重传统，力追古法。但与当时一般画家的因袭作风不同，陈洪绶师古而不泥古，他做到融古于今，推陈出新，用他自己的话说叫"师其意思，自辟乾坤"（陈洪绶《王叔明画记》）。他主张"以唐之韵运宋之板，宋之理行元之格，则大成矣"（陈洪绶《画论》），即用唐画的韵致为基础再学宋画，以宋画的严谨为基础再学元画，唐、宋、元互为基础，掌握得好，就能集传统之大成。在当时复古风气盛行的环境中，陈洪绶能发表如此清新理性的论点，正是他的人物画自成面目的关键所在。

陈洪绶的人物画，少而妙，壮而神，老则化。早期深得古法，造型和笔法直接受李公麟线描的影响，设色浓丽，构图繁密，用笔顿挫有力，多方折，线条较短。中期自成风格，进入新境界，他奇思巧构，变幻合宜，人物线条遒劲，形象夸张奇特，装饰情趣渐浓。及至晚期，陈洪绶的人物画形成了高古奇骇的独特风格，达到了古拙美和装饰美的完美结合，线条由方折转向清圆细劲，构图由繁密转向简洁，设色由浓丽转向淡雅，以高度传神的技巧表现人物的内在之美。

《清史列传》评价陈洪绶："其绘事本天纵，尤工人物，得李公麟法。"周亮工在《读画录》中盛赞："天下人物，未尝不首推章侯也。"张庚在《国朝画征录》中这样评价："（洪绶）画人物，躯干伟岸，衣纹清圆细劲，有公麟、子昂之妙。设色学吴生法，其力量气局，超拔磊落，在仇、唐之上，盖明三百年无此笔墨也。"仇英、唐寅是"明四家"中两位画人物最优秀的画家，但陈洪绶还在他们之上。而当代国际学者则推尊他为"代表十七世纪出现许多有彻底的个人独特风格艺术家之中的第一人"。

陈洪绶在中国版画史上也留下了典范之作。从唐宋开始兴盛起来的中国木刻版画，至明末清初迎来了黄金时期，而以奇古人物画见称的陈洪绶，亦活跃于这一时期。他创作的部分版画作品引人注目，展现了独特的艺术才能，由此被视作线描名手、吴道子再世，甚而上溯到六朝的顾恺之。

陈洪绶的版画作品主要有《九歌图》《水浒叶子》《西厢记》《节义鸳鸯冢娇红记》《博古叶子》，《西厢记》和《水浒叶子》还不止一种刻本。就作品数量而言，足以说明他从事版画艺术的热忱。就作品质量而言，除《节义鸳鸯冢娇红记》影响较小外，其余四种均是中国版画史上的杰作，尤其是《水浒叶子》，成为中国版画史上的典范之作。

张岱《陶庵梦忆》（卷六）记录了陈洪绶的《水浒叶子》。除说明创作由来外，着重就《水浒叶子》的思想和艺术价值做了高度评价："以英雄忠义之气，郁郁芊芊，积于笔墨间也……余友章侯，才足捵天，笔能泣鬼。"说陈洪绶落于笔端的全是英雄忠义之气，说《水浒叶子》是陈洪绶呕心沥血创作的扛鼎之作，还说陈洪绶才华横溢，其作品能惊天地、泣鬼神。张岱还将陈洪绶与伯益（禹舜时代的辅佐大臣）、吴道子（唐代画家）相提并论，暗示陈洪绶的《水浒叶子》有辅佐朝廷、激浊扬清的效用。

汪念祖在《陈章侯水浒叶子引》中，将罗贯中的水浒小说与陈洪绶的《水浒叶子》进行比较，前者为书，后者为画，书画兼美，同奏忠义之歌。称罗贯中是"冷眼觑世，快手传神"，以方言亵语见长，令说书场听众为之倾倒；而陈洪绶则是"画水画火妙手，图写贯中所演四十人叶子上，额上风生，眉尖火出，一毫一发，凭意撰造，无不令观者为之骇目损心"。

陈洪绶还以诗见长，只是他的诗名为画名所掩。陈洪绶的诗平淡天真，他自己说是学陶渊明的，"吾以陶为师，能成平远诗。每逢好时节，点韵不移时"。当时的诗坛领袖王士祯对陈洪绶的诗十分服膺，在他所著的《池北偶谈》中专列了《陈洪绶诗》一节，并说："陈洪绶以画出名，予尝见其小诗，颇有致。"以王世祯当时在诗坛上的地位之高，竟如此推崇陈洪绶的诗，可见陈洪绶诗歌的成就也是不容忽视的。

（文中引用陈洪绶诗句，均出自《宝纶堂集》）

婿陈洪绶，自幼及门

——陈洪绶"年四岁，就塾妇翁家"的真相

陈于朝（陈洪绶之父）《苎萝山稿》的发现与研究，不仅揭开了陈洪绶身世的诸多谜团，也将以确凿的史料颠覆专家学者既有的定论。从某种意义上说，《苎萝山稿》是打开陈洪绶身世之谜的一把钥匙，它将向世人公开陈洪绶那些闻所未闻的逸事，譬如陈洪绶的婚姻。就陈洪绶研究而言，这看似小事，其实却是牵一发动全身的大课题，因为它事关陈洪绶就塾、学画、师承、交友等相关内容。

上

陈洪绶十七岁娶萧山来氏，二十七岁继配杭州韩氏，四十六岁纳胡净鬘为妾。这样的婚姻史，谁都没有异议。但它不严谨，也不完整。现在，有陈洪绶父亲陈于朝的文字为证，我们不得不对陈洪绶的婚姻史进行一次纠正和完善。

先纠正一个说法。笔者以《苎萝山稿》为依据，分析了陈洪绶入赘萧山的前因后果，主要参考文献是陈洪绶岳父来斯行的《苎萝山稿叙》和《祭明故陈老亲母王氏祭文》。这两则史料，明白无误地载明了两点：

一是来斯行初到枫桥、初识陈洪绶，是在明万历三十四年（1606）五

月前，这一年陈洪绶只有九岁。五月十八日，陈洪绶父亲陈于朝去世。

二是陈洪绶之所以十七岁就早早结婚，是为了圆母亲王氏去世前的一大心愿。万历四十二年（1614）冬，陈洪绶"赘"至萧山来氏家，万历四十三年（1615）立春，陈洪绶"赘未满月"，母亲病重，枫桥陈家派人至萧山女方传话，说陈洪绶母亲想看一眼新妇（媳妇），于是来氏首次随陈洪绶来到枫桥。二月十三日，陈洪绶母亲王氏去世。

还原真相：陈洪绶与萧山来氏的婚姻，并非父亲陈于朝在世时确定的，且陈洪绶与来氏的婚姻不是"娶"而是"赘"。来斯行的长篇祭文，对于陈洪绶入赘前后的曲折经过，写得一清二楚，这是毋庸置疑的。

然而，陈洪绶在入赘萧山来氏之前，的确有过一次婚约，这就是他童年时与山阴张氏的一桩娃娃亲。陈于朝的《苎萝山稿》虽没有涵盖他生前的全部作品，但这并不妨碍我们从中找到陈洪绶定娃娃亲的确凿证据。

在《苎萝山稿》里，有一个关键词叫"亲家"。先后出现三次，分别是：（1）王纯斋亲家。出现在《寿王纯斋亲家六十序（代大父）》中，这是陈于朝代祖父撰写的一篇寿序，此"亲家"是祖父陈鹤鸣的亲家，王纯斋是陈于朝的外祖父。（2）胡亲家。出现在《答胡亲家》一信中，这便是陈于朝长子陈洪绪的岳父胡起明，陈洪绪《先严慈行实》载："不孝洪绪，娶楚湘阴令胡公大臣女。"两者相合。（3）张葆生亲家。出现在《与张葆生亲家》一信中，这个亲家，就是陈于朝生前为次子陈洪绶订婚的亲家。

张葆生（1575—1645），初名联芳，字尔葆，号二酉，山阴人。明末画家、收藏家。以入幕至仕，官孟津县令。孟津有城无濠，尔葆令掘濠加固。满六年，升扬州司马，分署淮安，督理船政。史可法廉其才，漕事缓急一以委之，无不立办。崇祯十六年（1643），李自成起义军破河南，淮南告急，因练乡勇守清江浦，积劳成疾，一病不起。善山水，与沈周、李流芳、董其昌诸大家齐名。

何以证明陈洪绶与山阴张氏有过婚约？答案就在陈于朝与张葆生的书信里。《苎萝山稿》收录陈于朝写给张葆生的书信共六封，其中第一封信说的就是这件事。题为《复张葆生》，内容如下：

王考未殁数日，尝执朝手，谓："窃闻公子高谊，得投玉杼，将为后世光。"既礼成，而王考宾华胥矣。不肖果荷雅爱，不啻笃也。尊公始吊于潇江，足下复奠于塚上，薙露汗青，悁怆慰劳，黄泉有知，得无雨泣而转含笑乎？存殁戴德，衔结靡穷，祇对使九顿，呜咽致谢耳。尊太翁内转，以鞶掌尚未走驾，而无益鼠女致辱太夫人驰嘉贶，以存荆妇厚颜，锼腷可名状乎哉？唯是台慈，能鉴我区区不尽。

陈鹤鸣临死前曾握着孙子陈于朝的手，交代曾孙陈洪绶的婚姻大事。陈鹤鸣说，山阴张氏是望族，特别是扬州司马张葆生，听说这是一个品德高尚的人，我们应当与他们家结亲，早点攀高枝，投玉杵（指求婚下聘礼），将来必定能为我陈氏家族争光。于是，陈于朝遵循祖父意愿，与张葆生结为亲家，且慎重举行了订婚仪式。"礼成"之后，陈鹤鸣驾鹤西去。之后，两家成为至戚，交往频繁。张葆生的父亲在潇江祭奠陈鹤鸣，张葆生特意赶到枫桥上坟，张葆生母亲还赠礼品给陈于朝的女儿。陈于朝在信中表达了深深的谢意，说父亲在地下会含笑九泉，说妻子在收到礼物后感到汗颜，说自己的感激之情无以言表，等等。

因为与张葆生成了名正言顺的亲家，所以陈于朝在与他人通信时，就直截了当地说这层关系了。陈于朝给松江大儒陈继儒的书信《简陈眉公》中，就是这样说的：

> 先生则海内真通儒也，于朝所寤寐向往者有年矣。顾无从得一面颜色接謦欬。项闻之，山阴张司马有约，张为朝肺腑戚，将因得交先生，邀从者过苎萝山下止宿茅舍也，后竟不果来，至今怏怏为恨。

信中提到的张司马，就是张葆生，陈于朝称张司马是自己的"肺腑戚"。张葆生与陈继儒素有交往，陈于朝因多了张葆生这层关系，与陈继儒的交往也日益加深。

这个门当户对的婚约，这桩由陈洪绶曾祖指定的"娃娃亲"，后来为什么突然变卦了？如果不是发生重大变故，断然不会撕毁婚约。果然，答案在陈于朝的第二封书信里隐藏着。此信题为《与张葆生》，内容如下：

夏杪奏记长安，加足下饭，嗣后了不闻问。足下迟归，君家遂有许大恶。滋味人生，政如朝露，百岁几何，亦复如是。达人自应有解，独仆次子薄命，每触事有感，未尝不与母抱首啼泣也。仆虽力为强持，顾之终自酸鼻。足下高谊尚无退心，幸不鄙夷贱父子耳。伏枕山中，苦难握手，寄语奚童，愿言珍重。

图1　陈于朝《苎萝山稿》

书信文字不多，但信息量巨大。陈于朝说，自夏末在长安写信问候张葆生之后，双方没有互通信息。然后陈于朝以极隐晦的语言，提及了张葆生家里发生的一件大事。什么大事？"许大恶"，即"这般大的遭遇和痛苦"。联系下文，说人生譬如朝露，说人活百年亦不过如此，便不难得知，张葆生女儿已经意外夭折了。这从童年陈洪绶的表现上也可以看出。陈洪绶每每想到发生在张家的"许大恶"，就与母亲抱头痛哭。（陈洪绶此时只有四岁，他痛哭并非失妻，而是失去了玩伴。）陈于朝强忍着内心的痛苦，但看到儿子如此悲伤的样子，自己也禁不住鼻酸难过。

痛苦可以被时间洗刷，陈洪绶未成名前的这桩婚约，更成为历史烟云。在陈洪绶的历代研究者中，只有晚清文史大家平步青，曾在他的《霞外攟屑》（卷四）中有过一个大胆的推测，他认定陈洪绶曾经是张葆生之婿，推测张葆生之女未嫁而殇，陈洪绶后来才再娶来斯行之女。现在看来，平步青的推测是完全准确的。

陈洪绶童年时代的"娃娃亲",因张葆生女儿早殇,自动宣告失效,但两家的交往并未中断。张家在遭遇"许大恶"之后,陈于朝仍将陈洪绶托付给张葆生,女婿做不成,那就做张葆生的儿子吧。在陈于朝的信中,很真诚地表达了这层意思。此信题为《报葆生》,内容如下:

> 读柔翰,固知足下雅意,犹然齿颊疲骂,至损筐篚,列玉充庭,不肖何德堪之?顾高谊累累綦厚。不肖落莫如是,恐不足当仁兄怜盼。即黄口豚犬,终愿照拂,儿子视之,俾不颠隮,幸无负依恋凤志。不肖敢以相属,足下忍无心颔乎?佳贶敬拜嘉,以歆厚意,稍反锦以报从者。家尊茧茧骨立,未皇削草居起,敢拜过轩之宠。使发神往,怆然怆然。

张葆生女儿早殇后,陈于朝与张葆生没有间断通信,张葆生还一直破费送陈于朝这样那样的礼物,陈于朝深深体会到了张葆生虽非亲家但胜似亲家的情谊。信中,陈于朝把儿子陈洪绶说成"黄口豚犬",希望能继续得到张葆生的照顾,希望张葆生像对待自己的儿子一样对待他,不让他的未来困顿受挫。陈于朝甚至说,我将儿子托付给你,你难道会忍心拒绝?

还原陈洪绶这桩"娃娃亲",之所以说它重要,是因为它直接颠覆了陈洪绶研究的既成说法。

譬如,陈洪绶"四岁画关公"一事。《清史列传·陈洪绶传》载:"年四岁,就塾妇翁家,画汉前将军关侯像于壁上,长十尺余,翁见之大惊,下拜。"这里的"妇翁",历来被张冠李戴,记在萧山来斯行的头上。那么现在必须纠正过来,这个"妇翁"的真实身份是山阴大画家张葆生。结合上引陈于朝书信内容,我们甚至可以推定,当初陈于朝与张葆生结为亲家,陈洪绶确实还只是年仅四岁的孩子,史书的记载是确凿的。

譬如,陈洪绶与张岱的关系,也必须重新定位。有了陈洪绶与山阴张氏的婚约,陈洪绶与张岱就不再局限于朋友关系了,因为实际上,陈洪绶还是张岱名义上的堂妹夫。陈洪绶小张岱一岁,他们自幼就在山阴结下了深厚的友谊。因为张葆生既是陈洪绶童年时的妇翁,又是张岱的叔父。张岱父亲名耀芳，张岱叔父名联芳。有了这种双层的关系，张岱便成了陈洪绶一生的至交，以至在陈洪绶去世时，也是张岱帮着殓尸治丧的。

其他尚有不少史料可待梳理。总之，陈于朝《苎萝山稿》从历史尘埃中翻拣出来，陈洪绶的身世之谜由其父亲陈于朝来亲自叙说，则陈洪绶的研究必将迎来一次正本清源的刷新。

下

在陈洪绶的交游圈中，唯有张岱与他一辈子不离不弃。他们肝胆相照，是肺腑之戚，是生死之交。用现在的话说，他俩是"发小"。甚至，我们可以还原出这样一个情境：当年在山阴张氏的私塾里，张岱、张岱堂妹、陈洪绶，三个人年龄相仿，是关系最好的伙伴，因为他们是一家人。

《苎萝山稿》收录陈于朝与亲家张葆生的三通书信，足以证明陈洪绶幼年定亲及就塾妇翁家的事实。现在，我们继续设想，与陈洪绶不离不弃的张岱，对陈洪绶身世了如指掌的张岱，他的笔下是否也有这方面的文字记载呢？

答案是令人欣喜的！事实上，张岱确实有过这方面的记载，且比陈洪绶父亲陈于朝记得更清楚明了。只不过陈洪绶去世三百多年来，张岱的这段记录极少为陈洪绶研究专家们所获识，或者即使看到了，也想当然地将它视作笔误。

现在就让我们来揭开张岱文字里记载的真相。

张岱晚年作《石匮书后集》，关于陈洪绶与山阴张氏的姻亲关系，就隐藏在《石匮书后集》第六十卷中。此卷名为《妙艺列传》，共传写了五位人物，分别是关思、李流芳、张尔葆（张葆生）、陈洪绶、姚允在。

在《石匮书后集》的目录中，排第三位的是张葆生，排第四位的是陈洪绶，两人前后排列暗藏玄机，遗憾的是，历来陈洪绶的研究专家只关注陈洪绶，而没有关注到张葆生。加上《石匮书后集》在编排时出了一个小偏差，五人的排列顺序错位了，变成了"关思、张尔葆、李流芳、陈洪绶、姚允在"，这就将张葆生与陈洪绶分隔开，原本极易发现的一个真相，被中间的"李流芳"遮隔了。又加上《石匮书后集》并没有像张岱其他作品那样普及，这就难免导致真相被掩盖。

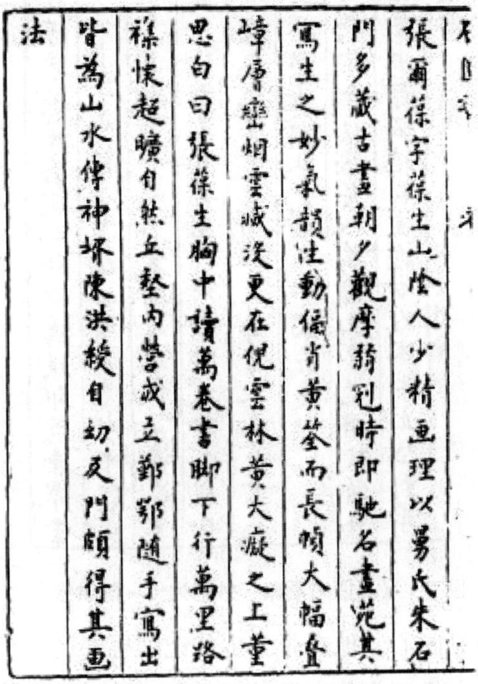
張爾葆字葆生山陰人少精畫理以舅氏朱石
門多藏古畫朝夕觀摩弱冠時即馳名畫苑其
寫生之妙氣韻生動偪肖黃荃而長幀大幅疊
嶂層巒烟雲滅沒更在倪雲林黃大癡之上董
思白曰張葆生胸中讀萬卷書脚下行萬里路
襟懷超曠自然丘壑內營成立鄞鄂隨手寫出
皆為山水傳神婿陳洪綬自幼及門頗得其畫
法

图2 《石匮书后集·妙艺列传·张尔葆》

现在引录张岱传写张葆生、陈洪绶的两段文字：

张尔葆，字葆生，山阴人。少精画理，以舅氏朱石门多藏古画，朝夕观摩。弱冠时，即驰名画苑。其写生之妙，气韵生动，逼肖黄荃；而长帧大幅，叠嶂层峦，烟云灭没，更在倪云林、黄大痴之上。董思白曰："张葆生胸中读万卷书，脚下行万里路，襟怀超旷自然，丘壑内营成立，鄞鄂随手写出，皆为山水传神。"婿陈洪绶，自幼及门，颇得其画法。

陈洪绶，字章侯，诸暨人。为诸生。鲁监国授翰林待诏。笔下奇崛遒劲，直追古人。木石丘壑则李成、范宽；花卉翎毛则黄荃、崔顺；仙佛鬼怪则石恪、龙眠。画虽近人，已享重价，然其为人佻傝，不事生产，死无以殓。自题其像曰："浪得虚名，穷鬼见诮；国亡不死，不忠不孝。"

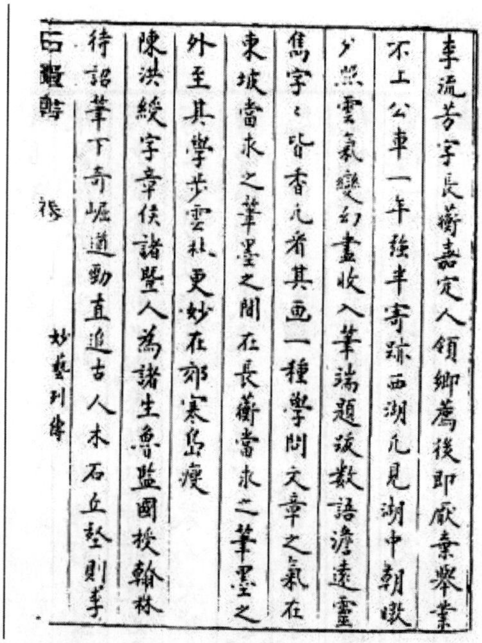

李流芳字长蘅嘉定人领乡荐後即厌弃举业
不工公车一年终半寄踪西湖几见湖中朝暾
夕照云气变幻着其画一种学问文章之气在
焦字之皆香元着其画收入笔端题诗数语遒远靈
东坡当永之笔墨之间在长蘅当永二笔墨之
外至其学步云林更妙在郊寒岛瘦
陈洪绶字章侯诸暨人为诸生尝监国校翰林
待诏笔下奇崛遒劲直追古人木石立轻则壅

石匮书后集

妙艺列传

图3　《石匮书后集·妙艺列传·陈洪绶》

张岱的安排颇见匠心。他在张葆生传记结尾处用一个"婿"字，自然带出陈洪绶。这样安排不仅节省了文字，也巧妙地将两者的翁婿关系和师承关系交代清楚了。虽然仅有十三个字，但它是陈洪绶"姻缘""就塾""师从"的精练概括，在今天看来，这恰恰是陈洪绶研究中不可或缺的三个重要因素。

第一句，"婿陈洪绶"。这句话放在张葆生这里是最恰当的，因为在张葆生心目中，陈洪绶就是女婿，且是唯一的。如果在陈洪绶的传文里做介绍，那麻烦就大了，必须同时写上童年定过婚约的张葆生、原配萧山来氏的父亲来斯行、继配韩氏的父亲杭州卫指挥同知韩君，甚至还得写上小妾胡净鬘的父亲，这就成了蛇脚。一个"婿"字，还表明张氏对陈洪绶的认同。尽管张岱堂妹幼年早殇，尽管陈洪绶并无与张氏有事实上的婚姻，但在古代，行过礼的婚约非同儿戏（如果女子遭遇已定婚约的丈夫去世，哪怕没过门，也得一辈子为死者守贞），就算后来陈洪绶一娶再娶，在张岱看来，陈洪绶生是张葆生之婿，死也是张葆生之婿。

第二句，"自幼及门"。这句话的意思是，陈洪绶幼时就生活在山阴张葆生家里。去干什么呢？读书、学画，兼而与张葆生女儿青梅竹马，从小培养感情。这个"幼"，用《清史列传·陈洪绶传》和朱彝尊《陈洪绶传》中的文字来注解，就是"年四岁"，正是陈洪绶"四岁画关公"那一年。这是一个相当确切的时间概念，且另有证据印证这个时间的准确。由陈于朝书信可知，陈氏与张氏结为亲家，是陈鹤鸣临死前敲定的，而陈鹤鸣去世时间是万历三十一年（1603）正月十三（见《芋萝山稿·先大父墓志铭》），陈洪绶出生时间是万历二十六年（1598）十二月二十七日。陈鹤鸣去世时，陈洪绶刚过六岁，但因为陈洪绶订婚"礼成"在陈鹤鸣去世前，故说陈洪绶"年四岁，就塾妇翁家"在时间上是契合的。

第三句，"颇得其画法"。这句话透露出两个信息：一是陈洪绶四岁（相当于现在幼儿园小班）就能绘画，画关公的事并非夸张，由此可知陈洪绶确有绘画的天赋。二是陈洪绶自幼就得张葆生真传，张葆生既是陈洪绶的妇翁，又是陈洪绶的启蒙老师。张岱文字里也有印证，他称张葆生"写生之妙，气韵生动，逼肖黄荃"，而陈洪绶"花卉翎毛则黄荃、崔顺"，由此可知两者师承关系，说明陈洪绶的花卉翎毛是得了张葆生的真传。张岱的这句"颇得其画法"，为陈洪绶的绘画研究指明了正确的方向，因为无论是陈洪绶的画论，还是后来陈洪绶在画坛的交际，均发端于妇翁张葆生。而若将陈洪绶"妇翁"定位于萧山来斯行，就彻底南辕北辙了，会给研究者带来极大的困惑。

张岱对陈洪绶知根知底，他对陈洪绶落拓不羁的性情和行事作风，言语间亦是惺惺相惜。张岱说，陈洪绶生前，他的画受人欢迎，已能卖出高价了，可因为做人太"佻傝"（tiāotà，越地方言，意为做人轻松），也不置办什么产业，以至于去世时竟落到无钱成殓的悲惨下场。

现在终于真相大白！陈洪绶初次订婚的双方，无论是男方证人陈于朝，还是女方证人张岱，他们均以见证人的身份，用文字证明：陈洪绶"年四岁，就塾妇翁家"一事，发生在山阴张葆生家，而绝非萧山来斯行家。

接下来就可以正本清源了。如今国内研究陈洪绶的权威，当属中国人民大学教授、博导陈传席，他点校、整理了陈洪绶作品，编写了陈洪绶年谱，并先后出版《宝纶堂集》（天津人民美术出版社）和《陈洪绶集》（中华书局），他的成果是陈洪绶研究的蓝本和基础。但是，在陈洪绶"年四岁，就塾妇翁家"这一事件上，陈传席教授的文字表述是这样的：

一六〇一年（明万历二十九年辛丑）四岁。在翁岳萧山来斯行家，于墙上画关侯像，长十尺余，拱而立。来斯行见此图惊而下拜。

经上述考证后，此处"在翁岳萧山来斯行家"，当改成"在翁岳山阴张葆生家"。

赘次君于家

——陈洪绶入赘萧山来氏的前因后果

陈洪绶一生，先后娶两妻一妾。原配来氏，与陈洪绶同龄，是萧山人，槎庵先生来斯行的女儿。《宣统诸暨县志》载："来氏幼承家学，能诗，清闺唱酬，颇饶韵致。"来氏不愧为大家闺秀，她性格温柔贤淑，能够吟咏诗词，善于勤俭持家，两人婚后相处和谐，育有一女陈道蕴。遗憾的是，这桩姻缘好景不长。从万历四十二年（1614）两人结婚，到天启三年（1623）来氏病逝，陈洪绶与来氏的这段婚姻，"好合"了只有短短九年时间。

一

陈洪绶的初婚，研究陈洪绶的专家们是无法回避的。但因缺少文献资料，在叙述时往往语焉不详，或只做大概的猜测。他们主要的参考资料是陈洪绶的一篇文章。

《宝纶堂集》里收有陈洪绶为岳父来斯行撰写的《槎庵先生传》，其中写道："洪绶十七岁即侍先生几杖，多能诵说。"侍先生几杖，就是说陈洪绶做了槎庵先生的女婿。

陈传席的《陈洪绶年谱》，在写到陈洪绶十七岁这一年的履历时，用了这样两句话：一句是"是年，侍萧山来斯行先生几杖，多能诵说"，这源自

《槎庵先生传》；一句是"大约在这一年，娶来斯行之女为妻"，是基于《槎庵先生传》中陈洪绶的那句话推断的，至于成婚的具体月份则不详。

其实，陈洪绶与来氏的婚姻，其前因后果，其来龙去脉，大有曲折和说道。譬如，陈洪绶为什么会娶萧山来氏为妻？陈洪绶为什么十七岁就早早结婚？陈洪绶父母早逝后，是谁培养他成为一代名家？枫桥民间为什么一直盛传陈洪绶兄弟关系不睦？等等。

答案就在《苎萝山稿》里。这是一份长久以来不被人们所重视的珍贵史料。《苎萝山稿》是陈洪绶父亲陈于朝的作品集。陈于朝去世十年后，在长子陈洪绪的主持下，经广泛搜罗后编印而成。因陈于朝去世后原稿丢失，《苎萝山稿》只收集了陈于朝生前作品的十分之二三。这部书最后有《附卷》，收录了陈洪绶母亲去世后相关知名人士的祭文和挽诗。其中有一篇，正是萧山来斯行祭奠亲母（亲家母）的祭文。原文无标题，笔者权且定名为《祭明故陈老亲母王氏祭文》。

来斯行的祭文，可以解开陈洪绶初婚的诸多秘密，且可能成为颠覆某些既成说法的一个有力证据。

二

为什么陈洪绶会与萧山来氏结婚？答案是：陈洪绶父亲陈于朝与萧山来斯行是生死之交，陈洪绶的婚姻是父母包办的。

来斯行在《苎萝山稿叙》中这样叙述他与陈于朝的关系：

> 余曩与陈子交时，陈子以经艺前茅吾越，余亦以经艺相与颉颃。余两人实私好古文辞，千秋自命，视经生不啻醯鸡，而各为尊人所迫，姑俯而事羔雁，竟未得一日言尔志焉。

这段话的意思是：我们两个都是读书人，而且陈于朝的成绩在绍兴名列前茅，我来斯行与陈于朝也不相上下。而且，两个人除熟读经书，还都爱好诗词歌赋这些古文辞。古文辞与科举考试格格不入，但我们却乐此不疲，以古文辞自命不凡，看不起那些靠死读书以求取功名的学生。两人在科举上都没有大的出息，后来迫于家长压力，最终都早早地结婚生子，所以人生的抱负无法施展。

在来斯行《祭明故陈老亲母王氏祭文》中，来斯行再次提到一个细节：

> 吾初与亲翁饮冰交。丙午岁，邀予馆谷其家。予方至，而亲翁之病革矣。予时视其两郎君，皆韶秀可喜。次君年方九岁，与予女正同生。予心私计，以为择婿宜如是子者。后亲翁竟淹忽不起，而予幸叨一第。一生一死，何敢相负！遂订姻盟。

丙午年是万历三十四年（1606），这一年陈洪绶九岁。因为之前来斯行已与陈于朝（号饮冰）结交，所以这一年他应邀来到枫桥长道地陈于朝家。"馆谷其家"指居其馆、食其馆，意思是在陈于朝家住了几天。当时，陈于朝已经病重。但来斯行看到陈于朝的两个儿子，长得十分清秀，招人喜欢。陈于朝的第二个儿子陈洪绶，还跟自己的女儿同年。（这是来斯行初次见到陈洪绶，事实上也否定了"年四岁，就塾妇翁家"的萧山之说。）来斯行当时就在打如意算盘了：陈洪绶是名门之后，又仪表清秀，聪颖过人，以后挑女婿就挑这一个吧。陈于朝去世后，来斯行终于获得了官职，名叫"刑部河南清吏司主事制忝眷侍生"，而此时，双方儿女也到了谈婚论嫁的时候，于是，来斯行想起陈于朝临死前的嘱托，遂决定订立姻盟。

我们不难设想，在陈于朝弥留之际，考虑到身后两个儿子均未成年的家庭实际，他一定将次子陈洪绶托付给了好友来斯行。史料虽无细节的记载，但来斯行"何敢相负"一语，足以证明陈洪绶与萧山来氏的婚姻，是陈于朝生前与来斯行的生死之托与君子之约。

三

陈洪绶为什么十七岁就早早结婚？这要归因于陈洪绶的母亲，母亲王氏在临终前，跟萧山亲家来斯行提出要求，要求圆她一个心愿，把陈洪绶的婚事提前办了。

来斯行《祭明故陈老亲母王氏祭文》是这样说的：

暨旧年冬，予方读礼家居，而使者仓卒至，云亲母病喉，病且不可测，唯以次君姻事为念。且云："吾得一见新妇，死且无憾。"予时念在制中，礼不得婚嫁。而亲母病势既若此，乃稍从权，赘次君于家。

"亲母"即亲家母。"旧年冬"即写这篇祭文的前一年，是万历四十二年（1614），这一年陈洪绶十七岁。当时来斯行正在家里守孝，因其父或其母在此前去世，故要"读礼家居"。而枫桥的亲家陈家匆匆派人到萧山来传话，说亲家母王氏喉咙得病，且病得不轻，亲家母始终放心不下儿子陈洪绶的婚事。王氏的原话翻译出来是："我一定要见一见媳妇的面，那样我死也无憾了。"来斯行当时在守孝，按照习俗，守孝期间是不能举行婚礼的，但考虑到亲家母病情严重，为预防不测，圆亲家母的一个心愿，那就只好临时变通。于是，在"旧年冬"，"赘次君于家"。

若不是陈洪绶母亲临死前提出这个要求，陈洪绶不可能这么匆忙结婚。实际上所谓的成婚，确实也没有举行仪式，因为当时情势紧急，萧山来氏来不及反应，也不适宜在守制时举办婚庆，所以他们连给女儿的嫁妆都还没有准备呢。

注意，"赘次君于家"的意思就是：将陈于朝的第二个儿子陈洪绶入赘到自己家里，而不是将女儿嫁到枫桥长道地，否则，文字表达应该是"女适枫桥陈于朝次子洪绶"。所以说，陈洪绶是倒插门到萧山的。

陈洪绶的"入赘"之议，或许就是陈于朝在临终之前，与好友来斯行之间的一个约定，一个嘱托。

四

万历四十二年（1614）冬，十七岁的陈洪绶"赘"到萧山去了。按照当地的习俗，他一直住在萧山，还在萧山度过了春节。陈洪绶若要回枫桥长道地，按萧山当地的风俗，得"满月"（住满一个月）才行。而陈洪绶的新婚妻子来氏，至此还尚未到过枫桥，她连婆婆王氏长什么模样都不知道呢。

来斯行《祭明故陈老亲母王氏祭文》接着写到了陈洪绶入赘后的进展：

至入春方二日，使者又仓卒至，云亲母病真不可测矣，此时不见新妇，当无时见新妇矣。予时念婿既赘吾家，予女今为陈家妇，即遣归问候，何不可哉？遂偕婿归亲母，殊欢甚。

到了第二年（1615）立春后的第二天，陈洪绶家乡又派人到萧山，传话给来斯行，说亲家母病重得快不行了，这个时候做婆婆的如果见不着新媳妇，以后怕是再也没有机会见了。来斯行想，既然女婿已经入赘到家里，女儿现在名义上也是陈家的媳妇了，那么在婆婆病重期间去照料一下，也是情理之中事。于是，还没有在萧山待到"满月"的陈洪绶，与妻子来氏一起回到枫桥，来看望和照料病重的母亲。

五

这是来氏第一次见婆婆，却也是最后一次见婆婆。遗憾的是，当时事情起了变化，母亲王氏去世那天，陈洪绶夫妻却并不在身边，因为他们又回萧山了。

责任应该归于陈洪绶的岳母。且看来斯行《祭明故陈老亲母王氏祭文》中是怎么说的：

既已弥月，闻亲母渐有起色，而予妇儿女子见，以为装资一无所治，当时去从便宜耳，今亲母且愈，何不归而治装，以了吾女事，乃置不问耶？予时亦避薄女名，使长儿往觇之，孰意亲母之曲体吾妇意，不啻吾之体亲母意也，遂慨然命归。时予婿不欲，予女亦不欲，而亲母尚力疾慰谕，神情无恙，云："新妇第归，秋杪吾当迎汝归。"之二日，竟以痰上不起矣。

陈洪绶与来氏一直照料着生病的母亲，差不多在枫桥住了一个月。母亲因为看到了媳妇，看到儿子成家，压在心里的石头终于放下了，所以病情一下子好转了不少。

但是来斯行的妻子在萧山不乐意了，她生出"儿女子见"，即不成熟的小孩子似的想法。她说，女儿的嫁妆一件都没着落，当时是因为亲家母病危，才答应让两个孩子完婚，但那仅仅是一个权宜之计，现在既然亲家母的病情好转了，两个孩子何不早点回来准备嫁妆，索性把这桩婚事办个明白，老是这样拖着算怎么回事？

来斯行没办法，只好派长子到枫桥来"觇"。"觇"是看，偷偷地察看，实际是以走亲为借口了解真相：陈洪绶小两口一个月不回萧山，到底是什么原因？"觇"的结果是：王氏很理解女方母亲的心情，考虑问题远比来斯行周到。因为王氏一直在催儿子儿媳回萧山，直到萧山派人来了，王氏更加觉得不对劲，于是不得不对儿子儿媳下了逐客令。

母亲已经下了"立即回萧山"的命令，但陈洪绶很不情愿，来氏也很不情愿。最后王氏好说歹说："媳妇啊，你跟洪绶先回去吧，等到秋天，我再派人来接你，用轿子抬你回枫桥。"

陈洪绶夫妻顺从了双方父母，快快地回萧山去了。但遗憾的是，他们头天才刚回到萧山，第二天母亲王氏因一口痰上不来，就去世了。去世时间为万历四十三年（1615）年二月十三日，年仅四十一岁。

六

再回过头来说，陈洪绶与来氏的婚姻之所以能成功，其实全仗来斯行的"一意孤行"，用他自己的话说，则是三个"断以己意"。否则，这件事很容易出尔反尔，这段婚姻也可能落空。来斯行在祭文中，表达了女儿婚姻大事上所遇到的种种阻力：

一是家族反对。"虽然，曩议婚之始也，无不以为吾宗曾无嫁女暨阳者，道里远阻，后日往来甚不便，独不为而女计乎？余辄以旧所见闻及生死交情断以己意。"当时枫桥派人来说婚的时候，来氏家族一致反对，萧山来氏从来没有女子远嫁诸暨的先例，你来斯行把女儿嫁到诸暨，路途这么遥远，以后亲戚走动多不方便！你难道不为自己女儿想一想？来斯行一意孤行，因为他考虑的是"旧所见闻"（陈洪绶家族底细与陈洪绶自身素质）和"生死交情"（来斯行与陈于朝的朋友情谊及生死约定）。

二是不够慎重。"即旧岁举事，亦多以亲母病轻重未可知，且天下未有数日之内彼此大家轻易若此者，而予亦断以己意。"让陈洪绶入赘来氏，是出于为亲家母的病情考虑。且这桩婚姻的速度之快，是出人意料的，男方说要结婚，女方竟立即答应，没几天时间就把婚姻大事给草草地办了。所以叫作"数日之内，彼此大家，轻易若此"。但是来斯行不管这些，他主意已定，谁也反对不了。

三是妻子阻挠。"及夫婿女之归，聚族之人皆谓新郎未满月，吾妇且以女衾饰为念，至掩袂陨涕，数日不饭，而予亦断以己意。"陈洪绶与来氏于1614年冬天草率完婚，还没满一个月，就被叫到枫桥侍候病重的母亲，当时萧山来斯行家族里的人都说这件事做得没道理，因为新郎新娘还没"满月"，按风俗是不能让陈洪绶回娘家的。这还是其次，最主要的是来斯行的妻子，她以女儿嫁妆尚未置办为由，一天到晚哭哭啼啼，接连几天不吃不喝。在这样百般阻挠之下，来斯行仍然坚持自己的主张，答应让陈洪绶夫妻回枫桥，且一住就是一个月。

七

陈洪绶九岁时父亲陈于朝去世，十六岁时祖父陈性学去世，十八岁时母亲王氏去世。十八岁尚属少不更事的年龄，如果没有岳父来斯行的扶持，陈洪绶此后的人生道路或许是个未知数。

要感谢来斯行，他把成就女婿当作了神圣使命。来斯行在祭奠亲家母时，还说过这样一席话：

> 呜呼！吾亲母往矣。吾亲母称未亡人，自以早从吾亲翁为幸，而两郎君英英特达，必能振起吾亲翁未竟之志，以绍大父之业，亲母可以告亲翁于地下矣。至于礼义诗书，磨砻砥砺，以成就吾婿者，则又不肖不敢辞之责也。

前面的都是客套，最后一句却是实实在在的，他自谦地说"成就吾婿者，则又不肖不敢辞之责"，在亲家母的坟前打下了这个包票。如何成就？无非是礼义诗书，无非是磨砻砥砺。事实证明，后来来斯行说到做到，他既是一个好岳父，同时又是一个好父亲。陈于朝的临终之托，来斯行做得不折不扣，没有辜负朋友之谊。

陈洪绶之所以会入赘萧山来氏，当初是陈于朝临终之际给来斯行的特别交代，出这样的主意是为孩子成长考虑。陈洪绶母亲病重后，来斯行当机立断，让陈洪绶入赘，更是为陈洪绶的长久考虑。但是后来，陈洪绶仍然回到枫桥长道地居住和生活，可能是因为枫桥陈家还留有他的一份财产。由此推断，陈洪绶与陈洪绪，若兄弟间果真发生过矛盾，那么可能就发生在这个时期。陈洪绶以管理财产之名重返老家，陈洪绪则以出嫁之人相待兄弟，两人产生利益上的分歧与争执，也是情有可原的。好在分家析产后，最终并没有影响后来兄弟之间的手足之情，这在陈洪绶的诗文中可以得到印证。

【附】来斯行《祭明故陈老亲母王氏文》（标题为笔者所加）

维万历四十三年岁次乙卯三月丁未朔越二十有六日壬申，刑部河南清吏司主事制忝眷侍生来斯行，谨以牲帛之仪致祭于明故陈老亲母王氏之灵曰：

呜呼！痛哉！吾亲母之亡也，吾何以痛之深？吾为吾女而痛也。何以言之？吾初与亲翁饮冰交。丙午岁，邀予馆谷其家。予方至，而亲翁之病革矣。予时视其两郎君，皆韶秀可喜。次君年方九岁，与予女正同生。予心私计，以为择婿宜如是子者。后亲翁竟淹忽不起，而予幸叨一第。一生一死，何敢相负！遂订姻盟。暨旧年冬，予方读礼家居，而使者仓卒至，云亲母病喉，病且不可测，唯以次君姻事为念。且云："吾得一见新妇，死且无憾。"予时念在制中，礼不得婚嫁。而亲母病势既若此，乃稍从权，赘次君于家。至入春方二日，使者又仓卒至，云亲母病真不可测矣，此时不见新妇，当无时见新妇矣。予时念婿既赘吾家，予女今为陈家妇，即遄归问候，何不可哉？遂偕婿归亲母，殊欢甚。既已弥月，闻亲母渐有起色，而予妇儿女子见，以为装资一无所治，当时去从便宜耳，今亲母且愈，何不归而治装，以了吾女事，乃置不问耶？予时亦避薄女名，使长儿往觇之，孰意亲母之曲体吾妇意，不啻吾之体亲母意也，遂慨然命归。时予婿不欲，予女亦不欲，而亲母尚力疾慰谕，神情无恙，云："新妇第归，秋杪吾当迎汝归。"之二日，竟以痰上不起矣。呜呼！痛哉！夫予婿既已挈予女归矣，予女归且以月计矣，此数日者何不能待，而竟以儿女小见，令其临终而不得一诀也。吾女之痛心裂肝将何以自赎？而吾又何颜以见吾婿哉？虽然，曩议婚之始也，无不以为吾宗曾无嫁女暨阳者，道里远阻，后日往来甚不便，独不为而女计乎？余辄以旧所见闻及生死交情断以己意。即旧岁举事，亦多以亲母病轻重未可知，且天下未有数日之内彼此大家轻易若此者，而予亦断以己意。及夫婿女之归，聚族之人皆谓新郎未满月，吾妇且以女奁饰为念，至掩袂陨涕，数日不饭，而予亦断以己意，因而姑息晬对，相视开颜，吾女得周旋床楅，候问汤药，亲母得指挥教训，手执耳提，一月间过于数岁，或亲母之心少以自慰，而吾女亦可无愧亲母于冥冥乎。至于归宁之役，非予意也。而始终无非为吾女，则亦无非为吾婿及亲母者，亲母冥冥之中或不甚督过吾女及不肖乎。藉令旧岁欲举姻事而予持之不举，即旧岁婿赘已新春，欲于归而予持之不归，变起倏忽，生不得躬汤药，殁不得亲含殓，后日即为陈家妇竟不识姑面若何者？其视今日得失又何如也？呜呼！吾亲母往矣。吾亲母称未亡人，自以早从吾亲翁为幸，而两郎君英英特达，必能振起吾亲翁未竟之志，以绍大父之业，亲母可以告亲翁于地下矣。至于礼义诗书，磨砻砥砺，以成就吾婿者，则又不肖不敢辞之责也。人死者形，不死者灵。吾今日若对亲母而而陈之，故不觉其情之伤而词之烦也。生刍鸡黍，唯亲母其鉴临之。呜呼！尚飨。

通家眷晚生

——陈洪绶与蓝瑛、孙杕关系揭秘

一

清代孟远在《陈洪绶传》中有这么一段记载：

> 十岁时即濡笔作画。老画家孙杕、蓝瑛辈，见而奇之，曰："使斯
> 人画成，道子、子昂均当北面，吾辈尚敢措一笔乎？"

陈洪绶十岁那年，向蓝瑛、孙杕学习绘画。蓝瑛，字田叔，钱塘人，善山水，亦工人物、花卉、兰石，是武林画家之首，被尊为明代浙派最后的大家。孙杕也是钱塘人，字子周，号竹痴，善画花卉、竹石。他们两人见到年仅十岁的陈洪绶濡笔所作的画，十分惊奇，说："倘这个人以后在绘画上有成就了，大画家吴道子、赵孟頫都得退居其后了，我辈还敢再下笔作画吗？"

蓝瑛与孙杕对陈洪绶的影响是深远的，他们的绘画理念与技法影响了陈洪绶一生。甚至可以这么说，若没有少年时得两位"老画家"的指教，陈洪绶不可能登上绘画的艺术巅峰。正因为如此，历来陈洪绶的研究专家都十分在意陈洪绶与蓝瑛、孙杕的关系。

然而，陈洪绶与蓝瑛、孙杕的关系，着实让研究者伤透了脑筋。所有研究陈洪绶的专著，都无法回避这个话题。但只要一提及陈洪绶与蓝瑛、孙

枨,则始终停留在"或者""似乎""推知"等含糊不清和模棱两可的表述中，没有一个十分确切的说法。

陈传席在《陈洪绶年谱》中说：

> 陈洪绶向蓝瑛、孙杕请教绘画，似乎并没有拜师，他们之间是朋友关系，或者情在师友之间。

王瑞生在《陈洪绶》一书中说：

> 陈洪绶早年在杭州随蓝瑛学传染写生，并昵花鸟画家孙杕，后来又一直与他们有所过从，可以推知，陈洪绶的花鸟画学习与这两位长辈画家有很大有关系。

吴敢、王双阳在《丹青有神——陈洪绶传》一书中说：

> 蓝瑛比陈洪绶大十三岁，是陈洪绶绘画上的启蒙老师……儿时学画的经历，使陈洪绶与杭州的前辈画家们一直保持着亲密的联系。陈洪绶与蓝瑛的关系，后来介于师友之间。

综合起来，或说蓝瑛、孙杕是陈洪绶的"长辈""前辈"，或说蓝瑛、孙杕是陈洪绶的"启蒙老师"，或说他们之间是"师友"关系，或说他们之间是"朋友"关系，等等。

因为找不出确凿的资料，所以产生了上述种种猜测性的说法。

二

陈洪绶与蓝瑛、孙杕究竟是什么关系？笔者找到的最新答案是：通家子弟。

陈洪绶父亲陈于朝去世时，陈洪绶才九岁。那时候陈洪绶还没有去杭州，还没有向"老画家"学画。但是，陈于朝去世时，蓝瑛、孙杕却出场了，而且两人均作了挽诗，后来被编进陈于朝的《苎萝山稿》附卷中。

蓝瑛《挽饮冰先生》：

先生才情宣朗，道义范奇，适当不惑之年，遂有骑箕之往。瑛忝后尘，托好佳嗣，感念先哲，爰赋挽歌，期结他生之缘，未知先生含笑于地下否？

仲尼主贞士，陶亮怀素心。明德昔的嘉，况逢人代今。
贤髦多萎折，埋玉翳中林。人琴遽云亡，新阡依长岭。
太朴本自然，良工徒美钦。幽兰值湮昧，华滋怀好音。
珪璋挺其秀，有美双南金。寒予苦不誓，契托郁弥深。
俯仰景先德，慷慨叹遗簪。欲知徽闻远，嗣者王路临。

孙杕《悼陈饮冰先生》：

龙剑光芒秉国珍，何期一旦委延津。
胸中逸气轻轩冕，海内诗名重缙绅。
净室恨深谭道客，酒船愁绝问奇人。
诸儿能绍箕裘业，泪洒遗经手泽新。

蓝瑛与孙杕均称陈于朝为"先生"，说明他们比陈于朝晚一辈。如果这还不能说明问题，那么蓝瑛挽诗前的小序就能揭开真相了，尤其是"瑛忝后尘，托好佳嗣，感念先哲"一句，把自己与陈洪绶的关系、与陈于朝的关系交代得十分清楚。"后尘"是晚辈的自谦，"佳嗣"是指陈洪绶，"先哲"是对陈于朝的尊称。

因为是通家子弟，所以蓝瑛与孙杕来过枫桥，且不止一次。万历四十三年（1615）二月十三日，陈洪绶母亲王氏去世，这一年陈洪绶十八岁。"四月二十一日，启先君之墓而合焉。"（陈洪绪《先严慈行实》）而就在之前五六天，蓝瑛与孙杕前来枫桥祭奠陈洪绶的母亲。

陈于朝《苎萝山稿》附卷收录了蓝瑛、孙杕《祭陈老伯母王太君文》（标题为笔者所加），全文如下：

维万历岁在乙卯四月朔，通家眷晚生蓝瑛、孙杕，谨以清酌庶羞之仪，致祭于陈老伯母王太君之灵曰：

呜呼！古今贤达之士，藉贤母以自成者非一人矣；古今贤达之友，因其母知其士者亦非一人矣；而古今贤达之相友，得贤母而维持，或因母以传者又非一个矣。而古今之不幸有相友者，此瑛与杕所以百里渡江来哭夫人于灵下也。夫夫人虽殁，夫人之灵固在，其见两人素车白马而南来耶？其较昔日之巨卿何如耶？昔日之巨卿千里而来，不见青青子矜而徒见哀哀之白发；今日之巨卿百里而来，青青者则哀哀而白发何存耶？呜呼！此瑛与杕所为哭夫人也。哭有士而失成士者也，哭有友而失其维持也，哭皇天之夺其所以传也。呜呼！又闻古之贤友有以祝母而相期千里而不失者。旧年之秋，瑛与杕百里渡江来，祝夫人于堂下也，此又非古今之幸有相同耶！然幸者何短，而不幸者何长耶！呜呼！绿波者非旧年之春江碧水，非旧年之春草，而茕茕扶杖者岂旧年之欢郎？悲哉！亢侯耶？章侯耶？吾两人之悲尚无穷，而子何如耶？吾有卮酒，愿因子而致夫人，犹能跂而进耶。呜呼哀哉！尚飨。

这篇祭文，明确交代了"通家眷晚生蓝瑛、孙杕"。而且，文中还记载了陈洪绶母亲四十岁时，蓝瑛与孙杕特意从杭州赶到枫桥为她祝过寿。"旧年之秋，瑛与杕百里渡江来，祝夫人于堂下也"，这是发生于万历四十二年（1614）秋天的事情。而现在陈老伯母王太君已去世，故"瑛与杕所以百里渡江来哭夫人于灵下也"。如果不是"通家眷晚生"这层关系，蓝瑛与孙杕岂能多次来枫桥？

由此可知，陈洪绶与蓝瑛、孙杕这三个通家子弟，他们的朋友情谊在与日俱增。陈洪绶父亲去世时，两人肯定也到过枫桥，且写过挽诗。时隔八九年，当陈洪绶母亲生日和去世时，两人又特地从杭州跑到枫桥来。

故陈洪绶与蓝瑛、孙杕是早就认识的。这种认识是因为父辈，或者祖辈，或者曾祖辈，乃至再往上。所谓的通家子弟，就是世代交好的朋友关系。正是因为有这种通家子弟的关系，所以陈洪绶去杭州向蓝瑛、孙杕学习绘画，是很顺理成章的事情。

三

在陈洪绶的《宝纶堂集》有《寄蓝田叔》诗三首，是写给蓝瑛的。

小园近日可邀君，手种梧桐已拂云。
半亩清阴吾所欲，一窗秋雨待君分。

闻君奇疾近来平，好友惭无馈药情。
此后当来修旧好，肯将薄道负平生。

问病灵峰学道宜，也须莲老一商之。
可怜染着声歌业，醉石缠头写柳枝。

许多研究专家一直搞不明白，陈洪绶既然拜蓝瑛为师，诗中又为何称蓝瑛为"君"呢？故将两人的关系推测为"亦师亦友"。现在，知道了他们"通家子弟"的关系，几首诗读起来就明白易懂了。

诗中所述，陈洪绶一直以"好友"的身份看待蓝瑛，两人交情甚笃，所以可以说些声色之类不太严肃的话语，在诗中也并没有使用对待师长的尊敬语气。

特别是第一首诗中提到的小园，就是指借园。借园在宝纶堂东北，是陈洪绶的私家花园。陈洪绶在《借园记》中说："遗楼之后，余兄有地半亩，余易得焉。可垒怪石几笏，构危楼数椽。"这是陈洪绶兄弟分家后，陈洪绶自己开辟的花园。花园不大，仅半亩，且这块地的所有权也是从兄长那里换来的。陈洪绶看中这里，是因为此地值得经营，既可垒怪石，又可建房子，且风景优美。借园建成后，陈洪绶颇为自得，情不自禁向蓝瑛发出了邀请。

对于孙杕，陈洪绶同样抱有深厚的感情，虽然《宝纶堂集》没有留下两人酬唱的诗歌，但陈洪绶在去世前一年，还曾对自己没有能力周恤孙杕的"孤儿寡母"，而深感愧疚。

这种时时牵挂，这种"不是亲戚胜似亲戚"的通家子弟关系，是一种骨肉同胞的情谊。

关于"通家子弟"，明代枫桥名人骆问礼专门写过一篇文章叫《通家子记》，对"通家子"有很精到的解释：

> 方今仕宦子弟，彼此俱称通家生，予一不知通家之所由名也。夫四海九州，地未必同，其祖父之仕宦，时与迹未必同，幸而同矣，其志向未必同，而冑裔率以通家称，得无未近于情耶？窃闻"先辈风流，可法一时"，宦迹所至，其子弟无问少长，朝夕起居，考问德业，间阎以内。其在上一以父兄之礼自居，其在下一以子弟之礼自执，义同骨肉。

通家子弟限于仕宦子弟，因长辈外出做官，同僚之间形成朋友关系，成为一个圈子。而他们随带的子女，也自然成为一个朋友圈，彼此以"通家子弟"相称。按年纪论资排辈，年长的称"父兄"，年少的称"子弟"，倘同辈的通家子弟，便是情同骨肉的兄弟关系。

陈洪绶生在官宦之家，曾祖陈鹤鸣官扬州经历，祖父陈性学官陕西左布政使，他们在外地做官时，结交了众多情同手足的同僚，故使得陈洪绶这一辈除了亲戚外，还有不少情同骨肉的"通家眷"。至于陈洪绶与蓝瑛、孙杕的"通家眷"具体是哪一辈开始结下的至交，尚缺乏资料佐证，但有一点可以肯定，陈洪绶的祖上与蓝瑛、孙杕的祖上一定是同僚，且是感情相当不错的至交。

以王冕为例说明。王冕与赵孟頫就属于"通家子弟"，因为王、赵两家曾是世交。王、赵两家成为世交，始于王冕的九世祖王德与赵孟頫五世祖赵子偁、四世祖赵伯圭建立了深厚的友谊。赵孟頫五世祖是秀州安僖王赵子偁，是宋高宗赵构之兄。赵构无子，立赵子偁之子赵伯琮为养子，后为宋孝宗。赵伯琮之兄赵伯圭，赐宅第于湖州，是赵孟頫第四世祖，故赵孟頫为湖州人。绍兴元年（1131），秀州发生了以邵青为首的农民叛乱，王德与时在秀州的赵子偁、赵伯圭父子共同商讨平乱事宜，最终王德以勇武和智慧平息了叛乱，保全了赵子偁家族。就赵子偁而言，王德无疑是救命恩人，王、赵两家的子孙成为通家关系。

赵孟頫曾赠送给王冕一幅《兰蕙图》，画上题跋："王元章，吾通家子也，将之邵阳，作此《兰蕙图》以赠其行。大德八年三月廿三日，子昂。"（清·

张照等撰《石渠宝笈》卷十四，上海古籍出版社）大德八年（1304），赵孟頫五十岁，王冕十七岁。这一年，王冕将去湖南邵阳，途经杭州时，顺道拜访了赵孟頫。赵孟頫见到通家眷王冕，内心非常喜悦，欣然赠送王冕《兰蕙图》一幅。

蓝瑛与孙杕，将陈洪绶带上绘画的艺术道路，并对陈洪绶给予偏爱与赞赏，正是基于通家子弟的这种骨肉同胞之情。

十岁时即濡笔作画

——陈洪绶学画之路上的关键引路人

　　读陈于朝《苎萝山稿》的书信，当读到"田叔家儿"四个字时，笔者着实激动了一下，因为出现了"田叔"两个字。这个"田叔"，不是姓田的叔叔，而是明代杰出画家、"武林派"创始者蓝瑛。"田叔"是蓝瑛的字，故蓝瑛也叫蓝田叔。众所周知，在陈洪绶研究领域，蓝瑛与陈洪绶是一种"剪不断、理还乱"的关系。

　　笔者想当然地将"田叔家儿"理解成为"田叔"与"家儿"，以为陈于朝在并称蓝瑛与儿子两个人。后来发现这是误解。陈洪绶比蓝瑛小十四岁，当蓝瑛二十岁时，陈洪绶还是个小孩，不可能跟随蓝瑛外出远游，故"田叔家儿"只能解释为蓝瑛。

　　这就牵涉到古代的称谓问题了。"家儿"的意思，古代特指"肖似其父的儿子"。对蓝瑛而言，陈于朝不是其父，但肖似其父；对陈于朝而言，蓝瑛不是其儿，但肖似其儿。这个称呼跟枫桥当地"喊亲爹、喊亲娘"的习俗颇为相似。我们这里说"这是我的亲儿子"，恰恰表明"这不是我亲生的儿子"，而是名义上称呼的儿子，但为了显示不是亲生胜似亲生，便特意加上一个"亲"字。"田叔家儿"也是一样，为了显示不是自己的儿子但胜似自己的儿子，便特意在"儿"字前面加上一个"家"字。

　　如此不厌其烦地解释"家儿"，旨在进一步说明陈洪绶与蓝瑛的关系。他们两人的关系，是"通家眷"关系。现在，顺着陈于朝的"家儿"，再做进一步深化，那么陈洪绶与蓝瑛的关系便是"不是亲兄弟，胜似亲兄弟"的关系了。

陈于朝的书信里，出现了两处"田叔家儿"。

一处在《与屠纬真》，劈头一句："田叔家儿过山中，知先生尚滞闽中。"这是陈于朝给江南大才子屠隆的信。当时陈于朝已放弃科考，安心在深山念佛修佛，某年某月某日，蓝瑛特意进山去看望"不是其父但肖似其父"的陈于朝，陈于朝从蓝瑛口中得知，屠隆先生还没有从福建回到鄞县老家。

一处在《寄屠纬真》里："诈为田叔家儿者，以念先生切，虽假亦真，故礼之，不足过讨，以滋嗔业。"原来屠隆在来信时，向陈于朝说起了一件趣事。有一个年轻人，特意去鄞县拜望他，还自报家门说自己叫蓝瑛。屠隆知道此人纯属假冒，但没有当面戳穿。陈于朝在回信中劝屠隆，说那个冒名顶替的蓝瑛，虽然人是假的，但惦念你、崇拜你的心却是真的，所以"虽假亦真"，你不妨以礼相待，没必要深入查究，也免自己生气发怒。

按陈于朝去世那一年推算，两封信写于陈洪绶九岁以前，那么当时蓝瑛的年龄约在二十岁左右。而蓝瑛能够出入屠隆这样的名门，靠的正是"不是其父胜似其父"的陈于朝从中牵线搭桥。陈于朝在信中动辄称蓝瑛为"田叔家儿"，无非是向对方表明：蓝瑛是自己"不是亲生但胜似亲生"的儿子，请你们多多加以关照。

包括后来蓝瑛与张葆生的亲密关系，那就更离不开陈于朝的牵线搭桥了。陈洪绶四岁在张葆生家画关公，那一年蓝瑛才十八岁。蓝瑛既然是陈于朝的"家儿"，那么成为张葆生的弟子也是水到渠成的。

可惜《苧萝山稿》所收文稿残缺不全，陈于朝提携"田叔家儿"的那些细枝末节我们无从查考。但是从有限的记载中不难发现，杭州人蓝瑛与枫桥宝纶堂的关系是非同一般的。

明万历三十四年（1606），陈于朝去世，这一年陈洪绶九岁。紧接着，失去了顶梁柱的陈洪绶该如何延续学业？又该如何继续从师学画？这时候，山阴"妇翁"张葆生已经淡出，而另一个关键人物毅然站出来了，他就是"通家眷"蓝瑛。这个当年被陈于朝称呼为"田叔家儿"的蓝瑛，得益于陈于朝的关照，如今已然功成名就，他知恩图报，勇敢地挑起了提携关照"不是兄弟胜似兄弟"的陈洪绶的重任。

所以，蓝瑛大哥的出现，让陈洪绶的人生之路有了新的航向。

蓝瑛大哥出手时，陈洪绶在干什么？他早已从山阴回到了枫桥，与兄长陈洪绪一起在家里读书。陈洪绶在《涉园记》中提到过这个细节："忆余十岁、兄十五岁时，读书园之前搴霞阁中。日爱园有七樟树……"这个日爱园，是陈氏的私家花园，里面有七棵大樟树，这也是陈氏七樟庵藏书楼命名之由来。当时，十岁的陈洪绶，跟着十五岁的哥哥陈洪绪，就在日爱园的搴霞阁中读书。这个日爱园，相当于陈洪绶的百草园，而搴霞阁则是陈洪绶的三味书屋。

因为蓝瑛的出现，陈洪绶的读书计划便做了调整。于是，陈洪绶从十岁开始，告别了搴霞阁，时不时到杭州，跟"通家眷"蓝瑛、孙杕学画，从此开启了他新的艺术人生。

关于杭州学画的事，孟远《陈洪绶传》是这样说的：

> 十岁时即濡笔作画。老画家孙杕、蓝瑛辈，见而奇之，曰："使斯人画成，道子、子昂均当北面，吾辈尚敢措一笔乎？"

而萧山的毛奇龄在《陈老莲别传》中是这样说的：

> 洪绶好画莲，自称老莲。数岁，见李公麟画孔门弟子勒本，能指其误处。十四岁悬其画市中，立致金钱。初法传染，时钱唐蓝瑛工写生，莲请瑛法传染，已而轻瑛。瑛亦自以不逮莲，终其身不写生，曰："此天授也。"

孟远的《陈洪绶传》存在诸多硬伤，如：陈洪绶兄弟相差五岁 [陈洪绶的说法与宗谱记载相符，陈洪绪出生于万历二十一年（1593）六月二十一日，陈洪绶出生于万历二十六年（1598）十二月二十七日]，而孟远却说陈洪绶兄弟俩相差"十数年"。明明陈洪绶兄弟之间的关系极和睦，而孟远却非要塑造出陈洪绪"时奋老拳"（老是拔出拳头打人）的可恶形象。明明陈洪绪 1642 年已去世 [陈洪绪卒于崇祯十五年（1642）四月十一日]，孟远竟说 1646 年陈洪绪有"独拥阡陌"之富，如此等等。明明陈洪绶活了五十五岁，孟远却说活了五十四岁。正是孟远这篇《陈洪绶传》的以讹传讹，导致三百年来无端生出陈洪绶身世的诸多谜团。

审视上引孟远与毛奇龄的文字，他们均提到了蓝瑛、孙杕对陈洪绶绘画的传授和引领，但话语却又说得失之偏颇。两人虽生活在清代，且毛奇龄还是陈洪绶的好友，但他们其实也都不清楚陈洪绶"年四岁，就塾妇翁家"的内幕，所以抹杀了张葆生在陈洪绶绘画上的启蒙引导之功。事实上，陈洪绶"十岁时即濡笔作画"，这种童子功是陈洪绶自幼在张葆生手下练成的。张葆生家藏有大量古字画，这也练就了陈洪绶童年时的书画鉴别能力，所以"数岁"（未满十岁）的陈洪绶见到李公麟的画本时，竟能指出其中的错误。而陈洪绶与蓝瑛、孙杕的"通家眷"关系，则被他们误解成学徒与师父、小画家与老画家、地位轻与地位重的关系。至于说蓝瑛后来不敢再作画，那更是胡扯，为抬高一方而极力贬低另一方，这正是孟远与毛奇龄在文字上的一个"特色"。

不过，他们模仿蓝瑛、孙杕的口气，夸奖陈洪绶的那一番话，倒是可信的。何以见得？因为蓝瑛辅导陈洪绶学画，是有心提携，是有意抬举，是兄弟间的事，所以点赞得多一些，夸奖得过一些，也是人之常情。而事实证明，这样的溢美之词，对于陈洪绶的快速成长来说，是十分重要也十分必要的，其中隐含着蓝瑛、孙杕栽培"通家眷"陈洪绶的一片良苦用心。

由此可知，陈洪绶的快速成名，除了自身具备绘画天赋，更离不开两位名师的指点：一位是童年时的"妇翁"兼"启蒙"张葆生，一位是少年时的"兄弟"兼"师父"蓝瑛。这两位名师，是陈洪绶学画道路上的两个关键引路人，事关陈洪绶的成功密码。

清福岂能全享，老夫自觉何如
——揭开枫桥小天竺两块刻帖的秘密

陈洪绶"年四岁，就塾妇翁家"真相还原后，笔者紧接着又收获了一个意外惊喜！内容仍与陈洪绶相关，但它却是陈洪绶研究者无法涉猎的一个盲点，故此次发现，使笔者在解密陈洪绶的进程中又迈出了坚实的一步。

笔者在阅读《苧萝山稿》时，陈洪绶父亲的文字就像一根绳子，一直牵着我，最终将我牵拉到了枫桥小天竺碑廊内的两块刻帖上，然后凭着对陈洪绶作品和身世的了解，自以为发现了隐藏在刻帖背后的那些秘密。

以前不知道小天竺里有这两块刻帖，只知道诸暨尚存陈眉公（陈继儒）的碑刻，收录在《诸暨摩崖碑刻集成》（阮建根、郦勇编著，西泠印社出版社）一书中。但没有阅读这本书之前，自己首先臆想：陈眉公的碑刻到底是什么内容？是"露萧堂"的堂额？还是"一帘红雨留春燕，五色丹铅校异书"的柱联？还是陈于朝的墓表？这些内容，陈继儒均留下过墨宝，《苧萝山稿》中有清晰记载。但是，当笔者真正拜读《诸暨摩崖碑刻集成》后，竟一时惊呆了。这一次的收获，远远超乎想象。

一

收录在《诸暨摩崖碑刻集成》的两块刻贴，实物均在枫桥小天竺碑廊内。

帖，《说文解字》注释为"帛书也"，可见帖原来是帛书。帖的蓝本一般是手札、散绢、另纸等，原来并非为刻石而写，后为复制、临习、欣赏、传播，就用摹和勒的方法，把名家真迹搬到了石碑上，这就是刻帖，也叫帖石。刻帖忠于原作，刻成后的作品与原稿毕妙毕肖。自宋代以来，士大夫几乎家家置刻帖，以示主人风雅。时至今日，刻帖已成为传统文化遗产，具有极其珍贵的文献价值和艺术价值。

现在来说小天竺的两块刻帖。

第一块，果然是陈继儒的，且内容比我想象的更丰富。此帖保存较好，内容是一首七律诗，诗题为《咏新柳》，署名"眉公陈继儒"，录其刻文如下：

> 新生杨柳应生沙，柳绿沙青惟聚鸦。小主春风润香草，护持浓艳待桃花。汉营十里苍云淡，楚国双娥翠黛斜。当此柔绦不相惜，直教摇落半年华。

图 4　今藏枫桥小天竺的陈继儒刻帖

第二块，则是陈继儒、董其昌、陈洪绶三人手稿的合刻，磨损破坏严重。但当看到这块刻帖时，直觉告诉我：这是珍贵的历史遗物，具有重要的史料价值。因字迹模糊，陈继儒与董其昌的原文无法还原，而陈洪绶的原文因借助其绘画作品而得以释全。从右往左依次为：

> 《谐史》之文，创自景泰……古者讽谏之体……放如奸隐娘剑……而不辞手腋进千技……陈继儒。

《桑寄生传》，故杭山人以文为滑稽者……之如意日连……跌宕之致……第非……故惟括此文也。董其昌。

梧同月午，自聚山馥，秋夜无书，清福岂能全享，老夫自觉何如。迟老洪绶。

图5　今藏枫桥小天竺的董其昌、陈洪绶刻帖

二

接着，自然要追问两块刻帖的来源了。它们从哪里来？它们出自谁家？

我的阅读经验又直接告诉我：它们与小天竺无关，它们是从枫桥陈家来的，它们是陈氏宝纶堂的，它们曾经是陈洪绶私家花园（借园）内的艺术装饰品。也就是说，陈洪绶故居灰飞烟灭后，至少还有两块刻帖，至今还完好地保存在枫桥小天竺内。

之所以这么肯定地说它们源自宝纶堂，是因为在枫桥乃至诸暨，要同时拥有陈继儒和董其昌手稿的，只有陈洪绶家。而将陈洪绶的诗附刻在两位名家之后，也只有陈洪绶能这么做。枫桥骆、楼、王、杨等四大家族，均拿不出可以证明两位名家与己相关的证据。

继续深究，陈继儒、董其昌两位名家的手稿从何而来？答案有二。第一个答案：陈洪绶索要来的。陈洪绶四岁就塾山阴，张葆生是其妇翁兼老师，张葆生与陈继儒是至交，在画坛与董其昌齐名，故两位名家的手稿不难得到。

但我不倾向此答案，我倾向于第二个答案。第二个答案：陈于朝生前收藏的。之所以这样认定，是基于两方面的分析。

一是陈于朝有收藏的爱好。《苎萝山稿》收有陈于朝"复朱与白"的信，信末说："陈眉公、董玄宰不日偕张司马、雨若来游会稽，欲索临池不难也。"这里，陈眉公即陈继儒，董玄宰即董其昌，张司马即亲家张葆生，雨若即沈春泽。陈于朝告诉朱与白，陈继儒、董其昌将随张葆生、沈春泽一起来会稽，到时候向他们索要作品不是难事。这句话表明，陈于朝与陈继儒、董其昌并非泛泛之交。确实，哪怕在平时书信往来时，陈于朝始终不忘向名家要作品。《苎萝山稿》收录陈于朝致陈继儒书信两封。一封结尾这么说："偶有小构，敢借先生手书题额，为百世光。麈篦四柄，并求近作。唯从者不吝，幸甚。"说了三件事：请陈继儒在自己的画作上题款；送四把扇子给陈继儒；向陈继儒索要近期诗作。另一封信里是这么说的："向见先生'闭门即是深山，读书随处净土'之句，仆甚击节，欲借勒柱间，而仆居本在山中，惜未合耳。幸先生以鄙志命笔，光兹荜窦。其厅事所用'露萧堂'额，不必韦诞笼中书法，第较磨崖禹碑稍壮，仆能以画地成江河法大之也。"陈于朝向陈继儒提出两个请求：一是请写一副柱联（后来确实写了"一帘红雨留春燕，五色丹铅校异书"），二是请写"露萧堂"堂额，还说不用写得很大，自己会用"画地成江河"的办法进行放大。由此可见，陈于朝生前有收藏名家手迹的习惯，且与名家的交往十分密切。

二是刻帖内容与陈于朝相关。陈继儒的手稿，涉及的是关于《谐史》一书的简单评价，《谐史》是明代传奇小说，作者江盈科，与陈于朝同时代。董其昌的手稿，涉及的是关于《桑寄生传》一文，是明人蒲观澜的作品，取药名成文，堪称工巧，情节奇趣。故事说的是，宋代有一名叫桑寄生的人，读书数百部，后拜为将军，很受皇宠。某年一股流贼造反，桑寄生率兵攻打，终于攻克敌军，于是获得高官厚禄和美女，从此他便骄奢淫逸，终致酿成重病而一命归西。此文读来兴味无穷。董其昌于万历五年（1577）还用行书抄录过此文，其作品落款为"丁丑四月立夏日"。手稿提及的两部作品，内中还有佛教因素。结合陈于朝曾有刻书的经历，又有搜罗佛教书籍的爱好，故陈继儒、董其昌的手稿，基本可锁定为两位给陈于朝某次回信的内容。

三

陈于朝去世二十四年后，即明崇祯三年（1630）。这一年，陈洪绶三十三岁。这年秋天，陈洪绶最后一次参加乡试，结果是又一次落榜，宣告科考之路不通。从此，陈洪绶的人生进入了"习静于溪山"的"习静"阶段，在枫溪边安静安稳地度过了长达十年的溪山生活。开启这段生活的标志，则是陈洪绶精心打造他的借园。而复制陈继儒、董其昌手稿，并进行刻帖，就是在这个背景下产生的。

借园在宝纶堂后，是陈洪绶的私家花园。陈洪绶《借园记》载："遗楼之后，余兄有地半亩，余易得焉。可垒怪石几笏，构危楼数椽。"这是兄弟分家后，陈洪绶自己开辟的花园。花园不大，仅半亩，所有权是从兄弟处换来的。陈洪绶看中这里，是因为此地值得经营。既可垒怪石，又可建房子，且风景优美，"风日清美，经营其间，绿竹当户，豫章上天，养生学佛，书画种田，胸中忽有南面百城，傲人意心。"

陈洪绶还专门写过《小构借园》的诗，内有借园打造过程中的细节。

其一："苟且事修葺，深于学道妨。野心爱山谷，凶岁作茅堂。土木一朝费，农夫八口粮。偿人为苑囿，钱谷讵能量。"时值荒年，陈洪绶仍不惜破费，是因为他太想把借园打造成世外桃源了。修葺要费用，要供八个农夫吃饭。但是，若能如愿以偿地打造出一个苑囿来，花点钱粮又算得了什么！由此可知借园在陈洪绶心目中的地位。

其二："竹自开三径，蕉能覆华门。因之为小憩，不欲用工繁。四壁图良训，中堂画世尊。随人所成就，蕞土即名园。"陈洪绶使借园成为可供休憩的园子：三条小路以竹为指引，一道墙门以蕉为点缀，屋内中堂画了祖宗的像，屋内四壁挂满了字画。虽是弹丸之地，但借园就是陈洪绶心目中的名园。诗中一句"四壁图良训"，就把刻帖的事统统囊括在其中了。

借园建成后，陈洪绶颇为自得，情不自禁向好友发出邀请。其中一封是用诗的形式写给"通家眷"蓝瑛的："小园近日可邀君，手种梧桐已拂云。半亩清阴吾所欲，一窗秋雨待君分。"注意，这首诗里出现了一棵梧桐。再注意，这棵梧桐十分关键，它既是陈洪绶眼前的这棵梧桐，也是陈洪绶刻帖上的那棵梧桐。

于是，小天竺里的两块刻帖，就有了它们诞生的动机和最初安放的位置。它们曾经是借园某面墙壁上的艺术装饰，它代表主人陈洪绶的品位，它代表七樟庵艺术收藏的丰富。它如今斑驳的面孔里，还隐隐约约看得见三百多年前宝纶堂曾经的辉煌，以及借园艺术的精致。

"梧同月午，自聚山馥，秋夜无书，清福岂能全享，老夫自觉何如。"这首诗，《宝纶堂集》未收录。陈洪绶落款"迟老"，与他取号"悔迟"尚有一段距离。"迟老"是陈洪绶对科考无望的一个总结，实际是对青春已逝的感叹。这个号，与陈洪绶四十八岁后使用的"悔迟""悔僧"截然不同。前者有调侃，有自嘲，这从"梧同月午"诗和画中不难读出；而后者则是面临"国破"加"家亡"的残酷现实，是源自内心深处的阵阵哀叹，用陈洪绶的原话是"废人莫属我"。这是读陈洪绶刻帖的另一个收获。

图6　陈洪绶不题名画作

陈洪绶画作题款："秋夜无书，清福岂能全享，老夫自觉何如。——迟老洪绶。"

踏月溪东西，归开高阁坐

——陈洪绶故居的还原与勾勒

陈洪绶是枫桥陈家长道地人。屈指数来，他远去已经三百七十年了。陈洪绶的故居，在沧海桑田中化为废墟，陈氏后人林立的高楼，遮挡和模糊了历史的视线。好在陈洪绶留下了《宝纶堂集》，书中虽没有故居的详细描写，但通过字里行间，不难还原和勾勒出陈洪绶故居的大致轮廓。

陈洪绶曾经的故居，由宅、园两大块组成，这是家园约定俗成的建制。通常南面是宅，北面是园。陈氏宅园西临枫溪。宅为陈洪绶曾祖之宅光裕堂、陈洪绶祖父之宅宝纶堂。园为涉园，园北有七樟庵，园南有搴霞阁、借园。借园是涉园的园中园，在涉园西南。借园内有醉花亭。陈洪绶居住之宅为涉园西南的宝纶堂，宝纶堂内有团栾居、曼殊室、写经轩等。

先引《光绪诸暨县志》对陈洪绶家族坊宅的记载：

> 忠勤堂，在下杨村东长道地，明扬州参军陈鹤鸣故宅，其后楼题额曰"聚奎"，今废。
>
> 永锡堂，在忠勤堂后，今废。
>
> 露萧堂，在永锡堂后，今废。
>
> 光裕堂，在露萧堂后，皆陈鹤鸣建。鹤鸣子广东左布政使陈性学，著有《光裕堂集》。
>
> 御史坊，在忠勤堂前，明万历中御史陈性学建，今圮。

元觉楼，在忠勤堂侧，明鬲溟先生陈于朝建，今圮。

涉园，在忠勤堂后。陈胥岳即日爱园故址筑，胥岳弟洪绶为之记。

宝纶堂，在忠勤堂右，老莲先生故居，今废。

团栾居，在宝纶堂后，老莲先生寝室，今废。

搴霞阁，老莲先生读书处，今废。

写经轩，在团栾居侧，老莲先生女闺秀陈道蕴写经处，今废。

曼殊室，在写经轩后，老莲先生妾闺胡净鬘居室，今废。

七樟庵，在忠勤堂后，老莲先生家藏书处，今废。

借园，在宝纶堂东北，老莲先生家园，今废。

醉花亭，在借园西隅，今圮。

遗楼，在借园前，老莲先生居此，今圮。

这里要先纠正《光绪诸暨县志》在记载上的一个错误。关于陈洪绶祖上的"忠勤堂""永锡堂""露萧堂""光裕堂"，县志将其理解为前后四个堂，而根据《宅埠陈氏宗谱》的记载，其实是一屋四堂，即陈鹤鸣建造的忠勤堂，是一个大台门屋，台门屋里有四个堂。宗谱《居址营建》是这样记载的：

忠勤堂，后曰"永锡堂"，又后曰"露萧堂"，又后曰"光裕堂"，鼎百四鹤鸣公建。

陈鹤鸣是陈洪绶的曾祖，字子声，号闻野，官扬州府经历，以循吏著称。陈鹤鸣有四子：长子陈性学，即陈洪绶祖父，官陕西布政使司左布政使；次子陈文学，出继弟陈鹤升；三子陈善学，官广德州知州；四子陈经学，隐身不仕。参照枫桥陈家老台门屋的规模，当年陈鹤鸣家族居住一个台门屋已绰绰有余，不可能一直往北后退，接连建造四个台门屋，这在情理上是说不通的。若此说成立，则现在陈家元文房所在地都归属陈洪绶家族了，这显然是不成立的。而且，陈洪绶家族的诸多建筑，其参照物均是忠勤堂，如：忠勤堂前是御史坊，忠勤堂侧是元觉楼，忠勤堂右是宝纶堂。更关键的是，县志明确记载，忠勤堂后是涉园（前身为日爱园）和七樟庵，这就直接否定了其他三个堂独立存在的可能性。

涉园

涉园为陈氏家园。该园地颇幽旷，西濒枫溪，随地势高下而营建，阁楼堂轩，廊庑亭榭，错落有致。涉园与枫溪有水道相通，池岸修竹成荫，石径幽曲，芳草似茵，奇花异木，随处点缀，布局独具匠心。

《宝纶堂集》卷二载有陈洪绶的《涉园记》。"涉园"原名"日爱园"，《涉园记》中说："日爱园有七樟树，经纬之以桑柘，绮绾之以蔬果……"此园后为陈洪绪所有，而命名"涉园"则源于陈洪绶的岳父来斯行。"涉园者，予兄己未（1619）觞槎庵先生请名之者也。"槎庵先生就是陈洪绶岳父来斯行，陈洪绪请来斯行喝酒，顺便请这位长辈为日爱园重新取了这个名。这一年陈洪绶二十二岁。

陈洪绶非常喜欢涉园，兄弟俩曾为此苦心经营了十多年。他们日涉花园，悉心规划，日新而月异，力求十全十美。园中的花木，非奇花异木不载，积十余年移植，务与地势相适宜。园中的建筑，动工前经数十次修改图纸，务与周边树木相适宜。园中的池水，变田成溪，忽东忽西，务与树木和地势相适宜。一句话，涉园是陈氏兄弟推陈出新、日积月累的结果。《涉园记》写道：

> 因其地势之幽旷高下，择其华木之疏密高卑，又非嘉木异卉不树也。一日而涉焉，或树一花木，一月而涉焉，又树一花木；一日而涉焉，或去一花木，一月而涉焉，又去一花木。至于其先，必以为咸宜不改而植之……

陈洪绶在绘画上以古为新、推陈出新，正是涉园给了他思考与启迪。《涉园记》说道：

> 夫园，细事也，能作园，末技也。不日涉则弗能为，良学固可弗日涉乎哉？故日涉经史、涉古今，予愿从兄坐此园也。深唯其涉之之义，而细察其涉之之效，种德乐善，文章用世，朝夕孜孜焉，能如其精择迁改，动与时宜之为善也。然非日涉经史、日涉古今，能乎哉？

在陈洪绶看来，园艺虽是雕虫小技，但做学问也像从事园艺，要日涉经史，日涉古今，在涉中长进。既要懂日涉之义，更要求日涉之效，做到"种德乐善""文章用世"。

《宝纶堂集》卷八有陈洪绶的《涉园》诗：

> 难得茅堂古木坡，梦魂结构廿年过。
> 弟兄手植松三丈，画谱持名花万窠。
> 尊罍只供文字饮，老僧留译梵书吧。
> 地因人胜虽难说，独树空庭此较多。

这是陈洪绶放弃功名后再回涉园时的感受。此时，兄弟手植的松树已高大挺拔，那些名贵的花卉已成似锦繁花，廿年不经意间流逝了。陈洪绶虽有青春流逝的遗憾，但故园让他惊喜，让他心安。在这个苦心经营的故园，宜作诗饮酒，宜学佛静坐。陈洪绶不敢说涉园是名胜，但这里无疑是一方幽静的养心之地。

七樟庵

七樟庵在涉园最北端，二进五间。它是陈氏藏书楼，由陈洪绶祖父陈性学兴建。陈性学，字还冲，明万历丁丑（1577）进士，历官广东左布政使、福建按察使、陕西左布政使兼按察司副使，暮年回乡后，在长道地忠勤堂后涉园内建造了七樟庵。

七樟庵的命名，属于因地制宜，书庵后长有七棵参天大樟树，排列如星辰，掩映着陈氏家园，故用来作为书庵名。七樟庵内曾有宋元椠本、明代手抄本数万卷。庵下设观音像，几榻洁净，书画满壁。七樟庵藏书之富，堪与宁波范氏天一阁相比，而环境之清幽，构筑之精致，更胜过天一阁。陈氏藏书，代有增益，至明万历间，陈性学祖孙又悉心搜罗，积书之富，遂为越中之冠，时人如徐渭、陈继儒均为之点勘。陈性学撰有《西台疏草》《东兰纪事》《边防筹略》《紫瑛山房藏稿》《光裕堂集》等。

陈氏藏书楼历来是枫桥的一面旗帜，七樟庵在其中承前启后。七樟庵（陈氏第十四世）之前，有陈元功的阳明书屋（陈氏第十一世）、陈廷美的东野草堂（陈氏第十世）、陈瀹的宝书楼（陈氏第八世）、陈玭的日新楼（陈氏第七世）、陈北辰的梯山书屋（陈氏第五世）、陈寿的寄隐草堂（陈氏第一世）。七樟庵之后，有陈于京的集翠楼（陈氏第十五世）、陈烈新的授经堂（陈氏第二十一世）、陈遹声的带山草堂（陈氏第二十二世）。

七樟庵是陈性学对子孙读书继世、忠厚传家的期望，在陈氏书香门第的建设上功不可没。陈洪绶正是在书香官宦之家耳濡目染，最终成了一代大画家。

《宝纶堂集》卷八有陈洪绶的《七樟庵帙书》一诗：

> 竹坞蕉园成敝庐，笔床缃帙具皆余。
> 大夫薄俸留田宅，先子遗风存史书。
> 已悔从前虚岁月，未知已后惜诸居。
> 梦回酒醒常深计，未得幡然一叹嘘。

七樟庵如今无迹可寻，但"庵下"这个地名至今留存。

搴霞阁

搴霞阁是陈洪绶兄弟曾经的读书之所。"搴"是"采摘"，"搴霞"便是"采摘云霞"。这个名字，既有诗情画意，又寄寓了读书当有"思接千载、视通万里"的境界。搴霞阁的大致方位，在涉园南面，它独立于宝纶堂，但与宝纶堂又属于一个整体。

陈洪绶在《涉园记》中写道："忆余十岁、兄十五岁时，读书园之前搴霞阁中，日爱园有七樟树……"这里的"园"就是涉园，"园之前"就是涉园南面。陈洪绶自幼喜欢这个地方，在他眼里，涉园与搴霞阁，类似于鲁迅幼时的百草园与三味书屋，那里有童真童趣，有生机勃勃。

陈洪绶十岁那年，是明万历三十五年（1607）。十岁还是总角之年，陈洪绶已经在杭州与枫桥之间奔走。而他的绘画天赋已经显现。就在这一年，陈洪绶告别了峯霞阁，专门到杭州学画，正式开启了他的艺术人生。孟远《陈洪绶传》中记载了十岁的陈洪绶到杭州学画的一个场景："濡笔作画，钱塘画家蓝瑛、孙杕见而奇之，曰：'使斯人画成，道子、子昂均当背面，吾辈尚敢措一笔乎？'"十岁孩子的画，赢得大画家啧啧称道，自愧弗如，岂非绘画的天才与神童？！

陈洪绪去世那年（1642），四十五岁的陈洪绶在京城国子监就读，得到兄长亡故消息，他写了一首《怀兄》诗："落日寒阴败箨鸣，疏寮病客最心惊。思君十二年前事，夜雨修篁长枕情。"诗中回忆了兄弟俩在峯霞阁同窗共读、同床共枕的情景，以及一起经营涉园的往事。"十二年前事"即兄弟俩庚午年（1630）在涉园中"构堂一、亭一、穿池二"之事。

借园

借园在宝纶堂东北，是陈洪绶的私家花园。

陈洪绶写过《借园记》，开篇即说："遗楼之后，余兄有地半亩，余易得焉。可垒怪石几笋，构危楼数椽。"由此可知，这是陈洪绶兄弟分家后，陈洪绶自己开辟的花园。陈洪绶看中这里，是因为此地值得经营。既可垒怪石，又可建房子，且风景优美，"风日清美，经营其间，绿竹当户，豫章上天，养生学佛，书画种田，胸中忽有南面百城，傲人意心"。

借园，顾名思义，指园中所见都是"借"来的。"竹为叔祖之竹，树为吾兄之树，我见乎此，借也；何有于我哉？"这是"借"的表象，深层次则反映了陈洪绶对于继承传统的哲学思考。他以八卦、书契、舟船为例，深刻剖析了"借"的重要性，认为帝王创业、圣人治乱、文人学古，都离不开继承和借鉴。"借"就是吸取精华，融会贯通，为我所用。《借园记》如此阐述：

> 古昔圣贤制度，虽括聪明之量，正人物之性，如八卦见之负图，书契因之鸟兽，刳舟作车之类，远取诸物，辨阴阳，交鬼神，以治气教化，成万世之教祖者，皆借也。即后世帝王创业者，不借五德终始之运欤？侯王将相不借治乱圣人之灵者乎？其余历代文人学古，不过咀古人之

英华，步前贤之陈迹，骄气浮志为用，而矜己傲物，卒之身名俱败者，皆不知我学所有者，借之故也。

借园的取名，还反映了陈洪绶的胸怀与格局。"呜呼，吾何人斯？何不自反。腹内无百字成诵，书画肆说欠钤，讥所不及，乃敢上人乎哉？额曰'借园'，顾名思义。"他时刻反省自己，觉得才疏学浅，不敢自称在他人之上，所以特意取名"借园"，让这两个字入目入心，时时鞭策和提醒自己。

陈洪绶还专门写过两首《小构借园》。

其一："竹自开三径，蕉能覆华门。因之为小憩，不欲用工繁。四壁图良训，中堂画世尊。随人所成就，蕞土即名园。"

其二："苟且事修葺，深于学道妨。野心爱山谷，凶岁作茅堂。土木一朝费，农夫八口粮。偿人为苑囿，钱谷讵能量。"

借园建成后，陈洪绶颇为自得，情不自禁向亲朋好友发出了邀请。《宝纶堂集》卷九有《寄蓝田叔》诗三首（引文见本书），其中一首就是向亦师亦友的大画家蓝瑛发出的。

遗楼

遗楼在借园之前，陈洪绶的《借园记》就作于遗楼。那么，遗楼到底又是一幢什么楼？遍查史料，只见"遗楼"之名，不见遗楼的具体记载。

笔者以为，遗楼一定是陈洪绶对某处祖宅的称呼。遗，就是祖上遗留下来之义。文化底蕴深厚的陈氏家族，当然不可能用直白的"遗"字来命名一楼。既然借园位于涉园南面，住宅北面，则推测"遗楼"一定也在涉园南边、宝纶堂或忠勤堂后面，或与寨霞阁相似，只不过遗楼是一幢没有命名的小楼。果然，《光绪诸暨县志》载其"在借园前，老莲先生居此"。

《宝纶堂集》卷五有陈洪绶的《遗楼》诗："无力为园圃，先人遗一楼。山川殊不足，雪月颇全收。文字真牙慧，图书非卧游。半间悬古佛，要学白衣修。"陈氏家族到陈洪绶父亲手里，家道已经中落，无力再兴土木，故有"无力为园圃"一说。这个先人留下来的小楼，虽然见不到山川美景，但风花雪月可一样不少。而且，遗楼内还陈列着书、画、佛。读书能获得文字里独到的见解，赏画能获得身临其境的感觉。楼内半间屋子里，还挂着一尊古佛，可供人静坐学佛。

由陈洪绶诗揣测，遗楼极有可能是父亲陈于朝曾经学佛之楼，当然也是后来陈洪绶学佛之楼。

无见楼

无见楼具体位置不详，但陈洪绶笔下多次有无见楼的记录，单诗题中出现无见楼就有四处（其中一处和"退居"一并提及），但文史专家在提及陈洪绶故居时并没有涉及这个无见楼。这个无见楼与遗楼是不是同一个楼，不得而知。

《无见楼即事》："小楼新霁蕙初香，蜂子来寻一岁粮。几次开窗都放入，免他伤翅见君王。"诗意一目了然，陈洪绶几次开窗放蜜蜂进入，于细微处见其佛心。

《新晴独酌无见楼》："高楼满日光，春气更洋洋。古画流新色，寒梅发艳香。乱书勤自整，好景不能忘。细展渊明传，欣然多一觞。"从诗中可以看出，无见楼是陈洪绶的读书楼，里面挂有古画，里面堆满了乱书，陈洪绶还坐在其间读陶渊明的传记，一边读还一边喝酒。

《无见楼月下》："踏月溪东西，归开高阁坐。三鼓犹未眠，我亦不薄我。"陈洪绶月下从枫溪边回来，来到无见楼，仍没有睡意。诗中有一个细节值得关注，即无见楼是个"高阁"。这就是后来陈洪绶称"无见楼"为"无见阁"的原因。

陈洪绶年谱载："清顺治五年（1648）戊子，五十一岁，八月，在诸暨故里无见阁作《松溪高士图》。现藏天津博物馆。"这是陈洪绶在故居遭清兵焚掠后重回故乡时在无见阁的一个活动记录。目前发现的陈洪绶作品中，款识"无见阁"三字的还有两幅画：一是《虎溪三笑图》，题识"闲云为怀，清泉自寄。洪绶书于无见阁"，一是《桐荫受教图》，款识"写于无见阁"。推测其时陈洪绶为家乡父老所创作的画不仅仅只有《松溪高士图》。

50

醉花亭

亭是中式古典园林的幽雅小品，它空灵、通透，极具诗词画意的空间之美，是供人休憩、纳凉、赏景的好去处，广受历代文人雅士喜爱。陈洪绶在借园的西隅营建醉花亭，其出发点正在此。

取名为醉花亭，也是陈洪绶喝酒赏花的兴趣使然。他在一首题为《枫桥口号》的口占诗中这样写道："不是好花容易落，只因看花去较迟。若能日日花下醉，看了一枝又一枝。"这首诗可以理解为醉花亭命名的由来。

醉花亭筑于明崇祯三年（1630）五月，这一年陈洪绶三十三岁。《涉园记》中提到的"庚午构堂一、亭一、穿池二"，这"亭一"，就是醉花亭。

陈洪绶三十三岁乡试落榜，亲友们于秋天特意邀请陈洪绶去西湖游览，买酒买船，极力宽慰。其中好友单继之也在亲友团中。从杭州回来后，陈洪绶在醉花亭为单继之又是赋诗又是绘画。诗是《予数不遇，唯继之数与游，酒中感赋继之吾知友也》："单子真吾友，萧条日伴吾。不将书画扰，每欲酒船沽。妻病留能住，时穷便不图。雨窗今夜醉，仔细认狂夫。"画是一幅绢本山水，陈洪绶在上面写了题语："张雨诗云：'曳杖烟林中，放脚云山里。'一时称其为缥缈幽深之致，何如吾为继之写之尺素乎？写之无其缥缈幽深之致，吾亦不肯为继之写也。洪绶画于醉花亭，时庚午暮秋。"

但陈洪绶真正在醉花亭坐下来，却是在建成后的第二年（明崇祯四年）仲夏。这一年来，陈洪绶奔走功名，参加乡试，未被录取，期间又愁栖西湖，外加家庭杂务牵绊，使他无暇顾及醉花亭。《醉花亭成，自庚午仲夏至辛未季夏始得，日坐感赋》一诗，写的正是这种感受："吾爱山亭竹树幽，构成奔走未曾留。半年也逐功名事，五月聊为儿女谋。俗务每从无意得，好怀不是有心求。连朝饱坐工书画，感想忙时绝梦游。"而一旦坐下来，便流连忘返，故陈洪绶曾一度在醉花亭内"连朝饱坐"，在亭子里读书绘画，使醉花亭成为书画创作的理想场所，陈洪绶的不少绘画作品曾标记作于醉花亭。

《宝纶堂集》卷五还有《醉花亭饮》诗："听雨山亭歇，高怀朋侣同。秋声入松竹，暮景出梧桐。草圣随人强，诗编许我工。无穷勋业事，半世万山中。"诗中描写的是秋天醉花亭之景，抒发的是人到中年功业未成之情。此诗表明，醉花亭后来成为陈洪绶会友、喝酒、赏景之地，在科考一败再败、仕途功名无望的现实面前，饱坐醉花亭成了陈洪绶慰藉心灵的一方"乐土"。

光裕堂

《枫桥史志》载："光裕堂在陈家长道地，露萧堂北，为明代扬州府经历陈鹤鸣故居。原宅有十三进，中轴线上分别为忠勤堂、白茅堂、永锡堂、含辉堂、露萧堂、光裕堂……宅内有南北向甬道二条，厅堂楼阁，建筑宏伟。清初焚于火，移今址重建。"此记载比《光绪诸暨县志》又多出了"白茅堂""含辉堂"两个堂，以致推断出"原宅有十三进"之说。这个说法究竟是否符合史实，仍有待进一步考证。

据老辈人回忆，光裕堂后来成为陈洪绶的家祠，曾藏有明代画像 10 多幅，其中陈翰英（南雄府同知）和陈性学像为陈洪绶手迹，1949 年后由政府收藏。

今辟为陈洪绶纪念馆的光裕堂，并非陈洪绶曾祖陈鹤鸣故居。

宝纶堂

宝纶堂是陈洪绶真正的故居。宝纶堂在忠勤堂右，俗称"大方伯府"（"方伯"指地方长官），是陈洪绶祖父陕西左布政使陈性学所建，故址在今陈洪绶纪念馆西侧，位于陈家村勤农自然村 246—247 号的建筑地基上。现遗址剩有柱础、水井和墈地条石，现存建筑面宽 16.15 米，进深 27.4 米，墙基高出地面 2 层，用青石板堆砌，高 0.35 米。当年，陈洪绶父亲陈于朝、伯父陈于墀均居住在这里。台门内与陈洪绶相关的居室有：

团栾居。团栾，即"团聚"。元张养浩《普天乐》曲："山妻稚子,团栾笑语,其乐无涯。"陈洪绶在团栾居先娶萧山来氏，生女陈道蕴；后又娶杭州韩氏，生六子二女。在明崇祯十七年（1644）移居绍兴青藤书屋之前，陈洪绶断断续续地在枫桥宝纶堂生活了四十七年。陈洪绶在团栾居创作了大量诗文，其中直接以"团栾居"为题的就有四首。《宝纶堂集》卷四有《夜坐团栾居》诗三首，《宝纶堂集》卷八有《卧病团栾居》诗一首。如："声华最役神，清闲亦劳志。坐月草率吟，亦欲求慊意。月暗竹影无，投床将酣睡。野鹤唳数声，欹枕听无寐。"状写陈洪绶在奔波劳碌之余，本想求个清闲舒适，没想到蟋蟀鸣、野鹤唳，又度过了一个劳心费神的不眠之夜。又如："浪游已倦足将禁，耐得风寒两病侵。书看稗官何费力，诗删旧句有名心。小轩容膝闲情广，疏竹栖人幽趣深。日望天晴能杖履，二三酒伴踏长林。"无趣的仕途让陈洪绶心力交瘁，他窝在团栾居养病，想到室外的美景，更徒添深居不出的寂寞，于是天天盼望天晴病愈，然后邀二三知己喝酒赏景。

退居。顾名思义，退处一室而居。疑是陈洪绶新辟的一个书房兼卧室，因为其时家中孩子接连降生，陈洪绶为自己开辟了一个清静的读书之室。陈洪绶《蕙翁先生七十序》中写道："乙亥二月十七日，乃蕙翁先生七十岁也……二十四日黄昏，命先生之女弟子粹祯温酒，童子犬子义祯捧砚，峙祯执烛，楚祯伸纸，书于退居。"乙亥年是崇祯八年（1635），陈洪绶三十八岁，长子义祯十岁，次子峙祯八岁，三子楚祯六岁，五子芝祯于此年五月降生。陈洪绶写有《退居》诗一首："清秋少昏沉，早起得以便。虚堂犹虫语，长廊风洒然。翻经了一品，通达佛即禅。艰入便掩卷，灌竹罢而眠。招饮倒履去，作食无愧焉。"又有《予退居种兰数十盆，无见楼种兰五盆，门对小溪古杨数十树，不能定其饮所》："我欲出门饮，数居皆兰香。我欲闭门饮，溪上皆垂杨。一日闭门饮，一日出门觞。兰香半月歇，半年杨叶黄。"

写经轩。陈洪绶长女陈道蕴居室。陈道蕴是陈洪绶与萧山来氏所生的唯一一个女儿。陈道蕴画得家法，工翎卉人物，尤善写竹。师管道升，晴筜新篁，潇脱出尘。小楷学赵松雪先生，尝命之写经，精致绝伦，因题其所居曰"写经轩"。

曼殊室。陈洪绶侍妾胡净鬘居室，在团栾居旁。明崇祯十六年（1643），陈洪绶放弃国子监读书，返回故乡。途经扬州时邂逅胡静鬘，将其纳为侍妾。胡氏不但人长得美丽，而且擅长绘画，草虫花鸟，皆入妙品，兼通佛理，在艺术上称得上是陈洪绶的知音。人们将他们两人比作苏东坡和朝云。陈洪绶为此非常得意，他曾写过这样的诗句："文词妄想追先辈，画苑高徒望小妻。"

明末，东南多事，枫桥兵祸连年，大户屡遭抢劫。就在陈洪绶五十一岁那年，即顺治五年（1648）四月，山寇（反清农民军）陈瑞聚众洗劫乡里，枫桥陈家惨遭其害。农民军猝至，焚陈氏巨室，忠勤堂、光裕堂、露萧堂、宝纶堂皆被火，涉园遭劫，七樟庵藏书遂亡佚，陈洪绶在故乡的祖宗所遗产业，被损毁一空。宣统《诸暨县志》卷十五《兵备志》记载："顺治五年三月，山寇陈瑞劫孝义乡吴氏，杀其家主。四月，劫枫桥陈氏，毁明陕西左布政使陈性学居室。"故园被毁，这是导致陈洪绶晚年无法回归故里的又一个客观因素，故陈洪绶最后客死他乡，其原因并非人们所妄议的兄弟不和等不实之词。

"光前裕后，大师风采人同仰；继往开来，胜地渊源世所宗。"陈洪绶故居，经几百年沧桑，面目全非，遗迹无存，但蕴含人文精神的先贤遗风，依然流淌在枫桥百姓的血脉中。"入斯门者毕恭毕敬，本乎祖者相爱相亲""孝悌慈，一家仁让；齐爱悫，百世感通"，在弘扬优秀传统文化的今天，这样的家训家风，和载入史册的诸多坊宅，正散发出震撼人心的文化魅力。

自悔曾与世俗儒

——陈洪绶的功名之路

陈洪绶一生的大部分时光是在动荡不安中度过的，"山河破碎风飘絮，身世浮沉雨打萍"。这还不是最悲催的，对陈洪绶来说，更大的痛苦和折磨来自"功名"二字。他将"学而优则仕"看作人生的最高理想，为此他宁肯放弃卓异的艺术天赋而去考取功名。然而，许多事常常不以人的主观意志为转移，尽管他胸怀经世致用之心，但在科举考场上却屡战屡败。终其一生，只在崇祯年间做过三个月不入流的小官——从七品的中书舍人。功名未成的失落感伴随着陈洪绶大半生，直到经历了王朝更替的劫难，在他生命的最后十年，陈洪绶才渐渐接受了命运的安排，从而安心于卖画糊口的生涯。

我们来梳理一下陈洪绶功名之路的大致脉络。

二十一岁，成为秀才。

明万历四十六年（1618），陈洪绶二十一岁。这一年他参加县试、府试，成为诸生（生员），俗称"秀才"。

明朝规定：中秀才的生员可以获得参加乡试的资格。如果乡试得中，就是举人，取得会试的资格；如果会试得中，取得殿试资格。

陈洪绶二十一岁成为秀才，这只是踏上了漫长科举之路的第一级台阶。从此，残酷的现实向他拉开了序幕。此后二十多年，陈洪绶一直为功名而奔走，因为功名而焦虑。但是，他始终迈不过科举制度的第二级台阶——乡试。所以《宅埠陈氏宗谱》记载陈洪绶的身份是"县学生","授例贡，入太学"则是后来的事。

二十四岁，乡试失利。

明天启元年（1621），在考取生员三年之后，陈洪绶走上了乡试的考场，结果考试不中。（也有研究者认为，在陈洪绶二十一岁至二十五岁的四年中，大约参加过两次乡试，都没能考中。）

明天启二年（1622），陈洪绶二十五岁。这一年的除夕，他盘点自己的人生，写下一首《除夕》诗："廿五年来名不成，题诗除夕莫伤神。世间多少真男子，白发俱从此夜生。"作为他想象中的真男子，二十五岁还未取得功名，是要愁白了头发的。这说明，儒家传统的人生目标——"立德""立功""立言"，在他内心深处的分量很重，尽管这个目标对他来说高不可攀，但他此时还有一点"虽不能至，心向往之"的情怀，不然他也不会如此在意考试的结果。

二十六岁，第一次进京。

明天启三年（1623），陈洪绶二十六岁。这一年妻子来氏病逝，料理完丧事后，陈洪绶怀抱对功名的妄想和热衷，第一次前往京城，希望在京城大显身手，找到晋升的机会。但是时运不济，陈洪绶到京城后生了一场大病，且一病五六个月。在精神、身体、经济诸方面穷困疲顿的夹击下，陈洪绶第二年不得不打道回府。

明天启四年（1624）冬，陈洪绶为好友何实甫写了一首《舟次丹阳送何实甫之金陵》的诗，诗中就癸亥、甲子两年来凄惨的生活经历，一一向友人做了描述：

吾材固驽钝，妄想每热衷，连年不得意，饮酒空山中。
时时缺酒价，去年事飘蓬，出门一岁余，亲戚不相容。
囊中无一钱，走马燕市东，得病五六月，药石皆无功。
况当上策时，弹指季夏终，残编尽蛀坏，弃置曾未攻。
既悲无米炊，复虑精力穷，归家拜亲罢，裹足下来峰。

56

但可摄心神，安能事猿公，得失若观火，感怀常充充。

时运或逢吉，寒灰当一红，以此自宽大，举酒临长风。

与君称函合，一言幸相从，君才如伏雌，行藏更不同。

此去当努力，勿自薄愚庸，慰我同心人，翘首望秋鸿。

看得出，陈洪绶对于功名是那么热切期盼。但命运总是捉弄他，让他这次京城之行无功而返。陈洪绶这次进京，原打算在贫穷中求突围，因此他是以囊中羞涩、生活寒碜的面目出现在京城的，结果不幸的事情接二连三地袭扰他：一是他离家后，家族内却发生了"不相容"的一桩纠纷；二是自己在京城生了长达五六个月的重病，吃什么药都无济于事；三是因生病而错过了"上策"的时机，原本打算在京城攻读，结果他带去的书都被虫子啃噬了；四是自己在京城最后连吃饭生存都成了问题。"既悲无米炊，复虑精力穷"，陈洪绶不得不屈服于命运的安排，他对功名的热衷在现实面前碰了一次壁。但是，他仍然寄希望于时来运转，逢凶化吉，期盼自己的功名理想会"寒灰当一红"，像寒灰一样火红起来，并以此宽慰和激励自己。

二十七岁至二十九岁，潜心攻读。

在京城碰壁后，陈洪绶立即重返到科考之路上来。明天启四年（1624）秋冬间，他来到杭州，在张岱借寓的韬光山下峋嵝山房闭门读书，为新一次科考做准备。

明天启五年（1625）春天，萧山好友来风季来访，两人赏花和诗，极尽宾主之欢。来风季返乡后，陈洪绶着手准备来年的秋试，开始在家中奋力攻读诗书，他还为此戒了酒，每天早起晚睡，十分勤奋。

明天启六年（1626）二月初，陈洪绶到萧山回访来风季，在来风季家住了半个月，归来之后，他写了一首长长的五言古诗寄给来风季：

君行栖南山，我尚守尘市。君行澄道源，我尚逐浮气。

日来戒葬酒，即饮无十觯。读书目十篇，考订五六字。

晓课朝暾先，夜课炷香寐。怡颜止复园，喧嚣绝不至。

塞耳朝家言，但究身心事。日惕齿舌箴，谩骂戒匪是。

精神觉收敛，心气防恣肆。或有长进机，弗闲于道义。
昨夜梦醒时，悲叹年非稚。三旬倏忽来，四旬加鞭辔。
筋力欲衰惫，毛发必成二。功业堕前人，著书无所积。
老朽听鸡鸣，冷风吹眼泪。虽无冻馁忧，同死犬豕鼬。
书画耻流传，壮猷悲无寄。起坐椎心胸，涕泗不能睡。
忆君教诲言，女曹多欲嗜。一落声色中，滑正怀厥智。
外骛虽穷尽，激励如搏鸷。何途不可穷，所思者跛迹。
圣贤尚有师，我胡失指示。幸将所著文，时时授我识。
二月载生魄，我来慰君思。连床半月余，秋天复可迟。
我如不得来，君来慰我志。踪迹莫疏远，弗为古人愧。

信中倾诉了自己与来风季的差别，来风季已经获取功名，而自己却还是一个凡夫俗子，心浮气躁，功不成，名不就。为此，他准备发愤用功，做到两耳不闻窗外事，一心苦读圣贤书。来风季对于陈洪绶耽玩声色时有告诫，且经常将自己的文章给陈洪绶阅读。而立之年即将到来，陈洪绶对于影响自己科考的书画爱好感到可耻，认为自己败坏了祖宗的功业，每每想到自己功名无成，晚上暗自流泪，无法入眠。所以他不断激励自己，立志在三十岁即将到来之时，能遵循好友的教诲，在功名事业上有所建树。

三十岁，乡试失利。

明天启七年（1627），陈洪绶三十岁。正月底，为杜绝外界的干扰，陈洪绶一度住宿在牛头山永枫庵的东廊发愤读书，因为这一年的六月他将参加乡试。为此，陈洪绶约束自己，早晨听到钟声就起来用功读书，晚上听到鼓声之后就不再饮酒。但这样的日子他仅仅坚持了五天，后来因为拜访文社友人而离庵进城，并留在城中应试。

陈洪绶在城里的生活依然是诗酒相伴，他在《久留》诗中写道："三旬不成事，诗酒江南春。"他在《枫桥口号》口占诗中写道："若能日日花下醉，看了一枝又一枝。"他在一首寄给在外地做官的三叔祖的信中写道："羞我年三十，为文未成篇。酒味颇有得，功名罔计焉。"他有汲汲于功名之心，却无汲汲于功名之行，读书的时间总是被交友和喝酒的时间侵占和吞噬。

六月，陈洪绶在杭州参加考试，结果仍然没有考中，虽属意料之外，却也在情理之中。

三十三岁，乡试失利。

明崇祯三年（1630），陈洪绶三十三岁。八月参加乡试，依然没有得中。这一次的失利，对陈洪绶的打击实在太大，因为屡试屡败，年过而立而功名未成，对陈洪绶来说似乎意味着某种宿命。

他的兄长陈洪绪为了宽慰他落榜的打击，于这年秋天特地请陈洪绶去西湖游览，买酒买船，极力宽慰。同游的有好友单继之，还有亲族中的十三叔公、十叔，侄子世桢等。酒后，陈洪绶自求安慰，"譬如不识字，何念及功名"，但又说"若言名位遇，非易亦非难"，对科考入仕仍心存幻想，家族的厚望依然激励他再接再厉。

《予见摈，兄亢侯为予买酒买舟游南屏，邀十三叔公、十叔、侄翰郎、客单继之相宽大，醉后书之》："雨中最寂寞，今夜独欢然。我恨貂裘敝，人怜毛羽鲜。一尊频换烛，七尺可舔天。不信通经术，深山老此毡。"见摈，就是被科考抛弃，就是名落孙山；宽大，就是劝导宽慰。亲友团此行的目的很明显，宽慰陈洪绶还年轻，宽慰陈洪绶正当"毛羽鲜"，希望他重振旗鼓，东山再起，但陈洪绶恨岁月不饶人，认为自己好比是一件破旧的貂裘，大不了不走科举路，让自己这件旧貂裘隐埋在深山老林算了。这是陈洪绶屈服于科考真实心态的流露。

《兄以绶见摈，以酒船宽大于湖上，醉后赋此》："阿兄备酒馔，买舫为吾宽。立命唯鸩酒，知书慎得官。沉沦前世事，诗画此生欢。若言名位遇，非易亦非难。"陈洪绶对于科考失利做了一次分析，认为科考屡败是自己以前沉沦于诗画的缘故。他认为，如果真能抛开这种兴趣爱好的"沉沦"，功名地位的获取似乎也不是很难，故有"非易亦非难"的评判和幻想。

《湖上饮亢兄酒》："吾道无忧喜，此中强自平。譬如不识字，何念及功名。秋思深林步，诗情夜雨生。阿兄呼酒至，举火断桥行。"大概是酒精的作用，外加亲友的宽大，陈洪绶暂时将失败的痛苦抹掉了。他用佛心来衡量功名，果然是拿得起也放得下。陈洪绶还打了一个比方，倘若自己是目不识丁的农民，那么自己难道还会像现在这样对"功名"两字念念不忘吗？

三十四岁，祖泽告竭。

明崇祯四年（1631）二月三日，陈洪绶的好友兼同宗兄长陈庚卿通过卖田捐资的途径，获得了去国子监读书的资格。国子监的学生享有一定的特权，可以不用通过乡试的环节而直接参加会试。陈庚卿一定也是位多次乡试未中的秀才，所以他希望凭借这样的变通途径，最终能获得一官半职以奉养老母。这件事后来成为陈洪绶博取功名的榜样。（注：陈庚卿非陈洪绶同族，查《宅埠陈氏宗谱》未见此人，且陈洪绶称族亲一般只称名、字、号或行第，不著姓。）

在陈庚卿赴京前，陈洪绶曾作《赠陈庚卿入国子学序》，文中就已经流露出对国子监所寄予的热切希望。

> 事亲之道有二：曰荣，曰安。……庚卿愀然曰："吾母老矣，若不得受升斗养，奈何！吾宁卖田入国子学，幸而得第；不幸则笔耕舌织，或得上纳为一县丞、簿、州判官，使老母饱官饭一盂，愿足矣。"……予无以赠行，庚卿曰："愿得一言。"予遂书其意如是。语云："事君犹事亲也。"

从这段文字中可以看出陈庚卿卖田纳粟入国子监的心态，陈庚卿理想中最好的结果是中式得第，最不济也能混个县丞、主簿或判官之类的职位，这样就能达到既"荣"（光宗耀祖）又"安"（生活安定）的目的。陈洪绶提出了"事君犹事亲也"的观点，认为通过入资这种途径，实现"事君""事亲"两全其美，不失为孝子的行为。

这一年，陈洪绶还写了一首《上廪》诗：

> 祖泽日告竭，吾亦当知耕。行年三十四，强仕学无成。
>
> 受养小人力，又无君子名。天岂独私我，而无相夺情。
>
> 诸子倘不学，宁不堕家声？农事当习观，庶几能治生。

从诗中可以得知，陈洪绶三十四岁这一年，家道已经中落，祖先留给自己的财产已经消耗殆尽，生活开始面临困境。科举无望的陈洪绶，在面临着生存大问题时，他的内心似乎有了从事农耕的打算。同时，他又将科举之梦交给下一代，勉励子女们要好好读书，否则会步自己"行年三十四，强仕学无成"的后尘。

三十四岁至四十三岁，溪山习静。

从三十四岁到四十三岁的整整十年间，陈洪绶的三子楚桢、四子儒桢、五子芝桢、六子道桢陆续出生，陈洪绶的生活轨迹基本在枫桥，偶尔也到绍兴、萧山、杭州作画，也有二上京城卖画的经历，以解决现实的生计问题。

陈洪绶将这段时间的生活说成"莲子习静于溪山"，即在枫溪边过着安静安稳的乡村生活。也正是在这十年里，陈洪绶真正感受了家乡"溪上颇有酒，溪上颇得闲""茅屋容我静，酒徒遂我顽"的诗酒生活。加上此时家庭尚未遭遇变故，他有大量的时间用来作画卖画，所以经济上还不是十分困顿。他既有时间，也有酒钱，既有诗情，又有画意，于是策划和组织溪山雅集，成为陈洪绶的一项社交活动。三十八岁那年，陈洪绶组织了多次溪山雅集。

但是，随着年龄的增长，即将步入不惑之年的陈洪绶，对于功名前程终于有了清醒的认识。五年前乡试失利时，他还自我安慰"譬如不识字，何念及功名"，酒醒后又立下"若言名位遇，非易亦非难"的壮志豪情，但此时他明显感觉到功名之路的艰难了，于是有了"浮名岂不慕，欲慕实所艰"的感叹。"功名"两字，其实并没有真正在他心头放下。

他把功名视作"鸡肋"，并有虚度青春、及时行乐的思想。明崇祯九年（1636）四月，陈洪绶在借园写了一幅行草书的自书诗卷（故宫博物院藏）。卷中共录七绝四首：

> 山雨过溪白鸟飞，女萝枝蔓豆根肥。
> 一尊剧有清谭在，又说狂夫一是非。
>
> 因缘大事太倥偬，乞食归栖岩穴中。
> 一把茅庵难受用，喜君草草住山东。

鸡肋犹来弃去难，两湖箫鼓强为欢。

得君几幅荆关笔，种树溪山心也安。

双管年来懒去精，况兼花酒念俱轻。

如何已画梅花扇，又画观音赠楚生。

"鸡肋犹来弃去难"，将陈洪绶壮年时期为功名所累、但又不忍心抛弃的复杂心态表露无遗。

明崇祯十一年（1638）四月，陈洪绶为周臣社弟画扇多幅，其中一扇上有题诗：

老（道）人一瓶酒，溪亭受（享）秋光，半生多负却，红楼（一作桥）双垂杨，行乐需及时，座上莫相忘。洪绶题赠周臣社弟清教，时戊寅孟夏。

明崇祯十二年（1639），陈洪绶四十二岁。八月十三日，陈洪绶与张岱醉酒于杭州西湖的断桥边，发生了酒后追女郎的趣事。

尽管科考一再失利，尽管喝酒后也有"譬如不识字，何念及功名"的自我安慰，尽管在长长十年里他再也不敢丢科考失败的脸，但是渗透进陈洪绶血液里的"功名"二字，时不时卷土重来，重新燃起他经世致用的理想。于是，捐资入监的念头开始蠢蠢欲动。

从崇祯十二年年底开始，陈洪绶为一些戏曲作品画了不少插图。十二月，为张深之的《正北西厢》创作书中的六幅插图，创作地点在杭州定香桥。同月，为好友孟称舜戏曲作品《节义鸳鸯冢娇红记》创作卷首的四幅插图，题写了封面的签条，且对剧作加以点评，还写了一篇长序……陈洪绶这么做的目的很明显，筹集第二年进国子监的资金。

虽然前途渺茫，但陈洪绶相信，只要努力，希望还是有的。是什么支持他如此执着地追求功名而绝不轻言放弃？说到底就是作为人子的事亲之道。他认为，事亲之道主要体现在两个方面，一个是尊荣，所谓"挣来了这凤冠霞帔与娘穿"；一个是温饱，所谓"使老母饱官饭一盂，愿足矣"。

这是人子应尽的职责与义务，虽然陈洪绶早已父母双亡，但光宗耀祖的使命，让陈洪绶深感责任在肩。

四十三岁，第三次进京。

明崇祯十三年（1640）的正月刚过完年（一说秋天），陈洪绶又踏上北上京城之路，这次的目标是国子监。

无疑，这肯定是好友兼同宗兄长陈庚卿的卖田入资、曲线求功名已经取得了成功，让陈洪绶看到了最后的希望。陈洪绶科考接连受挫，年龄已经偏大，如果再去应试，未必会有什么好结果，他也不想去倒霉，于是出资捐为国子监生，成为陈洪绶功名路上的最后一搏。

初到京城，可能是因为进国子监所需捐纳的大量钱财并没有在家乡筹齐，所以他并没有马上进入国子监，而是经历了一段较长时间的京城绘画卖画生活。

明崇祯十四年（1641）三月，陈洪绶为刘永侯写了一篇《刘进士文稿序》：

> 洪绶习读未醇，每叹风云不与见。永侯为圣贤性命之文，龙兴虎视吾党者十年，一日飞去，始有卤莽而耕之悔，不敢复有安于义命之言以欺人也。愿学永侯为圣贤性命之文，自今日始；永侯今有民社之责，吾党不复以圣贤性命之文求之永侯，也自今日始。不知吾党不复以圣贤性命之文求之洪绶，尚有时乎？辛巳暮春盟弟陈洪绶书于长安萧寺。

从这篇文章里可以看出，陈洪绶已经抛弃了以前消极的情绪，再次端正了求取功名的心态，他已经"不敢复有安于义命之言以欺人也"。并且，他希望自己也像新中进士的刘永侯一样，有功名得意的那一天，有担负起"民社之责"的那一天。

四十五岁，入国子监。

明崇祯十五年（1642），陈洪绶通过纳资，如愿进入国子监。国子监定期要举行各种考试，满怀希望的陈洪绶发愤用功，成绩总是名列前茅。

国子监是历代王朝最高学府，明太祖朱元璋初定南京，即首立国子学。

洪武十八年（1385）改筑国子学于鸡鸣山下，第二年改为国子监。明成祖朱棣移都京城后，在元朝国子学遗址设立国子监，于是就有了南监、北监之分。明景泰四年（1453）政府明令生员可以纳粟入监。明朝末年，朝廷屡兴党狱，国子监受到一定摧残，但太学生人数还是相当可观的。明廷规定：生员可纳资入监，国子监的学生毕业后，不用通过乡试而直接参加会试，成绩优异的国子监生有机会进身为名臣大儒。

如果不是生不逢时，如果不是时代的捉弄，陈洪绶的功名理想一定能够实现。然而，陈洪绶偏偏处在明清易代、土朝更替之际。大明土朝到了万历皇帝坐天下的时候，已经是强弩之末，用《红楼梦》里冷子兴的话说："如今外面的架子虽未甚倒，内囊却也尽上来了。"表面上还是四海升平，实际上，衰败的迹象已渐渐地显现出来。其中最突出的，便是东林党人与阉党魏忠贤的斗争。这场斗争一直持续到明王朝最后一个皇帝朱由检上台。他励精图治，多有作为，即位之初，就大刀阔斧，铲除了魏阉及其势力，试图以此挽狂澜于既倒，扶大厦之将倾，但积重难返，当世已无回天之人。

陈洪绶耳闻目睹了朝廷和官场的腐败黑暗，很快就看清了真相，对国子监以及整个政治时局感到极端的失望。特别是他尊敬的老师刘宗周、黄道周相继因直言犯帝，或遭斥逐或下狱，他预感明朝行将覆灭，自己理想中的"致君而泽民""事君犹事亲"的愿望被冷酷的现实击碎，"君父愿成虚"，报国已落空。

陈洪绶写给刘宗周的《上总宪刘先生书》中这样说："然所见有纷纷上书者，身谋而不及国，洪绶之名亦与焉。沮之又不能得，深悔当时何不弃去，半年怀负国之惭，今则弃之矣。前失难追矣。"当时，太学生们眼见忠义之士受贬斥而无一人敢上书，他们纷纷上书竟都是为了个人的私利，而且把陈洪绶的名字也列入其中，以陈洪绶个人之力又无法阻止，所以怀着对政局的彻底失望和纳资入监的后悔，陈洪绶决定放弃国子监。

从信中"半年怀负国之惭"一句判断，陈洪绶在国子监只有短短半年时间。

四十六岁，抛弃功名。

大约在明崇祯十六年（1643）三四月间，陈洪绶被招为中书舍人。

中书舍人是从七品的小官，明代的中书舍人掌书写诰敕、制诏、银册、铁券等事。《明史·职官志三》："大约舍人有两途，由进士部选者，得迁科道部属……不由科甲者，初授班序，及试中书舍人，不得迁科道部属。"陈洪绶没有通过科考，因而他不能进入衙门为官，朝廷只是看中了他的绘画能力，才给了他一个有名无实的虚职，命他进宫临摹历代帝王图像。陈洪绶在仕进无望的处境中，替皇家做了三个月的"簪笔"之臣。这期间，他得以遍览内府所藏图画，大大开阔了眼界，使得他的绘画技艺日益精进。陈洪绶在京城的艺术声望越来越高，他"名满长安，一时公卿识面为荣，然其所重者，亦书画耳。得其片纸只字，珍若圭璧，辄相矜夸，谓吾已得交章侯矣"。（孟远《陈洪绶传》）人们于是把他与北方著名的人物画家崔子忠联系起来，并称为"南陈北崔"。

虽然名满京城，但人们普遍看重的只是陈洪绶书画方面的才能。然而，成为一名画家又何尝是陈洪绶几十年来的梦想？正如清代孟远《陈洪绶传》中所指出的："所谓书画者，亦一时兴会所寄耳，而世顾以是为先生重也，悲夫！"陈洪绶不由得发出怀才不遇的感叹：

> 伯玉入京，明允辞蜀，不能得之于乡曲者，庶几于辇下遇之；而知我者也复爱我绪余，无惑以夫子之圣而称其多能，子产之贤而以为博物君子也。（孟远《陈洪绶传》）

伯玉是唐代大诗人陈子昂，他刚到京城时为了引起人们的关注，曾经花千金购得一张胡琴，并约人前来听其弹奏，届时他当众将琴砸毁，而将自己的优美文章遍赠与会者，一天之内，名满长安。明允是北宋苏洵，他曾与儿子苏轼、苏辙带着文章从四川来到京城，受到了欧阳修的赏识。而陈洪绶却没能像他们那样幸运，所以只能以孔子和子产尚且遭人误解来安慰自己。

明崇祯十六年（1643）七月，陈洪绶接到家中来信，突然来了一个说走就走的"华丽转身"，他离开京城，坐船南下，回到了故乡枫桥。这意味着，他苦苦追寻大半生的功名之路彻底断绝了。

十二月二十一日，陈洪绶给友人良卿写了一封书信，信中提到了彻底抛弃功名的真实内心，"仆老年归，真大乐，半生小官弃去，如脱疬痔"，陈洪绶苦苦追求的大半生的理想虽已破灭，但压在他心头的重负也得以放下，陈洪绶终于感到了彻底的轻松，体会到了不被功名束缚的喜悦。

四十八岁，再三拒官。

明崇祯十七年（1644）三月十九日，北京城被李自成的军队攻陷，崇祯皇帝在煤山自缢身亡，大明王朝竟然覆灭了。陈洪绶留在京城的朋友倪元璐也以身殉国。听到这晴天霹雳般的噩耗，陈洪绶在绍兴哭泣狂呼，据孟远《陈洪绶传》记载："甲申之难作，栖迟越中，时而吞声哭泣，时而纵酒狂呼，时而与游侠少年椎牛埋狗，见者咸指为狂士。"陈洪绶在这里所宣泄的不仅是亡国之痛，还有与师友阴阳诀别之痛，以及内心自责、自辱、自悔、自废之痛。

五月，福王朱由崧在南京即位，改元弘光，开科取士。九月，友人王紫眉、王素中劝他参加弘光政权在南京开设的科举考试，陈洪绶严词拒绝，报之以七律诗三首：

> 二王莫劝我为官，我若为官官必瘝。
> 几点落梅浮绿酒，一双醉眼看青山。
>
> 腐儒无可报君仇，药草簪巾醉暮秋。
> 此已生而不若死，尚思帝里看花游。
>
> 借得青藤挂席门，父书一束暴朝暾。
> 二王若说为官事，捉鼻休辞老瓦盆。

这种轻松闲适心态的背后，其实是国事无望、报国无门带来的愤懑和痛苦。

清顺治二年（1645）六月，鲁王朱以海驾幸张岱家，陈洪绶与张岱同时负责接待，后鲁王朱以海想要征召陈洪绶为翰林，南明政权隆武帝朱聿键也闻知陈洪绶大名，派遣使者以御史的官职征召，都被陈洪绶婉言谢绝。

时马士英以重礼求一见，陈洪绶闭门拒之。

四十九岁，如梦初醒。

清顺治二年（1645），陈洪绶四十八岁。这一年的除夕，陈洪绶是在绍兴青藤书屋度过的，他以一首《即事》诗，总结了他在明朝度过的生涯：

> 明朝四十八年人，三月曾作簪笔臣。
>
> 今日薙头蒙笠子，偷生不识作何因。

活了四十八年，一生为功名忙碌，最后的结局竟是替皇家做了三个月的"簪笔"之臣，现在清廷下令汉人必须剃发，留发不留头，陈洪绶被迫剃去了头发，如此苟且偷生地活着，真不知道该做何解释。同一年，他又在《幽事》诗中发出这样的感慨："四十八年醒梦半，功名弃早坐禅迟。"此时，陈洪绶真正大梦初醒，他既庆幸自己放弃了功名，但又后悔青春的白白浪费，因为此时"坐禅"已经显得迟了。

清顺治三年（1646）六月，绍兴被清军攻陷，陈洪绶被清兵俘获，后出逃，先至杭州灵鹫寺，后至绍兴云门寺（吴敢《陈洪绶传》说"在诸暨的云门寺剃发为僧"一说有误）剃发为僧。从此改号"悔迟""悔僧""云门僧""云门悔僧"等。他之所以要以"悔"字为号，孟远在《陈洪绶传》中有准确的注解：

> 大兵渡江东，（陈洪绶）即披剃为僧，更名悔迟，既悔碌碌尘寰致身之不早，而又悔才艺誉名之滋累，即忠孝之思、匡济之怀、交友语言，昔日之皆非也……

陈洪绶除了懊悔还是懊悔，他既悔在世俗功名中抽身太迟，又悔才艺多能之累，总之他以此来表示对自己以往许多行事的否定态度。

九月九日，老友朱集庵来访，陈洪绶以酒相待，并赋诗二首，其中写道："九日僧房酒满壶，与人听雨说江湖。客来禁道兴亡事，自悔曾与世俗儒。"陈洪绶继续对当初追逐功名的那段生涯表示否定。然而，这个懊悔与否定已经晚了，因为陈洪绶已经为此付出了大半生的代价。

五十三岁，总结功名之路。

清顺治七年（1650）七月，陈洪绶在杭州写了《游净慈寺记》，对自己曾经苦苦追求的功名之路做过一个客观的总结：

> 老悔一生感慨多在山水间，何则？既脱胎为好山水人矣。每逢得意处，辄思携妻子，栖命骨肉归于此。魂气则与云影水声、山光花色同生灭，吾愿足矣。所以不如愿者，有志气，无时运，想功名，恋声色，为造化小儿玩弄三十余年。至天地反覆时，乃心灰冷，老死山水之志始坚，而买山钱不能办矣。虽剪落入云门、秦望间，山中人喜为结草团瓢，约日供薪米，而白幢白伞又逐之，投城市矣。谋还枫溪，则刀兵聚处，不第娱老岩穴不可得，即耽玩泉石亦不可得矣，乃知所谓"有志者事竟成"徒虚语尔，复为造化小儿玩弄五六年，良可悯叹。

的确如此，如果不是碰上更朝换代的时运，陈洪绶最终可能会在国子监实现他经世致用的理想，如果不是自己贪恋声色，他的功名之路或许早在而立之年就已梦想成真。客观上的生不逢时，加上主观上的精力分散，让他在科举之路上走了长达三十余年。然而，陈洪绶在科举之路付出的三十余年的心血，换来的竟是一场空、一个梦、一个死胡同，这不是造化小儿捉弄人吗？！好在陈洪绶晚年终于彻底看淡了这一段长长的功名之痛。

分析陈洪绶的功名之痛，有一个因素不能忽视：出身于官宦世家的家庭背景给陈洪绶的功名之路带来了极大的心理压力。陈洪绶出身于名门望族，他的曾祖陈鸣鹤官至扬州经历，祖父陈性学历任广东、陕西布政使。如果再往上追溯，第十五代远祖陈寿在朝廷身居高位；第五十四代远祖陈实为汉太丘长，人品学问为一时士林模范，十分著名，成语"梁上君子"就出自这位陈氏远祖之口。父亲陈于朝，熟习经史典籍，并因父辈为官食廪，总想继承父业，曾几次参加科举考试，不中，万历三十四年（1606）春乡试中举，不料几个月后病逝，年仅三十五岁。陈洪绶岳父家，也是官宦世家。岳父来斯行，万历进士，官至福建布政使。来斯行弟弟来宗道也是明万历进士，累官太子太保兼内阁大学士。在这样的家庭背景下，陈洪绶入仕为官，既是上辈的期望，更是自己的责任。甚至，比起父亲陈于朝来，陈洪绶的功名压力有过之而无不及，他要弥补父亲的缺憾，续上"官宦世家"的那道缺口。因此，从某种意义上来说，他的功名之路由不得他的个人意志，他必须为整个家族着想，来担负起这项光荣而艰巨的历史使命。

更何况，到陈洪绶这一代，家道已经中落，一个大家庭的维系和生存，也的确需要他这位当家人以丰厚的俸禄来支撑。做"画工"固然是谋生的一个手段，但毕竟身价太低，物质生活未必能达到为官的档次，更达不到光宗耀祖的目的。

陈洪绶的痛苦，还来自外界世俗的评判和势利的眼光。在世俗的眼光里，陈洪绶若功名有成，那是理所当然的，陈洪绶若功名未成，那是不忠不孝的。在势利的眼光里，升官可以发财，财大可以气粗。在枫桥生活期间，陈洪绶也深深感受到了功名对于家庭立足的重要性。祖父陈性学在世时，陈洪绶衣食无忧，家族内外对陈家总是另眼高看，而当祖父陈性学去世后，陈洪绶很快就体会到了"出门一岁余，亲戚不相容"受人欺负的无奈。这就是世俗，这就是现实。

鉴于以上原因，所以陈洪绶在功名之路上屡战屡败，屡败屡战，奋斗了整整三十多年，做着既有悖于他兴趣又有悖于他性格的"无用功"。而当最后明朝灭亡、希望落空时，当三十年的心血付出成为泡影时，他的痛苦与悔恨也就可想而知了。

就事论事分析陈洪绶科考失利的原因，不难发现，他的身上存在着诸多与科考格格不入的几个致命因素：

一是兴趣爱好广泛。陈洪绶"总角时即有志当世务，思以吾力普济群生"，但因为自幼对绘画有特别的天赋，后来绘画占据了他大量的时间，用陈洪绶自己的话来形容是"沉沦"于诗画。二十岁的时候，陈洪绶还一度热衷于阅读佛教经典《华严经》，并且为之废寝忘食。稍后，嗜好就更多，在《奉觞叔祖大人五十寿序》中自言："二十岁外，嗜酒，学诗，喜草书，工画。"显然，这些爱好中的大部分都对科考无裨益，直接影响了对于正经读书的专注。

二是家庭杂务牵绊。《醉花亭成，自庚午仲夏至辛未季夏始得，日坐感赋》一诗就反映了他的忙碌："吾爱山亭竹树幽，构成奔走未曾留。半年也逐功名事，五月聊为儿女谋。俗务每从无意得，好怀不是有心求。连朝饱坐工书画，感想忙时绝梦游。"庚午年为1630年，这一年的三月，他的第三个儿子楚桢出生，五月又建醉花亭，"俗务"总是不时袭来，连在亭中坐下来的工夫都没有，又何谈专心读书一事呢。事实上，作为拥有六子三女的陈洪绶，想做到不被家庭琐事牵绊，那是断然不可能的。

三是性格放浪不羁。在陈洪绶的身上，毕竟艺术家的自适任性、放浪不羁更多些，而儒家要求读书人的克己慎独、自我约束却相对较少。他第一次京城之行超过一年，而此行除了对京城的声色游戏多有领略外，其他方面的收获微乎其微。毛奇龄《陈老莲别传》："生平好妇人，非妇人在坐不饮；夕寝，非妇人不得寐。"这样说固然有些夸张，但事实上陈洪绶确实有古代放浪文人的一个通病，喜好女色是不争的事实，且因此闹出不少与美色相关的逸事。好友来风季曾就这个问题好言相劝过，陈洪绶似乎也反省过——"忆君教诲言，女曹多欲嗜。一落声色中，滑正怀厥智"，可惜他很快就自食其言了。

四是平生好游于酒。陈洪绶从二十一岁考上秀才的那一年起，就开始了他的嗜酒生涯。其饮酒的根源，主要是性格、交往和社会风气使然。毛奇龄《陈老莲别传》中说他"游于酒，人所致金钱，随手尽"，罗坤《陈章侯先生诗文遗集序》也曾指出他"每文酒高会辄醉"，陈洪绶自己的诗文中与酒相关的句子俯拾皆是。至于后来仕途坎坷，则更加剧了他的酗酒，构成科考失利以酒解愁、越饮酒越影响科考的恶性循环。

五是缺乏名师传授。陈洪绶四岁在山阴就塾，十岁去杭州学画，十八岁后先后从师刘宗周和黄道周，但时间也不长。后在科考攻读阶段，陈洪绶断断续续地与朋友一起学习，但大多是以个人学习的方式为主，并不见有哪个名师的传授指点。陈洪绶二十九岁那年在写给好友来风季的信中，就说过"圣贤尚有师，我胡失指示"这样的话语，他自己也在总结反思，认为没有老师传授是科考不中的原因之一。

在"枫桥三贤"中，杨维桢是真正通过科考入仕的，陈洪绶与杨维桢所处时代虽然不同，但科考制度毕竟大同小异。如果我们以出身官宦世家的陈洪绶与同样是出身官宦世家的杨维桢进行比较，那么陈洪绶科考失利的原因更加一目了然。杨维桢三十一岁以《春秋》中乡试，三十二岁中进士，授承事郎、天台县尹兼劝农事。然而，杨维桢为此付出的努力，绝非好酒好色的陈洪绶能够企及。杨维桢在中进士前，在铁崖山上一门心思苦读了整整五年，留下了"辘轳传食"的佳话，杨维桢因之也被称为"书楼杨"。在此之前，杨维桢二十四岁那年，他与堂兄杨维翰聘名儒陈敌为业师，一起在桐坑山佛子庵内苦读一年，"君（杨维翰）与维桢攻学无寒暑。抵夜以满分为度，睡则以水沃面。"再往前推溯，杨维桢二十岁那年，父亲不同意他娶亲，而是卖掉家中仅有的一匹马，为他装点行装，让他去宁波游学，以增长见识……"书山有路勤为径，学海无涯苦作舟"，同样是跋涉科考这条雄关漫道，陈洪绶显然没有杨维桢那种勤奋与执着。

亢侯虽兄也而友

——陈洪绶、陈洪绪弟兄关系的真相

　　长期以来，坊间流传着一种说法，说陈洪绶之所以离开枫桥，是因为他遭到兄长陈洪绪的逼迫，也就是说，是因为兄弟关系极差，导致陈洪绶无法在枫桥立足，最终不得不选择背井离乡。一些论者甚至以此为例，妄议和歪曲枫桥的乡风文明与人文环境，并不惜放大某种负面因素。

　　真相果真如此吗？答案是否定的。纵览研究陈洪绶的相关著作，对于兄弟关系的论述多是一笔带过。虽也曾有论者对陈洪绶兄弟关系进行过澄清，但由于早有"定论"在前，加之论述理由不足，因此并没有把陈洪绶兄弟关系的真相揭示出来。笔者带着"陈洪绶兄弟关系到底怎么样"这个疑问，系统阅读陈洪绶的《宝纶堂集》，发现了陈洪绶兄弟关系不睦一说的由来，以及陈洪绶兄弟关系的真相。

关于逼迫

　　说陈洪绶兄弟关系不睦，直接的根源在于清代孟远的《陈洪绶传》。这篇传记因为是清代人所作，故被视作了解陈洪绶的第一手资料，其文字也被众多研究者引用。孟远在《陈洪绶传》中关于陈洪绶兄弟关系的论述，前后有三处：

（1）父于朝，独隐居不仕……先有子洪绪，圮傲不类，间十数年生绶。

（2）当父殁时，绶方九岁，累世家资悉兄绪操管钥，恐弟分所有，谋所以戕害之者，无不至。时奋老拳，而绶执弟道弥谨。念兄之意，以区区资财产业耳。男儿当自立，万一祖父无尺寸之遗，其谁与争？余何忍恋恋于此，使吾兄有不友之名？乃悉让所有，徒步走山阴道上，税一廛僦居焉。

（3）大兵渡江东，即披剃为僧，更名悔迟……时兄绪犹独拥阡陌，其子有以祖宗遗产为言者，则曰："崇祯之天下，非祖宗之故物乎？"诚其子慎无言。

《宅埠陈氏宗谱》亦载有孟远所撰之文，题为《明翰林院待诏章侯先生传》，末署"会稽后学孟远"，个别文字略有区别，录如下："先生方九岁，即失所怙，累世家藏悉兄操管钥，恐先生分所有，欲害之。而先生执弟道弥谨，念兄之意，不过为赀财产业耳。男儿当自立，万一祖父无尺寸之遗，其谁与争？奈何恋恋于此，使我兄有不友之名？乃悉让所有，徒步走山阴，税一廛僦居焉。"

如果迷信孟远的传记，那么陈洪绶兄弟关系不睦是显而易见的。但是，如果考证和分析这些话语的真实性，明显能发现其中的破绽。笔者对孟远的记述质疑如下：

质疑一：年龄有误。陈洪绪比陈洪绶大五岁，孟远却将兄弟俩出生的间隔时间说成了"十数年"。据《宅埠陈氏宗谱》记载，陈洪绪"生于万历癸巳（1593）六月二十一日"，陈洪绶则"生于万历二十六年戊戌（1598）十二月二十七日"。陈洪绶在《涉园记》中也明确说过："余十岁，兄十五岁时，读书园之前搴霞阁。"宗谱记载与陈洪绶说法完全一致。

质疑二：有悖常理。孟远将陈洪绪描述成一个爱财、势利、只图个人享受的人物，一个贪婪自私的人，生怕弟弟要分家产，对他时加逼害。这从常理上很难说得通。一个十五岁的人怎么可能把持家里的钥匙且掌握"累世家资"，一个十五岁的人更不可能老成到如此奸诈。更何况其时陈洪绶的母亲与祖父尚在世，就算陈洪绪真有大逆不道的行为，长辈也绝不可能坐视不管。"时奋老拳"（老是拔出拳头打人）的现象或许存在过，陈洪绶兄弟俩小时候磕磕碰碰、吵吵闹闹一定在所难免，但这不能成为他们成年后兄弟不睦的依据。

质疑三：死者复活。"大兵渡江东"（清兵攻占绍兴）在顺治三年（1646），时年陈洪绶四十九岁，他披剃为僧，保住性命。而此时距离陈洪绪去世已整整四年（陈洪绪卒于1642年4月11日），"兄绪犹独拥阡陌"从何说起？而其时，陈洪绪的儿子陈世桢也去世四年了（陈世桢与其父卒于同年，时在1642年6月29日，年仅三十一岁），陈洪绪父子又怎么可能与陈洪绶谈祖宗遗产？除非他们从墓地里爬出来。

不仅陈洪绶兄弟关系的记述与事实严重不符，孟远《陈洪绶传》中还有其他不实之词，如陈洪绶"自披剃后，即不甚书画。不得已应人求乞，辄画观音大士诸佛像"。事实上，陈洪绶晚年在绘画事业上十分勤奋，既是他养家糊口的谋生手段，又是他一生创作最丰硕的时期，不仅数量多，而且水平高，很多传世之作都完成于后期，从而确立了他在中国绘画史上的重要地位。据翁万戈《陈洪绶书画编年表》统计：顺治六年（1649）春正月，他回到杭州，这一年作画77幅；顺治七年（1650）作画33幅；顺治八年（1651）作画18幅，加上顺治九年（1652）死前作画3幅，在他生命的最后三年多中，共作画131幅，其中有的一幅画多达几十页，平均一年40多幅，而过去一年作画一般约10幅左右。这么大量的画，占他留存于世312幅画的42%。特别是其中不少是杰作珍品。正如学者所说，"在杭州的三年左右时间里，陈洪绶辛勤创作了许多杰作，成为他一生艺术活动中最为活跃的时期"（黄涌泉）；陈洪绶"在杭州辛勤作画，很多遗世名作，皆完成于此时"，"晚年的作品不但精而且多"（陈传席）；他在"余年里创作了一些杰作，使他在中国画史上确立了重要的地位"，"在创作中是他一生的黄金时代，产生了立他于中国美术史上高层地位的杰作"（翁万戈）。

孟远的《陈洪绶传》是研究陈洪绶不可或缺的资料，但现在看来也不能全信，至少在陈洪绶兄弟关系的论述上，孟远的文字是有失偏颇的。孟远之所以要丑化陈洪绪，无非是通过杜撰的办法，使用想当然的例子，来映衬和美化陈洪绶的"孝""友"。但是，恰恰是孟远的不经意，给陈洪绶的故乡、给后世造成了极坏的影响。

关于出走

孟远认为，陈洪绶受兄长陈洪绪逼迫，为避免兄长落下"不友"的名声，便"悉让所有，徒步走山阴道上，税一廛僦居焉"。

学者陈传席信服了孟远的这篇传记。他在《陈洪绶生平》一文中写道："陈洪绶九岁丧父，但从某种意义上说，这对他的生活影响并不是太大。但他十六岁时祖父去世，十八岁时母亲病逝，他的不幸便真正开始了。"接着引用孟远的说法，阐述陈洪绶不幸的原因："他的哥哥陈洪绪比他大六岁，是一个爱财贪利、图享受的人，他怕弟弟分享祖辈留下的家产，竟至于'戕害之者无不至''时时奋老拳'。那时候，陈洪绶胸怀开朗且朝气蓬勃，他深明大义地说：'男儿当自立，万一祖父无尺寸遗，其谁与争？余何忍恋恋于此，使吾兄有不友之名。'于是，他不要分文家财，毅然离家出走。他到了五十里外的绍兴，在水珠巷租房居住，从此开始了饥寒交迫的生活。"

正是陈洪绶研究专家对孟远《陈洪绶传》的深信与附和，进一步加剧了陈洪绶兄弟关系不睦这一谬论的传播。

陈洪绶在十八岁那年，即万历四十三年（1615），确实去过绍兴，且在那里待了一段时间，但那是"僦居"（租屋而居）绍兴，而绝非"不要分文家财，毅然离家出走"。陈洪绶真正离家出走，举家离开枫桥，那是在三十年后的崇祯十七年（1644），即陈洪绶从京城回来之后，那一年陈洪绶已经四十七岁了。

正是十八岁和四十七岁这两个时间节点的混淆，直接导致兄弟关系不睦的错误判断一度成为定论，并进而掩盖了陈洪绶四十七岁时举家离开枫桥的真相，因此也成为陈洪绶研究上的一个空白。

关于陈洪绶举家离开枫桥，笔者另有文章专门论述，这里简要说说陈洪绶十八岁去绍兴一事。陈洪绶在母亲去世后的那一年秋天，确实到了绍兴，但并不是放弃家产的"离家出走"，也不是"从此开始了饥寒交迫的生活"。陈洪绶去绍兴，是专门师从刘宗周的，因为这一年刘宗周在绍兴朱氏解吟轩讲授性命之学，陈洪绶成为其入室弟子。但是，陈洪绶不习惯刘宗周那套主"诚"主"敬"的礼法束缚，因此在那里学习的时间并不长，他后来很快就离开了绍兴，十九岁那年在萧山与来风季一起学过《离骚》，之后就又回到了枫桥。此后陈洪绶的经历都是以枫桥为中心展开的，如二十岁废寝忘食地读《华严经》，二十一岁成为诸生（秀才），多年在永枫庵学佛、会友，与兄长陈洪绪共同经营借园，等等，这些都是不争的事实，因此说他从此开始"饥寒交迫的生活"为时尚早。

而且，陈洪绶十八岁"离家出走"在情理上也说不通。陈洪绶十七岁时已经娶了萧山来氏，新婚宴尔，夫妻感情很是和谐，他怎么可能抛开家室一走了之？陈洪绶也确实有过"饥寒交迫"的生活经历，但那是在他四十七岁以后的事，若陈洪绶十八岁时就饥寒交迫，他何以能在四十岁之前在枫桥连生六子三女？又何来四十五岁那年纳资进国子监？那可是要有相当的财力作为支撑的。

正是因为孟远的传记有误，误导了研究者以讹传讹，直接导致谬论在人们脑子里根深蒂固。甚至，在误读陈洪绶兄弟关系时，还有人从陈洪绶的诗文里断章取义以致错上加错，最常见的一句是"亲戚不相容"。

笔者考察陈洪绶"亲戚不相容"这句话的来源，所指仅仅是陈洪绶第一次去京城期间家族内发生的某桩纠纷，而绝非指陈洪绶兄弟关系不睦，更不是陈洪绶离开枫桥的原因。那是1624年，陈洪绶二十七岁，从京城回来后的冬天，陈洪绶为好友何实甫写了《舟次丹阳送何实甫之金陵》，诗中就近两年的生活经历向友人做了描述，开头写道："吾材固驽钝，妄想每热衷，连年不得意，饮酒空山中。时时缺酒价，去年事飘蓬，出门一岁余，亲戚不相容……"（完整引文见《陈洪绶的功名之路》）这一年，陈洪绶除了在苎萝山赏红叶，还于秋冬间在杭州岣嵝山房与张岱一起读书，还续娶了杭州卫指挥同知韩氏女，陈洪绶在枫桥养家糊口的日子才刚开始，距离陈洪绶举家离开枫桥还有整整二十年。显然，这桩发生于陈洪绶二十七岁以前的邻里纠纷，不过是农村氏族社会里一个司空见惯的普遍现象，陈洪绶偶然写进诗里，无非是想说明自己的生活遭遇，并不表明他在枫桥无法立足了。

真相还原

陈洪绶兄弟关系到底如何，孟远说了不算，陈洪绶研究专家说了也不算，还是立足原著，让陈洪绶自己说话。为此，不妨在陈洪绶的《宝纶堂集》

里寻找诗文的证据。其实，在陈洪绶的《宝纶堂集》里，陈洪绶怀兄、寄兄的诗文数量绝不亚于写梅、写酒、写病的诗文，从中可以看出兄弟之情在陈洪绶心中的地位。

笔者对陈洪绶写兄弟之情的诗进行不完全统计分析，并归纳如下：

1. 少年时兄弟同窗共读

陈洪绶在《涉园记》中写道："忆余十岁、兄十五岁时，读书园之前寨霞阁中。"这里的园是指涉园，寨霞阁是园中书楼。兄弟俩在一起同窗共读，与孟远传记中的说法有着天壤之别。一个读书人，且年长陈洪绶五岁的陈洪绪，怎么可能用"时时奋老拳"的手段来对付亲弟弟？故孟远的传记一味抬高陈洪绶，实际却构成对陈洪绶兄弟关系的一种玷辱。

2. 青年时兄弟同甘共苦

《涉园记》又写道："涉园者，予兄己未觞槎庵先生请名之者也。庚午构堂一、亭一、穿池二，予乐记之。""己未"是 1619 年，此年陈洪绶二十二岁，陈洪绪二十七岁，陈洪绪请陈洪绶的岳父来斯行喝酒，顺便为兄弟俩共同拥有的陈氏花园（原名"日爱园"）取了一个"涉园"的名字。可见陈洪绪非常尊重陈洪绶的岳父，兄弟俩的关系无懈可击。"庚午"是 1630 年，这一年陈洪绶三十三岁，陈洪绪三十八岁，两人共同在涉园中建造醉花亭等亭台楼阁，陈洪绶忙里偷闲写下《涉园记》，最后一句话说"予愿从兄坐此园也"，说明陈洪绶兄弟之间不折不扣地执行着祖宗先贤谆谆告诫的"兄友弟恭"的为人准则。

涉园是陈洪绶兄弟情深的一个象征。陈洪绶后来只要一提起涉园，便会情不自禁回忆起兄长陈洪绪。如他在题为《涉园》诗中写道："难得茅堂古木坡，梦魂结构廿年过。弟兄手植松三丈，画谱持名花万窠。尊罍只供文字饮，老僧留译梵书吚。地因人胜虽难说，独树空庭此较多。"看到涉园中的松树高大挺拔，陈洪绶不免想起兄弟俩亲手植树的情节，故有"弟兄手植松三丈"的情感流露，在涉园里种下的，不仅是松，还有他们兄弟之间的手足之情。

3. 陈洪绪对陈洪绶的种种关爱

列举两例：

1）对陈洪绶女儿的照顾。陈洪绶二十六岁那年，妻子来氏病逝，其与来氏所生之女陈道蕴时约八九岁，而陈洪绶是年又去京城谋求发展，陈洪绶就将女儿托给兄嫂抚养照看。女儿陈道蕴自幼身体羸弱多病，幸亏有兄嫂悉心照顾，才逐渐长大。陈洪绶《自萧山归见女口占》中有记述："入门迎我无娘女，蹀蹀前来鼻自酸。多病定垂兄嫂泪，不驯应失侍儿欢。新裁绵服虽无冷，旧日慈心犹虑寒。且逐小姑斗草去，那堪含泪把伊看。"抒发了陈洪绶对无娘幼女的极度悲切感情，读之令人动容。"多病定垂兄嫂泪"，说明陈洪绪夫妇是将侄女当作亲女儿一样照顾的。

2）对陈洪绶科考失败的安抚。崇祯三年（1630）陈洪绶科考未中，情绪极其低落，陈洪绪专程从枫桥跑到杭州，邀请陈洪绶舟游西湖南屏并加以宽慰。有陈洪绶的四首诗为证，诗题分别是《予见摈，兄亢侯为予买酒买舟游南屏，邀十三叔公、十叔、侄翰郎、客单继之相宽大，醉后书之》《兄以绶见摈，以酒船宽大于湖上，醉后赋此》《湖上饮亢兄酒》及《亢老饮予于黄贞父先生园，赋此》。陈洪绪安慰落榜的陈洪绶，此举属精神层面的关心，是对弟弟陈洪绶真正的关怀与关爱。

4. 陈洪绶对陈洪绪的牵挂与思念

陈洪绶曾两次（或说三次）去京城，旅途中思念其兄，故有相当一部分的诗是寄给兄长陈洪绪的，或汇报自己的行程，或抒发自己的思念之情，其诗题中出现了两个高频词，一是"怀"，一是"寄"。如：

《怀兄》："故园梅花应满枝，阿兄杖履亦多时。年年醉我梅花下，不写梅花便赋诗。"陈洪绶兄弟俩有共同的雅好：赏梅、饮酒。

《苏州寄兄》："悲来拭泪看风景，差喜撩人无雁鹅。只到姑苏感慨遍，漫漫长路未曾过。"既汇报自己的心情，又汇报自己的行程。

《邹县寄兄》："黄叶干时寒鸟呼，阿兄记得旧年无。新醅一斗荒台上，醉写漫天落叶图。"又回忆起兄弟俩喝酒绘画时的场景。

《济宁寄兄》："鸡鸣凉月和沙见，日落鸣蝉带浪闻。思君过了思妻子，妻子思过重思君。"兄弟情深,不逊于夫妻情深。

《淮上寄兄》:"行路无千里,时时旅况殊。风霜虽未历,客念实难驱。安稳过平望,忧危渡太湖。怀君今夜泪,不觉胜姑苏。"出门才到淮河,思兄之情就无法自制,还偷偷落泪,岂是一般的兄弟手足之情。

《寄六兄》:"松楼山已静,水馆鹤高声。原未成离异,何因是不平。要存儿女怨,方笃弟兄情。肯许溪山月,孤怀独自行。"在陈洪绶的情感世界里,既有浓浓的儿女之情,更有不可或缺的兄弟之情。

《寄叔兄》:"归来未得拜中堂,听雨西湖秋水旁。不为游心还未足,征尘须带桂花香。"向兄、叔汇报自己已经到杭州,即日就可来拜见中堂。

以上诗作当是陈洪绶往返京城途中所作。而在京城国子监读书期间,陈洪绶仍念念不忘家乡的兄长,时刻惦记着兄长陈洪绪的病情。

《闻兄病而疑》:"闻说吾兄病不支,但无书到也还疑。莫非难慰家人念,忍断音书不令知。"陈洪绶从别处听说了陈洪绪病得严重的消息,但又没有收到家中来信,于是他猜测,是不是因为家人不想让自己太过牵挂,故意不写信来告知自己呢?此诗作于陈洪绪去世前夕无疑。

崇祯十五年(1642),远在京城的陈洪绶接连得到了家中的报丧消息:四月十一日,兄长陈洪绪去世,年五十。得到兄长亡故消息,陈洪绶悲痛欲绝,只因路途遥远,无法回家奔丧,为兄长送行。陈洪绶为此写了一首《怀兄》:"落日寒阴败箨鸣,疏寮病客最心惊。思君十二年前事,夜雨修篁长枕情。"兄长去世之后,一幕幕往事袭上心头,陈洪绶又想起了兄弟俩在挲霞阁同窗共读、同床共枕的情景,以及一起经营涉园的往事。"十二年前事"正是前面提及的兄弟俩庚午年(1630)在涉园"构堂一、亭一、穿池二"之事。

时隔两个多月,陈洪绶又接到了侄子世桢的死讯,世桢卒于六月二十九日,年仅三十一岁。陈洪绪父子皆亡故,意味着陈洪绶在枫桥失去了最坚强的依靠,又加上第二年陈洪绶长子义桢误入少年场,将产业和居业荡尽,祸不单行,成为促成陈洪绶速速离开国子监的一大因素。

5. 陈洪绶对陈洪绪的高度评价

关于陈洪绪的资料相对较少,但在陈洪绶的笔下,不难发现,陈洪绪绝非孟远笔下"圮傲不类"的人物，而是一位有修养、有品位、有孝行、有声望的人物。陈洪绶曾写过一篇《粤游诗序》，就是替陈洪绪的"粤游诗"所作的序言。全文如下：

> 此家兄以方伯公名宦事，走五千里瘴海、盗贼中危疑忧惧而得之者也。其诗固清新秀丽，可歌可咏，可刻之以行。吾善斯举也，有三焉：夫诗即不清新秀丽，但为方伯公名宦事，走五千里瘴海、盗贼中危疑忧惧而得之者，刻之不羞吾辈饱食安居、付祖父俎豆盛典于罔闻者乎？一也。又为方伯公名宦事，走五千里瘴海、盗贼中危疑忧惧而得之者，刻之不大过人之盘乐山水、薄游江湖而得之者乎？二也。而况诗之清新秀丽，有不待以方伯公名宦事、走五千里瘴海、盗贼中危疑忧惧而得之者以取悉者乎？三也。

事情的由来是，陈洪绪为修订陈氏家谱，弘扬祖风，搜集祖父陈性学的事迹，曾远赴广东采风，途中创作了一些诗作。陈洪绶对这些诗给予了肯定评价，原因在于兄长是"为方伯公名宦事"，追寻祖辈足迹，重走祖上宦途，比之那些饱食安居者，来得更为真诚真切。而且，陈洪绪在追寻的过程中，历经"五千里瘴海"，他的诗作是于盗贼中危疑忧惧而得之，诗里充满着真切的个人体验。更何况，走瘴海，遇盗贼，饱经忧虑和重重险阻，比起一般的游山玩水、薄游江湖，孝心更加难能可贵，情感更加真挚深沉。

这里传递出几个信息：其一，陈洪绪当年曾身肩陈氏家族宗谱修编及宗祠修建的重任，而能担此重任的，必须是家族内有文化、有威望的人物；其二，陈洪绪也会吟诗作画，一趟南方之行，既搜集到了祖上的信息，又写出了一组富有真情实感的诗歌；其三，陈洪绶高度评价陈洪绪的诗歌"清新秀丽"，且有真切的生活体验，说明兄弟俩的艺术趣味是相同的，这是兄弟间志同道合的一个佐证。在陈洪绶看来，真实的情感才是诗的根本，而陈洪绪的诗歌恰好具有这个特点。

对于陈洪绪的这次远走南方，在枫桥留守的陈洪绶一样牵肠挂肚，有陈洪绶的两首诗留存。

一首是《怀兄》："垂杨覆着藕花池，荇叶田田浴鸭儿。若使粤东君不去，焚香沽酒索余诗。"此时正是杨柳飞舞、荷花开放、荇叶碧绿之际，假如这个季节兄长陈洪绪不出远门，那么一定会与自己相处在一起，焚香喝酒，顺便还要相互吟诗酬唱。

一首是《端午溪桥怀兄在玉田》："日落室先夕，四野余微明。随意以踯躅，偶止白河汀。眷兹周匝树，果可少憩停。路逢息肩人，社酒犹未醒。忽怀远游者，何以慰客情。瓢浆会骨肉，两度不共倾。安得郁结心，如彼暮云行。"从诗中看出，陈洪绪此次远行已经整整两年了，端午那天的黄昏时刻，陈洪绶在路上碰见了一个息肩的人，于是情不自禁地想起远在外地的陈洪绪来，他已经有两年没有和兄长一起饮酒赋诗了，所以心中老是郁结牵挂，他想让自己变成天上的一朵云彩，去追赶和寻找外出远游的兄长。

这样的兄弟关系，岂能与一般的兄弟关系相提并论，难怪陈洪绶要说"亢侯虽兄也而友"，他们俩，既是情同手足的兄弟，更是志同道合的朋友。或许，正是因为陈洪绪曾担任家谱修编与家庙修建的重任，故在他去世后，陈洪绶于第二年帮助兄长完成了未竟之事，写下了《重修陈氏家庙碑记》和《祔庙碑记》。

6. 陈洪绶说："亢侯虽兄也而友。"

陈洪绶兄弟之间的关系，超越了"兄友弟恭"——兄爱弟、弟敬兄的层次，他们的融洽还体现在志趣相同。在陈洪绶的一些诗歌中，记录了他们兄弟之间诗酒相酬、艺术切磋的感人画面，这是兄弟关系中极为罕见也难能可贵的。

《题亢兄携美人索句小像》："六朝浪子最多情，筑起胭脂十二城。和月飞来双紫凤，求凰莫鼓断肠声。"陈洪绪画了《携美人索句小像》的画，陈洪绶欣赏后吟诗一首，题在画上。兄弟之间，画意诗情，珠联璧合。

《写瓶花与兄》："春流随处碧桃开，杖倚光风酒百杯。画赠长公清梦觉，吹箫娘子忽飞来。"春光烂漫时节，兄弟俩又聚在一起赏花喝酒，陈洪绶在瓶子上绘画，画了一个吹箫娘子，然后把这个"娘子"送给了陈洪绪。

《亢侯虽兄也而友，夜雨以酒命书，书必予诗，诗不能得佳，工书差可慰也。赋志之》："雨夜得好友，酒与烛有余。醉后墨数斗，不顾工拙书。诗亦何必善，终当归空虚。所求工者意，难慰好友俱。好友能夺性，令我不自如。"雨夜，涉园，醉花亭，兄弟俩又促膝而坐，把酒论诗，远离俗尘。酒酣，诗兴喷发，笔走龙蛇。看得出，陈洪绪还很会用酒启发弟弟的诗兴。

《题画与兄》："买得新熟酒，而咏初开梅。得句何必妙，身名如劫灰。率书而已矣，复进数十杯。"初冬时节，梅下饮酒，抛开功名，难得一乐，这是陈洪绶兄弟俩在枫溪生活的一个画面。陈洪绶将这个场面记录了下来，画成画，题上诗，将它送给读得懂自己心灵的兄长。

7. 陈洪绶关爱侄子侄孙

陈洪绶只有一个侄子，就是陈世桢。就像陈洪绪关爱自己的侄女一样，陈洪绶也关爱着自己的侄子。

陈洪绶《虎林归，书与犹子世桢》：

> 归来相见喜，长为五尺童。
> 席上略课文，文理亦粗通。
> 典则未综览，深远罔追穷。
> 终成童子业，勿能为巨公。
> 慎勿为年少，鞭策可从容。

从杭州回枫桥的陈洪绶，看到正值童年的侄子已略通诗文，但还不够精通。为此，陈洪绶鼓励侄子目光要远大，不能像自己这样只做了个秀才（陈洪绶大世桢十四岁，此时世桢是儿童，则陈洪绶已成为秀才），要像祖先那样做一个巨公（达官贵人），所以千万不要因为年纪小而放松了读书，要时时鞭策，刻苦努力，终成从容的人生。

陈世桢三十一岁就去世，只留下独子见远（名尉燡），他便是陈洪绶唯一的侄孙。陈洪绶四十七岁移居绍兴后，对于故乡枫桥的侄孙，始终牵挂和惦记在心。

清顺治四年（1647）四月九日，山寇入城，烧毁县堂，典史郝朝宝、教谕方杰俱被害，知县刘士瑄请兵剿之，杀灭百姓数千家，官吏的暴行震惊四野。陈洪绶此时已从薄坞移居绍兴城内卖画生活，他闻讯后，前后写了多首纪事诗以泄愤慨。

陈洪绶《诸暨有警忆侄孙见远》：

> 去城五十里，当路二三阡。寡母携双妹，娇妻负万钱。
> 栖山多盗贼，投水仅渔船。蚁聚闻鱼烂，都无实信传。
>
> 何处深忧汝，高楼太路前。弟兄伤雁断，歌舞恨名传。
> 道枢难相探，苍头犹未还。定知鸟兽散，结伴阿谁边。

第一首，"去城五十里"就是诸暨，"寡母""娇妻"是逃难中的人物，但是诸暨百姓不能往山里逃，因为山里有盗贼，只能坐船往水路逃。陈洪绶也到岸边打听消息，可是并没有得到侄孙的确凿消息。

第二首，陈洪绶深深担心侄孙的安危。自己与陈洪绪已经阴阳两隔，现在他作为长辈，很想去故乡看望亲人，但道路封闭不能成行，写出去的信也没有回音，猜测此时百姓定像鸟兽一样被驱散了，不知道侄孙见远在哪里投靠。

在明清朝代更替之际，社会动荡，陈洪绶在自家性命难保的情势下，侄孙见远始终是他心头的一个牵挂。

陈洪绶《怀侄孙见远》：

> 太平怜汝浅，乱世始深怜。残贼忍相料，仳离愿保全。
> 而翁留一线，乃祖计千年。数语诸儿子，琴张霜满天。

陈洪绶说，以前太平时节疼爱你不够，现在乱世纷纷才来关心你，在乱兵焚掠之时，希望你能保全自己。你的父亲只有你这么一个儿子，你可是陈家先祖千年的传承。这样的话我也告诉过自己的孩子，希望不要辜负了我的一片苦心。

佛屋为家归必登

——陈洪绶与枫桥牛头山、永枫庵

　　陈洪绶生前曾留下了众多写枫桥的诗文。这些诗文如果按地域来分，宝纶堂所在的陈氏宅园无疑是最多的，因为那是生他养他的地方。其次，则当数牛头山永枫庵了。据统计，陈洪绶《宝纶堂集》中有永枫庵的铭文一篇，游记一篇，诗九首。

　　陈洪绶为什么对永枫庵情有独钟？这有多方面原因，既有祖先倡议在牛头山筑庵建塔的家世背景，也有自己静心学佛的内在需求，还有与永枫庵大先和尚密切交往的客观因素。可以这么说，在枫桥生活期间，永枫庵实际成为陈洪绶的第二个家。

一

　　陈洪绶的《永枫庵山主无穷师塔铭》有七百余字，细说了永枫庵及永枫塔的由来。永枫庵所在的牛头山，原本是枫桥地面上的无名小山，陈洪绶祖父陈性学看中了这方前临枫江、后瞻泌湖的风水宝地，与两个儿子一起谋划建佛寺，并专程邀请在杨侯庙出家、一位姓骆的法师（无穷法师），来牛头山主事，无穷法师由此成为牛头山第一任住持僧。陈性学还捐出自己的俸禄，协助无穷法师在一年内迅速建成了永枫庵。无穷法师圆寂后，弟子如鸿和尚成为第二任住持僧，他继续"广辟土地，崇建殿堂"。再后来，如鸿和尚的儿子于明万历三十一年（1603）在牛头山山顶筑七层之塔，这就是枫桥人耳熟能详的永枫塔，也就是陈洪绶作铭文的"无穷师塔"。

当初，陈性学与无穷法师，一位退居在家，一位修炼于野，两人一拍即合，让佛光普照牛头山，是因为这原本就是双赢之举。就陈性学而言，筑庵建塔为的是祈求子孙富贵；就无穷法师而言，筑庵建塔为的是佛法发扬光大。所以无穷法师当初敢顶着流言，来替陈性学撑腰。无穷法师针对当时的闲言碎语说过这样一番高瞻远瞩的话："佛法必藉国王、大臣、富室、长者而兴，塔建则其地永不绝富贵，佛日永不堕，吾何惜方便入俗作佛事。"

喝水不忘掘井人。因为陈性学是永枫庵的创始人，故永枫庵实际上带有陈氏家庙的色彩。尽管世事更替，物是人非，但陈氏与永枫庵的亲密关系世代沿袭。陈洪绶父亲信佛，陈洪绶也信佛，除个体兴趣使然，很大程度上跟陈性学当初倡议并捐建永枫庵有必然的联系。

到陈洪绶这一代，永枫庵的住持僧是大先和尚。此时，陈氏家族对于永枫庵的施与和捐赠肯定没有了，因为陈氏家道中落，但永枫庵报效陈氏的初心始终不变，故陈洪绶在永枫庵可以来去自由，且在永枫庵始终得到施主和嘉宾般的待遇。

二

《宝纶堂集》收录陈洪绶仅有的三篇游记，其中一篇就是《游永枫庵记》，全文如下：

> 丁卯十一月八日，莲子至永枫庵访大先和尚，叔觊生、宸铭与俱。溪涨无舟楫，道人负而济。大先远出，其徒寰和尚煮茶粟饷之，饮酒塔下。面之叔从东山来，让二叔曰："何不凤期，使我亟亟于事而步履甚劳。"言迄后痛饮。
>
> 宸铭叔曰："当作诗。"莲子辞以庵中游诗亦多无记，不可以无记。叔即妥纸，莲子举笔，慨然有感。正月终，妄想进取，读书东廊。山色朝暮，竹树声色，鸟语溪声，梵呗钟鼓，意之所会，耳目之所得，

神情之所畅适，不能尽领略。步林下不过数百步，便还；与诸僧语不过数十语，便止。早闻钟鼓辄起读，晚闻之则罢饮。清况虽甚妙，而留连飞舞之致，十不存一。凡五日，便以访社中入城，遂留试。六月乃归，归便渡江。九月归，归便以俗事不得便来。今日之游，有酒有纸笔，可为文字饮，风日清淡，心无系恋，山水竹木，禽声梵音，觉愈于正月时。岂愈于正月时哉，功名之念系之也。夫天授人以功名富贵，则客人游盘之乐，得全者不多得。莲子虽不能进取，游览之兴，未尝以疾病、亲友毋望之祸、鄙陋之心辄止。兴至则来，阑则去，天之厚莲子多矣。

查《宅埠陈氏宗谱》得知，陈洪绶在游记中提到的三位叔父，是陈文学（陈性学之弟）的三个儿子。宗谱行传载："钶百九十九，讳于宀，字面之，号百朋，都百六十九公长子……钶二百十七，讳于明，字清臣，号觊生，都百六十九公次子……钶二百七十五，讳于黼，字宸明（铭），都百六十九公三子，守祠生。"

这篇游记不长，但透露了陈洪绶与永枫庵十分重要的信息：

其一，永枫庵曾是陈洪绶读书之地。游记提到陈洪绶于科考前曾到永枫庵用功读书之事。那是明朝天启七年（1627）正月底，而立之年的陈洪绶想到功名未成，便决定用功读书参加乡试。为此，他选择幽静的永枫庵东廊。刚开始时的确很努力，他不在意山中美景，早晨听到钟声就起床，晚上听到鼓声就放下酒杯，在林中散步不到几百步就回房间，碰到僧人说不到十来句话就打住。他把心思全部集中在备考上了。若能如此坚持到五月，或许陈洪绶也能如愿以偿，可惜他在永枫庵闭关才短短五天。五天后，陈洪绶进城访友去了……结果，这一年的乡试，陈洪绶名落孙山。

陈洪绶写过组诗《桥头曲》，共九首，最后一首写的就是牛头山读书之事："读书牛头山，不去已两月。何事飞蓬生，两峰清气发。"说明除备考之外，平时陈洪绶在枫桥期间，也常去牛头山读书。

其二，永枫庵曾是赏心悦目之地。游记为我们还原了牛头山当时的风貌。陈洪绶形容牛头山用了不少词语：四个字——"清况甚妙"；八个字——"山水竹林，禽声梵音"；十六个字——"山色朝暮，竹声树色，鸟语溪声，梵呗钟鼓"。这样的美景四时皆有,只是自己在苦读时无暇顾及。这一年的初冬,心中没有了功名杂念,牛头山的景色更是令人赏心悦目,流连忘返。陈洪绶喜欢以永枫庵为家,景美是重要原因。陈洪绶一贯有游览的雅兴,更何况牛头山还在家门口,这样的美景岂能不坐视,所以他每次都是"兴至则来,阑则去"。

其三,永枫庵曾是诗酒雅集之地。永枫庵还吸引了众多文人墨客前来"为文字饮",即把酒临风,吟诗作画,只不过"庵中游诗亦多无记"而已。如果在枫桥寻找像兰亭这样的雅集之地,则永枫庵可称为"小兰亭"。这跟住持僧大先和尚善戒律、兼工诗有关,当然更与庵中有陈洪绶这个常客有关。譬如这一次,他带着赆生、宬铭、面之三个叔父前来游玩(其中面之叔还是从大老远的地方赶来),虽然大先和尚不在山上,且遇着"溪涨无舟楫",但仍执意前往,到了山脚,由僧人背着过河,最后"饮酒塔下",且作诗以记之。这样的小集,在永枫庵不止一次,否则陈洪绶不可能这般轻车熟路。

三

考察陈洪绶写永枫庵的诗,可以发现,在陈洪绶的心目中,永枫庵既是赏心悦目之地,又是诗酒雅集之地,还是自己的学佛绘画之地,晚年更是他魂牵梦萦之地。这在下面三首诗中得以体现。

陈洪绶《永枫庵小集点韵》:

> 秋天风气肃,草木殒寒玉。群贤公宴时,杲日留岩谷。
> 江树凄凄然,寒螀语幽独。君子上堂酬,有怀乃踟蹰。
> 错觥睥睨间,古人随意蹴。我本豕鹿人,不慰世间欲。

由诗题可知,永枫庵常有小圈子聚会,一旦聚会便点韵作诗,说它是"小兰亭",是比较恰当的。诗中展示的是某个深秋夜晚永枫庵内聚会的一个场景。永枫庵接待了一帮留宿的"群贤",在酒宴上,群贤们有话但不敢敞开来说,一阵杯来盏去后才开始直抒胸臆,甚至随意批评古人得失。陈洪绶也在其中,他自称是山野之人(豕鹿人),不以物喜,不以己悲,不为世间的物欲所左右。这大概是陈洪绶功名无望后生发的感慨吧。

陈洪绶《梦道闇、祉叔过予永枫庵记事》：

> 汪王两道友，期我居山麓。道闇买黄山，结茅种松菊。
> 愧予实重迁，不能居山谷。祉叔亦重迁，守此数间屋。
> 道闇数招余，余亦招祉叔。啸歌入黄山，为作画几幅。
> 空期有两年，情事愁短牍。昨梦两人过，移榻牛头宿。
> 山僧买村酒，老僮割干肉。酌酒清溪还，各捧佛书读。
> 实事不得成，一梦亦清福。嗟此两年期，不如一梦速。

这是一个梦境，梦里的故事竟发生在牛头山。陈洪绶两年前与汪道闇、王祉叔相约，一起到黄山隐居，啸歌作画，但因生活奔波而无法遂愿。最后做了一个梦，梦见汪道闇、王祉叔前来看望自己，三人还在牛头山留宿，又是吃酒，又是读佛。现实里做不到的事，一个梦就做到了；盼了两年没盼来的事，一个梦就盼来了。真是人生如梦，梦如人生。看来，牛头山是陈洪绶精神世界里的一座"南山"。

陈洪绶《忆永枫庵写佛时兼忆大先》：

> 牛头写佛处，大小万秋山。岂谓尘心去，似逢故物还。
> 沙弥煨芋母，居士饭松关。人事兵戈淡，老僧正未闲。

这首诗写于诸暨百姓暴动期间，说明在危急时刻，陈洪绶像关心亲人一样，牵挂着永枫庵里的大先和尚。那是顺治四年（1647），五十岁的陈洪绶从绍兴薄坞再次移居到绍兴城内，这一年的九月，诸暨发生百姓暴动事件，知县领兵杀戮数千家，陈洪绶颇为故乡亲朋好友的安危担忧，接连写下了十多首诗，此诗是其中之一。从诗中得知，陈洪绶曾在永枫庵内绘过画，且画的是佛像。当家乡警报响起之时，陈洪绶想到曾经写佛的永枫庵，当然他更放不下大先和尚。大先和尚一直为永枫庵呕心沥血，宁可自己吃煨芋，也要保证上山朝佛的居士能吃上米饭，那么在百姓面临危难时刻，大先和尚肯定会更加忙碌了。

四

永枫庵更是陈洪绶的身心疗养之地，他把这里视作第二个家，一个远离尘世的世外桃源。他与大先和尚的密切交往和深厚友谊，也在诗中一展无遗。

陈洪绶《永枫庵早起》：

> 山寺夜话长，起来日满堂。捧腹看云烟，惭愧自纵逸。
> 道人散林间，作劳苦不息。还问常住僧，荷锄已先出。

不难猜测，陈洪绶经常在永枫庵留宿。该诗形象地展示了永枫庵山僧的日常生活。陈洪绶这天起得早，起床后还在"捧腹看云烟"，而永枫庵里的僧人却已在林间劳作了，连常住僧人也没闲着，背着锄头早早出了门。

陈洪绶《秋暮过牛头山约先公即来久住》：

> 病足乘驴至，秋香到法堂。慧人酬妙语，老衲起禅床。
> 已约经旬宿，归携数日粮。本来难顿悟，相习意深长。

秋日，夕阳西下，腿脚生病的陈洪绶骑着一头驴，路过牛头山，告诉大先和尚，自己即将来永枫庵久住，即"经旬宿"，既养足病，又习佛理。而且，他来的时候还将携带久住期间自己的那一份口粮。由此看来，久住牛头山，在永枫庵学佛顿悟，曾是陈洪绶枫桥生活期间的一段美妙时光。

陈洪绶《宿永枫庵赠大先山主》：

> 佛屋为家归必登，幢幢无焰祖师灯。
> 戒衣着相披居士，粥饭行深属老僧。
> 殿上松花金色界，厨中梨雪玉壶冰。
> 随君举示吾能会，掀倒禅床便不能。

陈洪绶果真将永枫庵当成家了，每次只要从外地回到枫桥，他必定会登临牛头山。陈洪绶每次到来后，大先和尚又是给他添衣裳，又是给他施粥饭。关键是，永枫庵景美（佛殿上一派金色世界。"金色界"为佛教语，指在欲界之上、无色界之下，有精美的物质而无男女贪欲）、酒香（厨房内准备着上等的梨雪茶和玉壶冰酒）。只是自己嗜酒成命，清醒时尚能领悟大先和尚的指点，一旦喝醉躺上禅床，也就不是顿悟而是迷糊了。

陈洪绶《偶书》：

牛头山上息微劳，领得先生白苎袍。

钟鼓寂然烟月白，烧残红烛听松涛。

妙手总能偶得，陈洪绶这首偶然而得的七绝诗，写得空灵优美，映照出他那颗曾经清澈透明的佛心。陈洪绶因些微辛劳而上牛头山，从大先和尚那里领来僧衣穿上，然后在佛殿内静坐顿悟。夜深了，心无旁骛、不为物欲羁绊的陈洪绶，真正品尝到"钟鼓寂然烟月白，烧残红烛听松涛"的人生滋味。一句为视觉，一句为听觉，两句漫不经心的实景记录里，能悟出许多无字的人生哲理。

陈洪绶《永枫庵卧雪有感》：

深岩积雪冻乌鸣，多少贫家叹折铛。

难作望烟楼上看，小龛高卧感生平。

这是陈洪绶在永枫庵内触景生情写成的又一首好诗。时值隆冬，牛头山上积雪深厚，陈洪绶留宿于永枫庵，从冻乌的一声声鸣叫中，他联想到了断炊的苦难人家。他不能像孝义里（今东白湖）的黄振那样慷慨救济（黄振在孝义里建造一座高楼，"每登楼，昕夕望焉，未举火者遗之粟，寒无衣者遗之衣"，乡人将黄振的楼叫作"望烟楼"），只能望着小龛里的佛像，徒生一番世事艰难的感慨。虽然陈洪绶家道中落做不到救助百姓，但他救苦救难的佛心在诗中清晰可见。

枫桥有个庵，庵里有个老和尚

——陈洪绶笔下的永枫庵和无穷师

这是老底子的事了。故事是真实的，就发生在四百年前的枫桥。

那座山叫牛头山，就是现在下汇地的牛头山。那座庙是牛头山南麓的永枫庵，那个老和尚就是永枫庵的第一任住持，叫骆□□（史料都是这么残缺记载的），人称"无穷师"。

骆□□最后成为无穷师，并住持永枫庵，筹建永枫塔，那可说来话长。

现在牛头山还在，永枫庵与永枫塔早已不存，老辈人未必能说得出这样的故事，好在陈洪绶的《永枫庵山主无穷师塔铭》一文，比较翔实地记录了这个名叫骆□□的老和尚的故事。

老和尚还没做和尚以前，是枫桥骆氏家族里的一个年轻后生。年轻后生为什么会选择做和尚？因为他讨厌枫桥当时"好斗"的习俗。他想，"我不想在凡尘俗世里做一个凡夫俗子，我不想与人钩心斗角，我不如出家当和尚算了"。

到哪里出家？他首先想到的就是附近冷水里的杨侯庙。这个杨侯庙原来建在采仙山，里面供奉的是紫微侯杨俨，枫桥人称之为"杨老相公"。后来采仙山上的杨侯庙倾圮了，就移址到了冷水里。传说这个杨老相公威力无穷，活着时是管水的官，死后成了神仙，多次显灵助人。某年除夕，有个枫桥人留在杭州回不了家，杨神告诉他，他只要能坐上船，就能让他回去，这个枫桥人就试着去坐船，一登上船，船果然如风雨般疾驰，一下子就到了枫桥。现在枫桥有个"烂船湾"的地名，传说就是当年杨神船只停靠的地方。

这个姓骆的年轻后生想，近水楼台先得月，就选择在杨侯庙出家。自己也要像杨老相公那样，为枫桥百姓造福。

那时的冷水里还是一片荒山。虽然山上已建了杨侯庙，但周围森林里常有虎豹出没，虎豹伤人的事时有发生。这要是换了别人，早就谈虎色变了，但姓骆的年轻后生什么也不怕，他就在虎豹出没的地方一心一意地做和尚。

而且，和尚的生活规律还特别怪异。白天，和尚把自己关在庙里，一心一意读他的《莲华经》。晚上，当别人都安睡了，和尚却出门了。他明知山有虎，偏向虎山行，在冷水里一带的崇山峻岭间行走。

这是在生死边缘的行走，但是和尚却将它当作一次次的修炼。

他行进的线路，正是野兽出没的线路，脚底下遍布着野兽的足迹。他独自在深夜穿行，山林里还传来一阵阵令人毛骨悚然的声音，那是妖魔鬼怪在呼叫他的名字。然而，和尚心中没有丝毫的胆怯。

这一走，就走过了一段青春年华。在与虎豹为伍的生死边缘，和尚也渐渐由小和尚变成了大和尚，并且，大和尚陆续收了不少小和尚作为弟子。

弟子们纷纷劝说师父，恳请师父从安全角度着想，立即停止深夜的行走。

和尚神态严肃地回答："我如此行走，是为了让众生信佛，野兽也不例外，我要消除它们的孽障，让它们归顺依附我佛。"

弟子们又劝："佛法威力固然强大，但师父您一个人的体力毕竟有限，万一遭到野兽妖魔的袭击，怕是会被它们吸食了精气呢。"

和尚笑笑："它们如果真要害我，那定是我身上妨碍修行的孽障未尽，是我应得的报应。"

说完，和尚又穿行到漆黑的山林里去了。

第二天，和尚正在闭门读经，山上却发生了惨烈的老虎吃人事件。一个上山砍柴的农民，青天白日里，被老虎活活吞吃掉了。老虎来势凶猛，它们不仅吃了砍柴的农民，还成群结队来到杨侯庙，围在杨侯庙外，等待着吃人的时机。

不仅老虎出动了，山林里的那些妖怪也开始兴风作浪，它们大白天在山林里扑人，把人吓得魂飞魄散。

和尚坐不住了，他赶紧与弟子们搭祭坛，天天在坛上念佛，为老百姓禳灾祈福。

　　紧接着，和尚又超度亡灵。因为那个被老虎吞噬的樵夫很快就变成了传说中的"伥"（被老虎咬死的人会变成鬼且助虎伤人），每天晚上在周围的山头号哭。和尚在山岭上特地设立一个道场，供祭品，念咒语，做佛事，追荐亡者，解除饿鬼的饥寒，让他不再遭罪受苦，以期早日脱离苦海，成就菩提。

　　意想不到的事情发生了。和尚念了几天佛，老虎不见了，它们全都迁徙到别的地方去了，那些整天号叫的鬼怪也从此销声匿迹。

　　枫桥一带的百姓，无不为之感到神奇。他们对杨侯庙里的大和尚刮目相看，从此人们不再叫他和尚，而改口叫他无穷法师，因为他的力量无穷。

　　法师名声日隆，不仅在百姓那里有口碑，在佛界更有声誉。这不仅因为他能施展佛法，还因为他以前不认识一个字，但自从读经做和尚后，他竟有了过目不忘的本领，凡他读过的经书，便如同刻在他的脑子里，再也不会忘记。似乎，他天生就是一个佛门子弟。

　　再后来，法师的用武之地有了变化。因为，有一天，法师在杨侯庙里接待了一位不速之客。这位贵客不是别人，就是枫桥长道地的进士，大名鼎鼎的陈性学（陈洪绶祖父），人称"方伯公"。他历任广东左布政使、福建按察使、陕西左布政使兼按察司副使，现在已退休回乡，颐养天年。

　　陈性学带领他的儿子陈于朝（陈洪绶父亲）、陈于墀（陈洪绶伯父）等一帮人，亲自登门拜访杨侯庙，他们可不是来游山玩水的，而是来邀请杨侯庙里的住持法师，询问他能否肯到另一个山头做住持法师。因为陈性学已经与儿子们共同谋划好了，打算在牛头山上建一座塔，以永固陈氏的好风水。而建塔必须选任一个好的法师，这个好法师用不着去远处寻找，也是近水楼台先得月，杨侯庙里的无穷法师无疑是最合适的。

　　消息传开了，有人来劝无穷法师，在无穷法师面前说了陈氏不少坏话，说陈氏在牛头山建塔纯属馊主意，想以此阻止无穷法师前去做住持，最终达到阻止陈氏在牛头山建塔的目的，好风水嘛，不能让陈氏独占。

　　但无穷法师有他自己的主见，无穷法师说："佛法必须依靠国王、大臣、富贵人家、德高望重者的力量，才能实现兴旺发达，如果在牛头山上建成佛塔，既能保护那一方宝地的荣华富贵，又可以使我的佛法得以长盛不灭，这样的好事，我何乐而不为？"

于是，无穷法师离开了杨侯庙，前往下汇地牛头山，来替陈氏撑腰了。

无穷法师到牛头山的那一天，陈性学率领陈于朝、陈于墀等陈氏子孙，隆重迎接无穷法师，施行跪拜礼，以表达对无穷法师的敬重与感激。

无穷法师提出了一个要求，他说："先在规划的塔基下面为我造一个庵吧，我将在这块土地上终结一生。"

陈性学二话不说，当即捐出一笔不菲的俸禄，作为建造庵堂的费用。

但是，筑庵与建塔，光靠陈性学所捐的俸禄还远远不够。无穷法师无愧于牛头山住持的称号，他一马当先，栉风沐雨，履霜踏雪，四处化缘，募集资金。

很快，牛头山上有了佛声。很快，牛头山上响彻了众佛唱和之声。远近的僧人陆续云集到牛头山，皈依在无穷法师的门下。

虽然生活颇为艰辛，干的是重体力劳动，吃的是粗劣饭菜，但人心齐泰山移，在无穷法师的带领下，短短一年时间，牛头山上就建成了一个雄伟壮观的佛庵，这个庵就是佛光盛大的"永枫庵"。

永枫庵落成那天，无穷法师却没有居功自傲，他竟在离庵五步之近的地方，搭建了一间圆形茅屋。从此，无穷法师在这个草团一样的茅屋里，一心一意、日日夜夜地念他的佛。

无穷法师的专注和投入，令人不解。山上有个不专注于念佛的僧人，一天这样问无穷法师："无穷法师，你这样白天黑夜地念佛，能保证自己圆寂后到达西方极乐世界吗？"

无穷法师一听，对僧人一顿棒喝："你还以为我修的是莲宗（净土宗，佛教宗派，专修往生阿弥陀佛净土法门）？佛法是没有好坏之分的，所以我也没有什么选择。你的西方是在极乐世界，我的西方却是在地狱魔窟。这世上做僧人的，哪能凭自己手提百八十斤重物，就说已证得了无上等觉（'无上正等正觉'，指无比完全的智慧、觉悟）的道理？你以后再敢说这种无知的话，小心我把你赶出牛头山。"

无穷法师依然日日夜夜念他的佛，颂他的经。

他把自己念成了一尊佛。圆寂前两天，无穷法师突然病倒在床。他躺在床上，对弟子们说："我离开的日子快到了。"

弟子们请求无穷法师能留下些嘱咐，无穷法师却只是笑而不答。弟子们执意要无穷法师留下教诲之语，但无穷法师只说了一句："我看见如来佛的佛光了，它正慢慢地升起来……"

说完这句话，无穷法师安然圆寂，他面带笑容，成了一尊真正的佛。

无穷法师圆寂后，有个叫如鸿和尚的弟子，继承了他的衣钵，且完成了无穷法师未竟的宏愿。

如鸿和尚也是老和尚了，他不顾年老，不知疲倦，广辟土地，扩建殿堂，他在弘扬佛法上的功德，绝不亚于无穷法师。

如鸿和尚出家前生有儿子，这个儿子是个大孝子，当他发达后，为了报答父亲的生养之恩，便出资在牛头山山顶建造了一座塔，圆了牛头山僧人的夙愿。这就是紧临永枫庵的无穷师塔。塔共七层。此塔枫桥人叫"永枫塔"，而在陈洪绶父亲陈于朝的笔下则叫"乾元塔"。

如鸿和尚之后，住持永枫庵的就是大先和尚了。大先和尚后来便请陈性学的孙子陈洪绶为塔作铭文，于是有了陈洪绶《永枫庵山主无穷师塔铭》一文的传世，也于是有了上述这个鲜为人知的老和尚的故事。

枫桥有座山，山里有个庵，庵里有个老和尚，老和尚在给小和尚讲故事……故事讲到清朝乾隆年间，突然中断。因为乡人恶习，纷纷盗窃永枫塔的塔砖，导致牛头山顶的永枫塔分崩离析，最终荡然无存。

枫桥有座山，山里有个庵，庵里有个老和尚，老和尚在给小和尚讲故事……故事继续讲，讲到了二十世纪新中国成立初期，便彻底戛然而止，从此再无下文。永枫庵挡不住岁月的侵袭，全部倾圮不存，只留下前后三进的七间庵基。

【附】陈洪绶《永枫庵山主无穷师塔铭》

无穷师者名□□，姓骆氏，诸暨人。其俗好斗，师独出家杨侯庙，结茅虎豹之群，日则塞户，礼《莲华经》；夜则出，经行峻岭间，兽迹错屦，魅啸呼名，不为止。弟子谏之，则正色曰："必使此等众生闻佛名号，业消皈依，收为眷属。"弟子又谏曰："佛法虽大，师力甚微，脱弄爪牙，或摄精气。"师笑曰："彼如祸我，定业使然。"不为止。明日，有樵薪者为虎食之，且成群绕其庵侧，魅又白昼仆人，师为结坛诵咒，怅复聚哭四山，又设瑜伽焰口道场于岭上，虎徙而鬼息，人皆神之。师先不识一字，礼经后，见诸经论如旧记者，声隆诸刹。会王父方伯公与先君子谋建塔牛头山，请师主其事。有以为俗谋之言止之者，师曰："佛法必藉国王、大臣、富室、长者而兴，塔建则其地永不绝富贵，佛日永不堕，吾何惜方便入俗作佛事。"乃抱腰而来。王父率先君子、诸伯叔父拜而迎之。师曰："塔下当为贫道结庵，贫道将终焉此块土。"王父即捐俸为结庵焉。师乃履霜犯雪以募金钱，濡雨炙日，以先众力。唱佛一声，众和山震；啜藜半钵，满堂腹果。期年而落成也，师即去庵数十武作草团瓢一椽，日夜颂佛号。有僧问之曰："和尚定生西方？"师曰："子以我修莲宗耶？法无分别，故我无拣择。子之西方当去极乐世界，我之西方只在剑树刀山。世间岂有为僧者手轮百八，便证无上等觉之理？子谓理会，莫讨老僧趁出也。"不下山者三十年。年将化之前二日，无疾而卧，谓弟子曰："期至矣。"请其遗教，笑而无言。固请之，第曰："我见如来白毫光冉冉来矣。"即脱然逝，面有笑容，僧猎猎。其弟子名如鸿者，受其师真实了义，而持律作务，老而忘倦，广辟土地，崇建殿堂，殆过其师。师有子矣，即本山起塔，请洪绶作铭。铭曰：

　　心外无兽，眷属有鬼。檀越颇多，佛法有几？西方东方，如是如是。撒手无言，棒喝在耳。头枕青山，脚踏绿水。子有慈父，父有肖子。必我作铭，莲子居士。

　　（"□□"为原文所缺）

溪上颇有酒，溪上颇得闲

——陈洪绶与枫溪雅集、西湖雅集

雅集是文人雅士酬唱聚会的一种形式，包括了宴饮游玩、书画遣兴、艺术鉴赏等内容，在中国文人群体中具有悠久的传统。如王羲之的兰亭雅集、枫桥三贤之一的杨维桢与昆山顾瑛在昆山主办的玉山雅集等，都是著名的江南雅集。明代中晚期，受旅游、结社等风气的影响，江南一带的文人雅集更加普遍，成为文人交往中不可或缺的一个环节。

万历《杭州府志》记有"吾杭士大夫之里居者，十数为群，选胜为乐，咏景赋志，优游自如"。雅集成员多因地缘、血缘关系集结，成员之间以姻亲师友关系为主，举办时间无规律可循，但重大传统节日雅集会频繁召开，如上巳、端午、七夕、中秋、重阳等，其他事件如晋升、钱别、赏花等，也成为举办雅集的契机。

陈洪绶诗画全能，又"游于酒"，且交友广泛，系文社社员，这样的风流人物，理所当然地成了明末江南文人雅集理想的人选。考察陈洪绶诗文，发现他不仅是枫溪雅集的组织者，而且还是西湖雅集的参与者。

陈洪绶与枫溪雅集

"枫溪""溪山"，这是陈洪绶对枫桥居住地的称呼，这是一个充满诗情画意的地方，诗情画意的风景加诗情画意的人物，使得枫溪雅集在明末枫桥诞生。枫溪雅集以陈洪绶的涉园为中心，或在涉园，或在牛头山永枫庵，均在枫溪边上，时间不定，人员不定。考察陈洪绶诗文，有多次枫溪雅集记录在《宝纶堂集》中。

第一个记录：永枫庵小集。

永枫庵曾吸引了众多文人墨客前来"为文字饮"，把酒临风，吟诗作画，只不过"庵中游诗亦多无记"而已。如果比照兰亭这样的雅集之地，则永枫庵可称为"小兰亭"。这跟住持僧大先和尚善戒律、兼工诗有关，当然更与庵中有陈洪绶这个常客有关。譬如明朝天启七年（1627），陈洪绶三十岁，十一月八日，他带着觊生、宸铭、面之三位叔父前来游玩，虽然大先和尚不在，且遇着"溪涨无舟楫"，但仍执意前往，最后由僧人背着过河，"饮酒塔下"，且作诗以记之。想必这样的小集在永枫庵不止一次，否则陈洪绶不可能这般轻车熟路。

关于这方面的内容，已在《陈洪绶与枫桥牛头山、永枫庵》一文中做过详述，此处不赘。

第二个记录：春天的枫溪雅集。

崇祯八年（1635），陈洪绶三十八岁。四月初七日，陈洪绶为老朋友赵公简过生日，地点在枫溪。参加者除陈洪绶族内亲戚外，还有来自绍兴、杭州的朋友，人数多达15人。不过，这次生日聚会是大家共同出资的。陈洪绶《赠赵公简初度》一诗详细记载了当时聚会的场景：

> 乙亥四月七日，为公简初度。伯蕙翁，叔绣夫、子先、不庸、子方，兄亢老、亦公、桑老，洪绶，弟子师，任伯翰，邀山阴赵钦子、武林关子书、表弟楼祁生合钱觞于枫溪。公简曰："马齿加长，何烦杯罘。"洪绶叹古人发燥，即有事天下；公简少时便当有愧于此，乃至壮时，始有侘傺耶？且洪绶长公简一年，乃安焉醉饱，岂不可叹。公简且引满，洪绶歌诗，诸君或起舞，或驰马，或卧石，或牛饮，毋使公简与绶酒后不平。然诸君亦皆非少年也，人事关命，可相宽大。

溪上千株树，溪上千重山。溪上颇有酒，溪上颇得闲。

天亦不薄我，置于丘壑间。茅屋容我静，酒徒遂我顽。

投老太安稳，难得两鬓斑。浮名岂不慕，欲慕实所艰。

第三个记录：秋天的溪山雅集。

仍是崇祯八年，十一月初一，陈洪绶发动文社诸友，一起相聚于枫溪江畔，这次雅集的主题是"赏叶、采菊、赋诗"，"集三秋乐事"，参加者是文社朋友，地点在溪山（实际在一个有菊花可采、有枫叶可赏的"秋香深园"）。陈洪绶还在集会上画了一幅《冰壶秋色图》，以庆贺开翁老伯八十大寿，并在画上题写了事情的缘起和经过。这篇写在画卷上的文字，完全符合雅集文字记录的程式。

莲子习静于溪山，因向同社诸君子曰："时值三秋佳境，欲偕诸公至秋香深院，采菊理诗，以集三秋乐事，相与谈文章而谋野韵，以适此兴如何？"于是诸公共诣山亭，正逢秋雨初霁之际，即联句云：

秋雨千里山，篮舆偕子行。吾言微合道，子语必关情。（绶）

岂止能闲好，还欣叶不生。菊花等艳事，已过小春晴。（公）

谢君来采菊，采入秋香处。设酒深院中，沉醉扶归去。（绶）

相呼看红叶，林下碎秋华。折得一枝归，与君称寿华。（公）

亭间老少颜，愿与寿者相。载入碧璃瓶，图之为尊觞。（绶）

言既，而景倅且至，云善至三叔为庆开翁老伯八旬大寿，索画于余。余就图此，而偕诸公共入华堂拜祝，大醉于秋华秋树之间、海棠四照之时，饮酒如天河腹也。时乙亥十一月朔日，洪绶顿首。

1635年陈洪绶发动和主持了春、秋两个雅集，的确说明他很有闲。因为1635年离陈洪绶最后一次乡试失利已过去了四年，离他进京入国子监读书还有五年，此时的陈洪绶，生活和心情大致安定，用他自己的话来说是在"习静"。他暂时抛开了对科举的执着，在枫桥过着平常的日子，五子芝桢、六子道桢在此期间降生，他偶尔也去绍兴、杭州绘画。所以这一段时间，陈洪绶真正领略了家乡生活的"溪上颇有酒，溪上颇得闲"，过着"茅屋容我静，酒徒遂我顽"的诗酒生活。加上此时家庭尚未遭遇变故，所以经济上也不见得有什么困顿。他既有时间，也有酒钱，既有诗情，又有画意，于是"偷得浮生半日闲"，策划和组织溪山雅集，便成为陈洪绶庸常生活中的一项社交活动，一种生活情趣。

陈洪绶与西湖雅集

如果继续挖掘陈洪绶举行枫溪雅集的源头，则不得不提到西湖雅集。因为正是西湖雅集这种高雅的生活艺术，给陈洪绶以启发。陈洪绶不仅在杭州学到了绘画艺术，也活学活用盛传的西湖雅集，把文人墨客的酬唱聚会形式从西湖搬到了家乡枫溪。

这里又不得不提"通家眷"蓝瑛这个人物了。蓝瑛是"武林派"绘画的开创者，浙江钱塘人，其居所"城曲茅堂"位于钱塘城东，清初诗人龚鼎孳称其茅堂为"文酒地"。此处有山岚落霞、高阁嘉树，颇具清韵，主人好客，胜友佳侣流连。陈洪绶与蓝瑛交往，附带将其休闲方式也学来了，尤其是蓝瑛"文酒地"的雅趣，颇契合陈洪绶的性格。陈洪绶后来在枫桥老家构筑借园与醉花亭，可能就是对蓝瑛"文酒地"的一种模仿，甚至陈洪绶有邀请蓝瑛来借园参加雅集并进而打造枫溪雅集的计划。《宝纶堂集》有《寄蓝田叔》诗三首，其中一首就是陈洪绶邀请蓝瑛的（引文见《陈洪绶与蓝瑛、孙杕关系揭秘》）。蓝瑛在陈洪绶父母去世时，曾数次到过枫桥陈洪绶的家，至于陈洪绶的信发出后，蓝瑛究竟有没有再到陈洪绶的借园，史书未见记载。

西湖雅集是江南雅集的典范，在江南有着悠久的历史。而且，西湖雅集的形式多姿多彩，既有陆上的各种游览，也有湖上的各种漂游。除玉照堂、吴山山房、凤凰山之钵池庵、南峰之石缝天等地之外，舟舫雅集是钱塘特有的雅集形态。蓝瑛在钱塘参与的很多雅集，就是在士绅的画舫或舟船中举行的，如蓝瑛有些画就作于王仲和浮署中、鸳湖舟中、西湖舟中。

与蓝瑛一起主导西湖雅集的，还有一位重要人物叫汪汝谦，他的湖舫雅集在杭州西湖一带享有盛名。汪氏祖辈以经商起家，父亲为儒商，后考中举人，至汪汝谦以文学知名，"与董其昌、文徵明、陈继儒、钱谦益诸公相友善"。《歙县志》称其"轻财乐施，族戚待爨者数百人。明末避地武林，为风雅领袖"，因汪氏任侠好客，广交游，名流雅士、高僧羽客、艺妓优伶皆与之相过往，天启三年（1623），以木兰为舟，陈继儒命名"不系园"。后二年，又造一画舫，董其昌命名"随喜庵"，常年行于西湖之上。

蓝瑛是西湖雅集的重量级人物，在他的引荐下，陈洪绶后来也参与到了汪汝谦的湖舫雅集中来。陈洪绶凭着自己的诗才、画名、酒风、酒量，在雅集上一展才华，并留下了艺坛佳话。

陈洪绶参与的西湖雅集，有史料可查的有以下四次：

一、陈洪绶参加在不系园上举行的雅集

崇祯七年（1634），陈洪绶三十七岁。这一年的十月，陈洪绶来到杭州。一天，一帮友人在苏堤定香桥畔不期而遇，于是在"不系园"大画舫中欢聚。这场盛会，在张岱笔下表现得活灵活现：

> 甲戌十月，携楚生往不系园看红叶。至定香桥，客不期而至者八人：南京曾波臣，东阳赵纯卿，金坛彭天锡，诸暨陈章侯，杭州杨与民、陆九、罗三，女伶陈素芝。余留饮。章侯携缣素为纯卿画古佛，波臣为纯卿写照，杨与民弹三弦子，罗三唱曲，陆九吹箫。与民复出寸许紫檀界尺，据小梧，用北调说《金瓶梅》一剧，使人绝倒。是夜，彭天锡与罗三、与民串本腔戏，妙绝；与楚生、素芝串调腔戏，又复妙绝。章侯唱村落小歌，余取琴和之，牙牙如语。纯卿笑曰："恨弟无一长，以侑兄辈酒。"余曰："唐裴将军旻居丧，请吴道子画天宫壁度亡母。道子曰：'将军为我舞剑一回，庶因猛厉以通幽冥。'旻脱缞衣，缠结上马，驰骤挥剑入云，高十数丈，若电光下射，执鞘承之，剑透室而入，观者惊栗。道子奋袂如风，画壁立就。章侯为纯卿画佛，而纯卿舞剑，正今日事也。"纯卿跳身起，取其竹节鞭，重三十斤，作胡旋舞数缠，大噱而罢。（张岱《陶庵梦忆·不系园》）

根据张岱的描写，陈洪绶在这次雅集上为东阳赵纯卿画了一幅古佛图，后又唱村落小调，张岱为之伴奏。这次雅集在大画舫上举行，正是汪汝谦

陈洪绶之谜

置办的"不系园"大画舫。

二、陈洪绶与蓝瑛一起参加某山庄举行的雅集

清代许仲元在《三异笔谈》卷四《陈眉公》一文中提到自己藏有一卷众画家合作完成的作品，其中就提到了这次雅集。

> 予旧藏合锦一卷，为山庄饮集时随笔，凡十人，内知名者陈、董而外，如蓝田叔、杨龙友、陈老莲，其余即不甚著名者，亦无凡笔。内有女郎一，作竹两竿，娟娟楚楚，想见其人。董尚书红叶一树，朱砂渲染极研艳。眉公抹远山一角，用小李将军法，斜阳倒影，金碧灿然。

此画由参与雅集的画家合绘。雅集在山中的别业（别墅）举行，参加者有董其昌、陈继儒、杨文骢等文人画家，也有蓝瑛、陈洪绶等职业画家，还有一些具备一定绘画修养的人。董其昌画了一株红叶，陈继儒画了远山，陈洪绶到底在画上画了什么不得而知。但从许仲元的文字记载可以看出，这次雅集在山中别墅进行。董其昌卒于崇祯九年（1636）八月，这一年陈洪绶三十九岁，正处于他在枫桥溪山"习静"的阶段。有研究者说陈洪绶与董其昌没有交往的记载，此记录当属新的发现。

三、陈洪绶参加汪汝谦的湖舫雅集

时间不详，陈洪绶在湖舫雅集上为主人汪汝谦画了一幅梅花图，事后又写了一首《汪然翁唤侍儿弹弦子劝酒醉后却寄》的诗（《宝纶堂集》未收）：

> 已坐湖头半晌来，女儿弦索又三杯。
> 老人薄福如何纳，醉为然翁画小梅。

诗中的"然翁"，即汪汝谦。汪汝谦（1577—1655），字然明，江南东道徽州府歙县丛睦坊人，藏书家、画家，太学生，富商，居浙江道杭州府钱塘县。"湖头"，即汪汝谦的"不系园"画舫。汪汝谦富于赀，尚造巨舟，长六丈余，层楼曲房，绣幕画栏，既豪华，又雅洁，以其似水上园林，漂

浮水面，故名之曰"不系园"。每招士夫名媛、多才艺而志趣高尚者登舫游湖，歌吹酣饮，吟诗作画，一时传为韵事。汪然明高兀不羁，凡人不得登舟，陈洪绶的到来，却给予特别的款待，"唤侍儿弹弦子劝酒"。此诗系陈洪绶醉后所作。从诗的末句看，陈洪绶在"不系园"上游湖时，已为主人画过一幅梅花。从"老人薄福如何纳"推测，此时陈洪绶至少在五十岁以上，故判断发生的时间当是陈洪绶晚年在杭州生活期间。

四、陈洪绶参加林仲青在眉舞轩举行的送春雅集

顺治七年（1650），陈洪绶五十三岁。四月三日，陈洪绶的老朋友林仲青邀请众友人翌日至林家风景别致的眉舞轩作送春雅集，陈洪绶接信后大喜。第二天，陈洪绶应约前往，自然是诗酒管弦，并有两位红粉佳人以声乐相佐。陈洪绶在雅集上乘兴画了一幅观音大士像，并赋七绝一首。他在《送春》诗中记述了这次雅集的盛况：

> 庚寅四月三日，林仲老书邀老迟云：明日邀次升、元方、老莲弟、尔暨郎君，儒行过我眉舞轩。已约尹文老、萧数青为酒录事，有顾烟筠弦索，汪抑仙胡琴箫鼓，秦公卓笙管，王苏州、墩老文唱流水，以送春归。时节因缘，都不忓悍，必载星褰裳、伦父屦将及予寝门之外矣。即以书示尔暨六郎云：如此高会，若不多读两句书，写得数个字而赴之，不唯有愧残春，兼之惭负贤主，我亦作大士一躯，咏贫士传数则而云。乃示此诗。诗云："送春邀我两红裙，急管繁弦争暮云。书画课程当早尽，老夫聊此致殷勤。"

生活是艺术的源泉，艺术是生活的反映。陈洪绶在枫桥主持倡导的枫溪雅集，以及在杭州参与的西湖雅集，既是陈洪绶生活中的一大趣事雅事，也成为他创作取材的源泉。目前发现有两处画雅集图的记载：一是陈洪绶临终前有一卷未完成的《西园雅集图卷》，七十三年后的雍正三年（1725），画家华喦应收藏者秋声馆主人之请，补成全图；二是在卜居秦望山下薄坞期间，陈洪绶的生活十分艰苦，得到了好友陶去病的鼎力相助，为了感谢陶去病，陈洪绶还特意创作了一幅《雅集图》，这是为纪念陶去病祖父陶允

嘉虔诚的佛教信仰而特别绘制的画作。此图将现实与理想完美结合，既有对佛道修炼的崇敬，又有对雅集生活的向往，充分地展示了画家陈洪绶高超的绘画技艺，是陈洪绶的存世重要代表画作之一。

图7　陈洪绶《雅集图》

青藤书屋少株梅，倍忆家山是处开

——陈洪绶背井离乡之谜

陈洪绶为什么会背井离乡离开枫桥？这是专家学者们忽视的一个话题。笔者不揣冒昧，从陈洪绶诗文中寻找证据，探寻陈洪绶的离乡之谜。

崇祯十六年（1643）清明节前后，陈洪绶在京城接到家书，突然一个"掉头"，抛弃功名，离开京城，回到了枫桥。难道仅仅是因为陈洪绶看不惯朝廷腐败的现实而放弃了功名？国子监是陈洪绶功名之路上最后一个"赌注"，他会轻易说放弃就放弃？当初，为进国子监而设法筹措了大笔费用，他会轻易说放弃就放弃？而且，陈洪绶崇祯十六年（1643）年底回到枫桥，转眼于第二年（1644）春夏即举家迁到了绍兴青藤书屋，陈洪绶在枫桥只待了不到半年时间。

到底是什么原因，让陈洪绶如此急匆匆离开枫桥？几个问题纠集在一起，让人不免生出大大的问号。答案在哪里？答案就隐藏在陈洪绶的诗文里。陈洪绶在诗文中含糊其词、欲说还休地道出了一个家庭秘密。我们只要细心阅读陈洪绶移居绍兴之后的诗作，就不难发现事情的真相了。

一、长子闯祸，直接导致家产败尽

陈洪绶到绍兴青藤书屋后，曾作过一篇《识感》，对于长子义桢误入少年场、自己恨不得将他打死及义桢最后悔过自新的情况有过交代：

　　大儿豹尾误入少年场，产业与居业都废，老莲恨不扑杀之。今年顿有三害之愧。拔步少年场，为老莲收拾诗文，手足相劳者两月，老莲便有舐犊之爱矣。使先君子在时，前见老莲老大无长进，不能自教儿子，当亦有扑杀之心。今见老莲耕田种树矣，宁无查梨之赏乎？幸哉，豹尾乃得身受之矣。痛哉，老莲何得之窃想而已矣。晦日书于青藤书屋。

　　陈洪绶长子义桢，小名豹尾，出生于天启五年（1625）。由上引文字可知，义桢在十九岁这一年误入"少年场"，把产业和居业都废尽了。陈洪绶恨不得将他打死。不难想象，儿子将家产废尽，任何一个做父亲的都会有"扑杀之"的愤恨。第二年移家青藤书屋后，义桢终于改过自新，有了"三害"之愧（晋周处少年时危害乡里，时人把他同南山虎、长桥蛟并称为"三害"。说明陈义桢也像周处那样成了不良青年），再不敢涉足少年场，替父亲收拾诗文，足足忙碌了两个月。见此情景，陈洪绶便又生出对长子的疼爱之情。而且他还设身处地地想自己：假如父亲在世，看见自己一事无成，而且还管教不好儿子，肯定也想一棒子打死自己；现在自己耕田种树，自食其力，父亲可能也会赏给自己一个笑脸吧。

　　少年场，是年轻人聚会的场所。陈洪绶只是笼统地说义桢误入了少年场，并没有具体说义桢究竟闯了什么祸，（猜想：或参与赌博，或是打架斗殴。）但闯祸的后果——"产业与居业都废"却交代得十分清楚，一语道破了陈洪绶离开枫桥的真实原因，也透露了他突然离开京城的难言之隐。正是因为陈洪绶长期以来缺乏对长子义桢的管教，加上自己进国子监给义桢造成"父贵子荣"的期待，导致义桢失去管教，为所欲为，一不小心毁家败业，最终导致陈洪绶全家在枫桥失去了立足之地。

　　顺治三年（1646），即移居绍兴青藤书屋两年以后，陈洪绶还在忏悔自己身为人父的失责，即"养不教，父之过"。在《姜绮季赴天章、子山二陶子废社，诗寄陶水师去病暨二陶子》一诗中，陈洪绶将自己称作"废人"，其中第四个"废"，是这样说的："有儿不教学，四则废义方。"这是家丑，陈洪绶是不情愿提及的，但检讨自己的人生，他又不得不提及。

二、纳资入监，间接导致家产败尽

陈洪绶在绍兴薄坞隐居期间，日子过得十分清贫，他写过一首《得米》诗，对以前贪图功名表达了深深的悔意，诗曰：

可叹当年薄画师，山田卖尽是痴儿。

若无几笔龙蛇笔，那得长仓雪夜炊。

陈洪绶当年不想做低人一等的画师，所以一门心思想通过科考博取功名，但功名之路又极不顺畅，陈洪绶不得不靠卖田卖地筹集资金，通过纳资进入国子监。现在看来，若自己没有绘画的技能，若不是靠卖画换钱，怕是连饭也吃不上了。诗中，"山田卖尽是痴儿"一句，又道出了一个秘密，即陈洪绶为进入国子监，为了缴纳那笔昂贵的入学费用，他将自己的山田基本卖完了。

陈洪绶为什么要卖田地？因为其时家道已经中落。崇祯四年（1631），陈洪绶三十四岁，这一年，他写了一首《上虞》诗：

祖泽日告竭，吾亦当知耕。行年三十四，强仕学无成。

受养小人力，又无君子名。天岂独私我，而无相夺情。

诸子倘不学，宁不堕家声？农事当习观，庶几能治生。

从诗中可以得知，陈洪绶三十四岁这一年，祖先所遗留的财产已经消耗殆尽，陈洪绶面临着功名未就、生活拮据这两大难题，他的内心产生了彷徨，以致生出做个平民百姓的打算。从三十四岁到四十三岁，陈洪绶依然靠着祖宗留下的田产维持生计，养活着一大家人。

不求仕进的后果便是"堕家声"，陈洪绶当然不会听天由命，他要为自己为家族做最后的拼搏。在科考接连失败之后，进入仕途只剩下最后一条道路，那就是纳资入监，曲线入仕。进国子监读书需要一笔昂贵的费用，在没有足够财富积累的背景下，陈洪绶要筹措到这笔资金，最快的途径便是卖田卖地。

纳资入监是有成功先例的，这个先例就是陈洪绶的好友兼同宗兄长陈庚卿，陈洪绶在《赠陈庚卿入国子学序》中记录了陈庚卿的一席话："吾宁卖田入国子学，幸而得第；不幸则笔耕舌织，或得上纳为一县丞、簿、州判官……"这是陈庚卿的做法，也是陈洪绶当时的真实想法。进国子监读书有两个结果：运气好的话，可以直接封官加爵，最起码也能做个县令；运气不好的话，靠自己的笔头和舌头，也能获得县丞、主簿、州判之类的官职。

然而，陈洪绶的孤注一掷，最终却输得两手空空。

三、家破人亡，逼迫陈洪绶离京回家

崇祯十五年（1642），远在京城的陈洪绶接连收到家中的报丧：四月十一日，长兄陈洪绪去世；六月二十九日，侄子世桢（陈洪绪唯一的儿子）去世。兄长与侄子在同一年先后去世，让陈洪绶悲痛欲绝，虽然他还继续留在国子监，但后方已失去了坚强的后盾和依靠。

崇祯十六年（1643）清明节前后，陈洪绶又接到家中来信。这一封家信，无疑是一个晴天霹雳，因为长子义桢误入少年场，此时，陈洪绶的家破了。再加上兄弟和侄子又于前一年去世，家中没有了栋梁和支撑，这个"产业和居业都废"的大后方，迫切需要陈洪绶回去"当家"。在家庭与功名之间，陈洪绶只能选择前者，而这样选择的结果，意味着陈洪绶求取功名的希望彻底破灭。

我们来做一个假设。假设兄长陈洪绪没有去世，事情一定不是这个结局。通常，陈洪绪会帮着管教陈洪绶的几个儿子，就算义桢误入了少年场，陈洪绪也不会袖手旁观，他绝不可能让求取功名的弟弟半途而废。但是，这仅仅是假设，残酷的现实是，陈洪绶接到家书后，容不得他半点犹豫，也容不得他半点拖延，如果他还要这个家，那就必须义无反顾地离开京城。

离京之际，陈洪绶在写给友人的《留别》诗中，暴露出了家丑不外扬的迹象。

接得家书出帝畿，难将别意与君知。

长亭若唱阳关曲，能使归心不自持。

眼波如水锁归舟，眉黛如山遮马头。

莫把负心期陌路，且将幽恨望牵牛。

不知何日是归年，博尽花魁娘子怜。
今日别人凄婉处，偏逢送酒艳阳天。

陈洪绶一点也没有犹豫，他接到家信后立即动身回家。因为他教子无方是一个难言之隐，所以说"难将别意与君知"。因为这一趟离京后，注定了他不可能重返国子监，所以说"不知何日是归年"。因为家丑不敢与人启齿，心里只有遗恨，所以"眼波如水锁归舟"。家破人亡之痛，理想破灭之痛，笼罩在陈洪绶的心头，他的凄婉欲说还休，结果将这组《留别》诗写得恨意绵绵。

在南归数月的途中，陈洪绶的情绪也始终沉郁，这从他的《归来》诗中可以看出：

风雨长江归，都无好情绪。乃读伯敬诗，数篇便撒去。
酒来不喜欢，人问不欲语。忧乐随境生，处之易得所。
冒雨开蓬观，红树满江墅。觅蟹得十螯，痛饮廿里许。

如果陈洪绶果真是因为抛弃功名而离京，那么他此刻应该是如释重负的轻松，是一种压力的释放，是一种放下的痛快，但陈洪绶的归途却是一路烦一路愁。"都无好情绪""酒来不喜欢""人问不欲语""痛饮廿里许"，因为家中"产业和居业都废"这件事让他耿耿于怀，让他感觉到前路的一团漆黑。

陈洪绶回家如何处理"长子误入少年场"的善后，我们不得而知，只知道他后来又欠了一大笔债，大概就是补了儿子闯祸的窟窿。此后，陈洪绶去杭州逗留了四个月，目的可能是与好友张岱谋划未来的出路，还顺便在那里作了一套《水浒牌》。崇祯十六年（1643）冬天，陈洪绶从杭州回到枫桥，快到老家时，他作了《菩萨蛮》词一阕，中有"冷落关河常悒怏，雪珠撒得蓬儿响"句。年关将至，当人们欢欢喜喜过大年的时候，充塞在陈洪绶内心的，依然是无法释怀的忧郁和不快。

四、移居青藤书屋后的人生感叹

枫桥老家的产业和居业全都化为乌有，未来的出路在哪里？陈洪绶的选择是：移家到一个既不用付房租又便于卖画的理想之地——绍兴青藤书屋。青藤书屋原是山阴徐渭读书处。屋前有古藤，粗大如斗，因以名书屋。徐渭（1521—1593）是明代文学家、书画家。陈洪绶的父亲陈于朝喜与名士交游，徐渭是他的忘年交，常有来往。青藤书屋在徐渭死后几十年里一直废弃不用，这为陈洪绶的走投无路提供了燃眉之急。

于是，崇祯十七年（1644）春夏间，陈洪绶举家迁徙到了绍兴，在一个新的环境里接受命运更残忍的捉弄。这一年，长子义桢二十岁，次子峙桢十七岁，三子楚桢十四岁，四子儒桢十岁，五子芝桢九岁，六子道桢四岁。

《扫除青藤书屋有感》："野鼠枯藤尽扫除，借人几案借人书。五行未下潸然泪，二祖园陵说废墟。"初来乍到，青藤书屋迎接他的是野鼠枯藤。因为自己家园尽废，所以他初到青藤书屋时，不得不"借人几案借人书"，两位长辈的故园，一个变成了废墟，一个抵给了他人，假如他们在地下得知，不知会做何感想。

《行香子·自叹》其一："心境生尘，只为无银。十分债，尚欠三分。生平豪举，没却精神，让田舍翁、守钱虏、臭铜身。"陈洪绶离开枫桥时还欠着一笔债，身边没有银子，他的身上缺少了豪放的底气，心头好像是落满灰尘一般不快，人也提不起精神来。一个出身官宦世家的读书人，如今对钱竟这般渴望，所以他深深自责自己越来越像个田舍翁、守钱虏。

《行香子·自叹》其二："诗书无籍，只有钱亲。记明年，俭约须真。赎归薄产，再作高人，占上阳花、新丰酒、楚台云。"陈洪绶虽寄居青藤书屋，但对未来却充满了希望，他设法筹钱，勤俭节约，争取第二年就将产业和居业赎回，重新回到枫桥过体面的生活，免得让人家笑话自己的落魄。

《青藤书屋示诸子》："竹匝我书屋，藤蟠我佛屋。无酒索人饮，无书借人读。乱世无德人，无可邀天福。天或诱小喜，大灾从而速。老人微惧焉，前途得无促。佛法路茫茫，儒行身陆陆。酣身五十年，今日始知哭。"前车之覆，后车之鉴，为防儿子重蹈覆辙，陈洪绶对儿子进行了语重心长的教育。希望他们在乱世之时仍能做有德之人，倘若无德，便不能享受老天的赐福；希望他们不受细小的诱惑，否则大灾大难随时会到来。陈洪绶想到年届五十，竟落到无钱买酒、无钱买书的地步，论佛法并不精通，论功名一事无成，真正体会到什么是哭的滋味。

陈洪绶一直想重返枫桥，赎回田产与房屋，但终因生活极度困顿，回归故里的计划最终落空。

陈洪绶于四十七岁春夏间徙居绍兴，至五十五岁在绍兴去世，他背井离乡大约七年半时间。其间，他在薄坞隐居了十个月（1646.6—1647.3），在杭州寓居了三年（1649.1—1652.1）。余下的三年多时间里，陈洪绶主要生活在青藤书屋和绍兴火珠巷司农第（关于绍兴火珠巷司农第系陈洪绶旧宅，详见《陈洪绶绍兴旧宅成了家族的"考寓"》）。

五、隐居理想的落空

顺治三年（1646）五月，清兵攻占绍兴。六月，陈洪绶避难于杭州鹭峰和绍兴云门。青藤书屋已无法寄身，老家的田宅又无钱赎回，陈洪绶便萌生出隐居的念头。于是，他托人在云门、化山一带，寻找可以盖茅屋的地方，他打算在那里建一个新家，并将家人接过来一起团聚。但因种种原因，一时无法寻找到合适的地点。为此，陈洪绶有感而发，作《入云门、化山之间，觅结茅之地不得》七律诗四首，其中有这样的诗句：

> 吾笑买山而隐事，吾寻山隐亦堪哀。
> 必求白石清泉处，还望春茅银杏栽。
> 买山钱少求人耻，卖画途多遇乱来。
> 昨梦太平归故土，翻经台有读书台。
> 国破家亡身不死，此身不死不胜哀。
> 偷生始学无生法，畔教终非传教材。
> 柴屋大都随分去，莲宗小乘种因来。
> 定来金界与银界，永去歌台与舞台。

陈洪绶想买山，但身上没钱；求人借钱，又觉得可耻；想靠卖画赚钱，可必须跑到城里，偏偏又碰到了改朝换代的动乱（陈洪绶当年借居青藤书屋，确有卖画方便的考虑）。此时他连做梦都在想着枫溪边的故宅，那里有翻经台,那里有读书台,可是它们已经不再属于自己。遇到了"国破",遭遇了"家亡",想到如此苟且地活着,自己觉得不胜悲哀。想要生存却没有生存之道,想要到城里卖画却又碰到时局动荡。诗中仍隐含着陈洪绶对家庭变故的深深自责,他甚至觉得这就是一种报应,是命运对自己不管教儿子的一种惩罚。

关于"家亡""家破",陈洪绶在诗中不止一次提及,如《祁奕远馆余竹雨庵,问余行藏,即出黄石斋先生所书扇上诗,索和,随书其后》中这样写道:"献策空忧国,著书徒备边。明时髦精血,乱世苦衰年。家破轻迁室,人饥难种田。所祈米价贱,卖画不羞钱。"家破之后,为了生存,陈洪绶只能靠卖画糊口,他不再羞于谈钱,只求米价越来越便宜,而他的画卖得越来越值钱。

一直没有寻找到合适的隐居之地,陈洪绶快要绝望了,他又写了《薄坞寻结茅地不得,先责而后望之》:"老大千岩万壑中,裂裳隙地不相容。莫提生死因缘话,泉石因缘也不逢。"屋漏偏逢连夜雨,人倒霉的时候干什么事都不顺。

九月九日,老友朱集庵来访,陈洪绶以酒相待,并赋诗《云门寺九日》二首,其中一首写道:"九日僧房酒满壶,与人听雨说江湖。客来禁道兴亡事,自悔曾与世俗儒。枫树感怀宜伏枕,田园废尽免追呼。孤云野鹤终黎老,古佛山癯托病夫。"由于结茅之地始终找不到,陈洪绶一度寄居在云门寺,对于"田园废尽"一事仍郁结于心,想到自己竟落得无家可归,像孤云野鹤一般,此时他陷入了深深的无助和沉默之中。

不久,好消息传来,有一位老大娘愿意出让一块地,供他搭建茅屋,陈洪绶悲喜交加。他在《老妪舍一地结茅,计较诸事,不觉悲喜交至》一诗中写道:"金尽继之血,终其身以之。假年寒贱骨,作福乱离时。脱腕三杯酒,得心一首诗。道场欢喜地,苦行不曾知。"此诗看似晦涩,其实只要与陈洪绶破家之事联系起来,就不难读懂"金尽继之血"所表达的意思了,那就是纳资入监花掉了他所有积蓄和部分田产,儿子义桢闯祸把家产彻底荡尽,现在还有什么呢?只剩重建家园的一片心血,凭着自己还能活几年,凭着自己一副老骨头,希望能得到上天的保佑,能把家园重建起来。

结茅之地有了,但盖屋移家的费用仍无着落。患难之中见真情,祁季超、祁奕远叔侄慷慨解囊,解决了陈洪绶的难题。对于友人的好义,陈洪绶只能用诗句表达感谢。他在《卜居薄坞，去祖茔三四里许，感祁季超、奕远叔侄赠资》诗中写道："生途何处问，大略问山头。有意苦才拙，无心任运游。移家仗亲友，守墓近松楸。不幸中之幸，两贤何处求。"看得出，陈洪绶对于薄坞这个地方很满意，一是可以解决全家团聚的问题，二是此地离枫桥不远，还能守护祖宗的坟茔，尽人子之孝。（陈洪绶曾祖陈鹤鸣的原配楼夫人、继配马夫人，卒葬秦望山裘园之麓，与薄坞相距三四里。）

在薄坞生活期间，陈洪绶身缠重病，为此写了不少咏贫咏病的诗，其中三首诗提到了"失家"和"还家"之事。

《奕远赠予移家之资，却赠》："连年衣食子，兵乱尚分金。劫掠无余际，相怜复尔深。难忘亡国念，幸断丧家心。浩唱千峰月，偕君老石林。"陈洪绶依靠朋友的帮助，终于将家移到了薄坞，虽然对"亡国"还念念不忘，但"丧家"的心痛总算做了一个了断，因为他有新的家了。

《病咏》："坐我书堂水几湾，三分水木七分山。浣花溪上非吾分，宜带沉疴住此间。"说"浣花溪上非吾分"，指代家乡枫桥没有他的落脚之地了，所以他暂时带着一身疾病住在秦望山脚下的薄坞。

《病中》（其一）："群凶吞噬尽，便得望松楸。五载千行泪，半时一拜收。春风旧酒伴，秋月小山楼。衣食亲朋计，还家可缓谋。"考虑到经济状况实在不行，连日常生活所需的米、烛、纸等生活必需品都需要依靠朋友救济，故暂时将赎回田宅、重返枫桥的计划搁置了。

受经济条件的限制，陈洪绶在薄坞的结茅，确实也是很简陋的。陈洪绶在诗文中称之为"秦望之竹楼"，其实就是就地取材，用毛竹搭建的茅舍。虽然如此，陈洪绶还是心满意足，因为这里这毕竟是自己的家。他的《思薄坞》诗这样写道：

> 薄坞去城廿里余，秦望之前天柱里。东有奉圣天衣寺，西有云门若耶水。渔樵钟磬悦耳目，松篁泉石供素纸。长枪米贾隔三家，草桥酒店远二里。将家自全于其中，种菜曳柴命儿子。秃翁无书便好游，索句草鞋随意指。有时入寺僧作饭，有时游山客留止。酒钱少而米钱稀，然亦未曾饥渴死。出于故人远寄将，答之诗画颇欢喜。老媪舍我几亩山，结个茅庵晨夕启。留我念佛写佛经，坞中男女祈福祉。去冬总管欲识面，

亲朋劝我无去理。破衲光头难拗违,亲朋又劝出山是。总管为我惨淡谋,卖画养生必城市。今年二月故移家,将军严令夜禁始。昨闻斩木自外来,今见揭竿从中起。斩头陷胸如不胜,白日闭门避蛇豕。露刃讥察满穷巷,僧家俗家难依倚。每思山中雪夜好,又思山中月夕美。山中雨窗访道人,山中晴川掇香芷。至今不敢当街行,唯恐触之多凶否。夕阳在山便缚人,抱头鼠窜眠屋底。摩云鸾鹤垂天飞,投入网罗待筈矢。薄坞薄坞何时还,秃翁清福薄如此。

好不容易"将家自全于其中",但因为薄坞在乡下,距离绍兴城较远,给他卖画带来极大的不便,又加上附近"破衲光头难拗违",似乎有个和尚想为难他,故亲朋都劝陈洪绶离开薄坞。陈洪绶在这个"世外桃源"只度过了一个除夕,于第二年的二月,又搬到了绍兴城内(陈洪绶在绍兴火珠巷司农第的旧宅,或是此时购置的)。陈洪绶隐居的理想宣告破灭。

六、道不尽的乡愁

对于陈洪绶来说,他不希望曾经的家族辉煌败落在自己手里,所以每每想到离乡背井,他都会抑制不住悲痛。《自病中偶成》这样写道:"病中节饮殊非福,形与神违梦辄惊。想到故园零落尽,道心损了二三更。"此时陈洪绶因生病而戒了酒,但精神依然是恍恍惚惚,特别是一想到故园的零落,他就心情沉重,通宵难眠。

陈洪绶离乡背井到绍兴后,枫桥老家的叔父、堂兄等亲戚曾多次前去绍兴探望。陈洪绶在《子方叔、亦公兄、仲琳兄复过青藤书院小酌,送之且约即归》中这样写道:

> 不图一月两握手,笑拔金钗沽酒来。
> 攫食宛同村社饮,置身如上望乡台。
> 前期已失看乌桕,后约当归待绿梅。
> 聚首应知无几日,何劳郑重送君回。

因为刚落脚绍兴,才处理完儿子误入少年场事件,陈洪绶生活非常拮据,枫桥老家的叔父和堂兄一个月内接连两次到绍兴看望陈洪绶。没有酒钱,陈洪绶只好用妻子韩氏的金钗去换酒。陈洪绶与族亲一起喝酒,似重温当年在村里喝社酒时的那种浓浓乡情。而且,此次相聚还谈到了陈洪绶回枫桥的话题,本来约定秋天看乌桕的时节(宋代林和靖诗:"巾子峰头乌桕树,微霜未落已先红。"说明看乌桕最好的时节当在秋天)回枫桥,但最终不能如愿,那么只好等到冬天赏梅的时候了。"聚首应知无几日",说明陈洪绶有尽快回归故里的打算。(注:陈洪绶诗中提到的子方叔、亦公兄、仲琳兄,详见《陈洪绶诗文里的族亲》。)

陈洪绶在《喜十三叔、五十兄、六十三兄、留生侄至,早饭》中这样写道:

> 叔父弟兄皆皓首,刀兵甲马过蓬头。
> 东邻送米供吾饭,西舍遗钱助酒筹。
> 再世再逢亲骨肉,重生重整旧风流。
> 醉来仍自鼾鼾睡,借得僧房当我留。

诗中所记当属于清兵攻占绍兴之后,陈洪绶在薄坞生活期间。老家又有叔父和堂兄、堂侄来看望他,为了接待老家亲戚,贫困的陈洪绶靠左邻右舍的帮助,才解决了无米和无酒的难题。但陈洪绶非常珍惜国变动乱之后与亲人的相见重逢,故有"再世再逢亲骨肉,重生重整旧风流"的说法。那次相聚大家都喝多了酒,陈洪绶最后靠借僧房才解决了住宿问题。(注:陈洪绶诗中提到的十三叔、五十兄、六十三兄、留生侄,详见《陈洪绶诗文里的族亲》。)

青藤书屋果然清静,但是,比起家乡枫桥来,却缺少了梅花,所以陈洪绶"倍忆"枫桥,因为枫桥老家的山上到处生长着梅树,枫桥的十里梅园是陈洪绶每年踏雪寻梅的最佳去处。他在想,等到日子太平了,一定要去枫桥挖几棵来种在书屋边。陈洪绶《书青藤书屋》(其一)中这样写道:"青藤书屋少株梅,倍忆家山是处开。若得兵销农器日,荷锄移彼数株栽。"

对故乡枫桥的怀念,还体现在陈洪绶的以下一些诗作中:

《作画》："我家本溪山，不能溪山居。卖画城市里，神品卖不去。改途而资生，贬道难自恕。终当饥死乎，老夫徒烦虑。不如写溪山，飞梦得骞骞。"

《故山》："故山秋最好，今日断相思。但有丹枫处，无非白骨支。难忘生长地，痴想太平时。万念俱灰冷，一归梦未衰。"

《不得归》："杀运天未尽，祸机人岂除。祸机除不得，杀运尽之欤。魂魄惊飞热，死生料理虚。枫桥好枫落，吾亦爱吾庐。"

《诸暨有警怀先茔》："祖宗坟不守，乌用此儿孙。岂有十年客，归来五荐薰。卖田先赎屋，鬻笔供苹蘩。计定闻兵乱，血流声满村。""人老思归切，尤思葬祖坟。谋生难计算，料死太忧勤。寒食因兵阻，扫松又乱闻。但看难墓祭，敢望首丘云。"

《亦公书相促十三叔托张内生寄语》："年老将归守墓田，向人借屋两三椽。弟兄尺牍深长计，长老传言绝可怜。"

七、与故乡最后一次深情拥抱

清顺治五年（1648）四月，山寇陈瑞聚众洗劫乡里，枫桥陈家惨遭其害，陈洪绶在故乡的祖宗所遗产业被损毁一空。获知这个消息，陈洪绶痛心疾首，虽然属于陈洪绶的产业和居业被长子荡尽，早已转让给了他人，但是他在绍兴期间，始终有赎回祖居产业的愿望，并计划在枫溪终老。此次故园被损毁，让陈洪绶赎回田宅的梦想彻底化为泡影。陈洪绶在《游净慈寺记》中这样写道：

> 至天地反覆时，乃心灰冷，老死山水之志始坚，而买山钱不能办矣。虽剪落入云门、秦望间，山中人喜为结草团瓢，约日供薪米，而白幢白伞又逐之，投城市矣。谋还枫溪，则刀兵聚处，不第娱老岩穴不可得，即耽玩泉石亦不可得矣。

这是陈洪绶后来写于杭州的一篇游记，总结了自己后半生的遭遇。陈洪绶一直想叶落归根，回到枫桥，但"谋还枫溪"最后竟碰到了"刀兵聚处"，在故乡不但连一个养老的山洞都找不到，更别提是赏心悦目的泉石之地了。

文中提及的"刀兵聚处",便是故乡房屋惨遭劫掠之事。

故土难离。当故乡遭受兵害之后,陈洪绶于清顺治五年(1648)八月来到枫桥。他既来看望朝思暮想的同族亲人,也来察看本想赎回、如今被毁的故居。好在陈洪绶原先使用过的那个无见阁还留存着。于是,陈洪绶在无见阁上泼墨挥毫,重揽枫溪风月,重温乡愁乡情,在那里创作了《松溪高士图》等一大批画作,并将画作留给了故乡的亲朋好友。

这一次枫桥之行,是陈洪绶与故乡的最后一次深情拥抱。他"谋还枫溪"的梦想,已被眼前的现实击得粉碎。次年,他寄居在杭州。四年后,带着未能终老枫溪的遗憾,陈洪绶在第二故乡绍兴去世,叶落而未能归根。

身贵今堪贱，随他终日贫

——陈洪绶隐居绍兴薄坞的贫困生活

陈洪绶是一代大画家，"盖明三百年无此笔墨"。这是陈洪绶去世后的后人评价。然而，如此荣耀的评价，却与陈洪绶生前的穷困潦倒形成强烈的反差。

生前不知身后事，陈洪绶活着时肯定没有想到，或许正是他一生的落魄艰辛，穷困潦倒，才铸就了艺术史上的神话和辉煌。他的名垂千古，他的流芳百世，再一次印证了"天将降大任于斯人也，必先苦其心志，劳其筋骨"这句至理名言。

笔者有意在陈洪绶的诗文中捕捉其生活细节，从而真正领略了一代名家生前令人唏嘘的贫穷与艰难，尤其是四十九岁陈洪绶隐居绍兴薄坞期间，他的生活走进了低谷。那是一段贫病交加的凄惨岁月。

一

虽然陈洪绶出身于官宦之家，但命运并没有眷顾他。他在《忆旧》诗中写道："枫溪梅雨山楼醉，竹坞茶香佛阁眠。清福都成今日忆，神宗皇帝太平年。"陈洪绶回忆往事时，觉得自己除了明神宗万历年间日子过得还算太平，此后，即二十四岁开始，他的生活境遇每况愈下，可谓"王小二过年，一年不如一年"。

明天启癸亥（1623），陈洪绶二十六岁，妻子来氏病逝。贤妻良母式的来氏，念及愈来愈困难的家境，在临终时，竟交代丈夫不要为办后事浪费钱财，"嘱以旧服殓"。陈洪绶悲痛欲绝，挥泪作《内子嘱以旧服殓，及殓简衣涕而作》："翠袖红绡满箧藏，缕丝折叠怨俱长。当时妆束为侬饰，今日披将归北邙。"来氏当初嫁到枫桥陈家时，萧山娘家为她置办了丰厚的嫁妆，翠袖红绡装满了衣箱，为的是让她嫁到枫桥后经常有漂亮服饰可以替换，而今天她在离世之际，竟要求穿旧衣服来殓葬。全诗字里行间充满了陈洪绶痛失爱妻的凄婉之情。

这仅仅是陈洪绶悲惨生活的序幕。此后的日子里，祖业家产日益告竭，纳资入监变卖田产，长子误入少年场将产业和居业荡尽，继而又碰到改朝换代的社会动荡，陈洪绶的余生在饥寒交迫中度过，最终以"死无以殓"（张岱语）而画上人生的句号。

二

不幸的家庭各有各的不幸，但是，我们无论如何也想象不到，一代画家陈洪绶，他生前竟会落魄到吃不上饭的程度。让我们将目光聚焦于顺治三年（1646）的陈洪绶。

顺治三年，是陈洪绶移居绍兴后的第三年，这一年陈洪绶四十九岁。五月底，清兵下浙东，陈洪绶因拒绝绘画而险遭杀害。六月，在云门寺剃发为僧，逃难活命。八月开始寻找结庐落脚之地，托人至薄坞寻找地方，未果。九月底，薄坞有一老妇自愿让出一块余地供他盖茅屋，于是在友人的资助下，陈洪绶将家移居到了薄坞，在那里生活了大约五个月时间。

陈洪绶的理想很丰满，他认为自己从此可以像陶渊明一样，过上世外桃源的生活了，且看他的《且止》组诗：

> 朝出先朝雉，暮归后暮鸦。庶几彼山水，遗得此身家。
> 五十明年至，千秋今日嗟。强为宽大语，佛法眼前花。

陈洪绶之谜

五十看亡国，百年不若殇。人伦心早死，农圃力非强。
避地完经济，无家亦吉祥。吾生草草尽，两鬓点星霜。

啼霜白雁至，秋草命将邻。自分为儒者，谁知作罪人。
千山投佛国，一画活吾身。身贵今堪贱，随他终日贫。

将土开生活，名山收废人。可怜从圣教，竟不识君臣。
沉醉胡无耻，丹青枉有神。埋忧买岩石，樵牧喜高邻。

老媪高邻最，殷勤捨小山。就人竹万个，结我屋三间。
泥水粗能蔽，乌菟好往还。吾生几两屐，何不且偷闲。

贫婆离女相，喜舍给孤园。傍竹安禅榻，依松开小门。
栋梁皆歇骹，檀越出荒村。规度都从简，人工不惮烦。

茅堂虽结构，绣佛杳无期。俱胝旃檀相，乌波斯索施。
高昌流像法，质子著神奇。欲报唯作画，修持无已时。

观相才匀笔，如登兜率天。居心先将室，乃敢学参禅。
岂望今生会，将图来世便。儒门收不了，释氏得安焉。

　　秦望山下的薄坞山谷，这是陈洪绶多方寻觅后自认为最理想的风水宝地，他想在这里养老，在这里重振家业、吟诗绘画、诵佛参禅、修炼身心，因而自以为身心将休憩于此，奔波将停止于此，人生也将终老于此。他在薄坞读陶渊明的《桃花源记》，作陶渊明的《桃源图》。为此，他还特意写了上面这组诗题为"且止"的诗。

　　但是，这仅仅是一向"不事生产"的陈洪绶一厢情愿罢了。他被理想冲昏了头脑，竟忘记了自己是怎样将家从青藤书屋迁到这里来的。陈洪绶之所以能完成移家，其实全仗朋友的资助。且看他所作的诗：

《卜居薄坞,去祖茔三四里许,感祁季超、奕远叔侄赠资》:"生途何处问,大略问山头。有意苦才拙,无心任运游。移家仗亲友,守墓近松楸。不幸中之幸,两贤何处求。"

《寄谢祁季超赠移家之资,复致书吴期生,为余买画地,时余留其山庄两月余》:"翠羽脱机至,相留两月余。时时闻佛法,事事教山居。赠以移家费,由通前路书。一人三致意,自处欲何如。"

《奕远赠予移家之资,却赠》:"连年衣食子,兵乱尚分金。劫掠无余际,相怜复尔深。难忘亡国念,幸断丧家心。浩唱千峰月,偕君老石林。"

陈洪绶说得一点也没错,他的确是"不幸中之幸",若不是祁季超、祁奕远叔侄俩出钱资助,他断然无法实施移家的计划。这里的所赠之资,可不是我们现在的搬家费,实际是指在薄坞结庐盖茅屋的费用。陈洪绶如此"一人三致意"地写诗致谢,说"两贤何处求",说"相怜复尔深",真实地反映出他当时的赤贫。

三

然而,苦难史才刚刚开篇。紧接着,陈洪绶的隐居生活陷入了极度的困顿。这哪里是什么世外桃源,这简直是一个悲惨世界。来看看陈洪绶的理想与现实之间的强烈反差。先来看陈洪绶的隐居理想,主要体现在以下诗作中:

《坞中》:"摩诘居孟城,孟城山有名。老夫居薄坞,薄坞人有情。"

《山居》:"岩阿君避地,卜宅我为家。溪女能留饮,山僧过送茶。学仙堆药草,供佛种莲花。清福难消受,团瓢不用赊。"

《薄坞山行》:"住山择深秀,先择此仁里。比邻葛天民,卖薪与造纸。壮夫事野田,先鸡鸣而起。饭牛任老人,牧羊授童子。妇子妨绩余,农事相料理。游手游食人,男女窃相耻。盗贼绝不生,兼亦无虎兕。军兴游食兵,两年不至此。去年寄妻孥,徙倚两月尔。携归妻孥时,妇女泣不止。今年移家来,知我无怀氏。父老造我言,我言洞表里。曾无枝叶言，相顾各自喜。已后相与言，耕锄为之已。种菜借我田，虫食为我视。柴米借无辞，劝我胡不仕。我言仕亦贫，夸说古贫仕。始闻笑我痴，既而道我是。本爱山水佳，今爱风俗美。得此美风俗，隐居有所恃。魂梦不觉安，饮食亦甘旨。曳杖且行行，放浪从兹始。笋根舞山鸡，豆苗雏野雉。倚竹看梅花，枕石唱流水。"

《山居》："小乱入城好，大乱入山便。在昔用斯语，于今则不然。盗贼满山时，岂能此独全。父老为我言，此地久安眠。万山拥其后，千山护其前。灌木万余株，清流绕其边。曲径十余里，危石悬其巅。不唯山水好，而又有山田。不唯山田好，又有美竹焉。有麻果如丝，有栗果如拳。有梅匝茅屋，有兰可成阡。相见皆古人，不分愚与贤。亦少衣冠人，岂复肯守钱。其风不凋薄，或可免颠连。吾将携妇子，酿酒乐尧天。诸子渐长大，课读兼课佃。斫竹学织帘，读书功不捐。无米拾橡粟，聊以续炊烟。探奇既有梅，采药将学仙。佩此王者香，一抚猗兰篇。"

陈洪绶将薄坞与王维的孟城作比，认为这里的仁里，民风淳朴，兵盗不至；这里的环境清幽，万山拥其后，千山护其前，有山田，有美竹，有麻果，有曲径，有梅兰，有泉石；这里能享清福，可采菊，可种菜，可学仙；生活在这里，哪怕家里断了炊，还可以拾栗果充饥；如果手头有钱，生活无虞，这里倒的确是隐居的好地方。

但是，这不过是陈洪绶的一厢情愿与宏伟蓝图，其实生活狰狞的面目很快就暴露出来了，陈洪绶在精神上固然享受了片刻的愉悦，但其物质生活却越来越得不到保障。家里似乎什么都缺，最终陷入无米、无钱、无酒、无纸、无烛的困境。

《无钱》："吾以无钱闲，岂以无钱苦。闲时得人弃，古今自期许。积金生意尽，善哉斯一语。"

《无钱》："无钱山馆难酤饮，蕉叶分尝当百川。幸得病余酒量减，松根时学醉龙眠。"

《无钱买酒怀刘道迁》："家贫人送酒，酒伴必刘卿。击钵山堂静，扬舲风日清。赏花同梦事，招隐致书情。每到无钱日，支颐感此生。"

《无米》："褐衣塞屋漏，经略种秋花。无米苍头告，高邻老父赊。吾生太不恶，异国乐何加。有客相招饮，奇书堆满家。"

刚开始还乐观地称自己不以无钱痛苦，并嘲讽人家积金无用，接着自己就遭到无钱的困扰了。无钱只好自己减酒，无钱只好靠人家送酒，无钱只好向邻居赊米。金钱不是万能的，但没有金钱真的万万不能，陈洪绶终于"支颐"（手托下巴），感慨日子的难熬了。

无钱无米，若再碰到朋友到山里来访，那就愁上加愁了。《闻朱集庵将就余山居，时无钱买酒，却感》写道："好为长夜饮，福过却灾生。米缺忘名酒，钱来理折铛。高人闻即至，寒月渐圆明。樽拟湛而满，囊空志不平。"陈洪绶年轻时嗜酒如命，曾有通宵饮酒的生活习惯，但经历国破家亡的灾难后，日子穷困潦倒，常缺米，常缺钱，以至于自己将名酒都淡忘了，只有在有钱的时候，才会去整理那只断脚锅。现在听说朋友朱集庵要来访，心情是好了很多，看月亮都觉得格外圆，按理说，朋友到来应该痛快地喝顿酒，可是自己囊中空空，连买酒的钱都拿不出来。

这一次朱集庵来访，陈洪绶无钱买酒，因此不得向朱集庵道出了贫穷的实情。陈洪绶作了题为《对朱集庵言贫》的诗：

> 战尘山气修，兵象海云铺。世界何生意，交情留病夫。
> 闲愁酣益甚，身命有如无。惠米来家后，言贫岂憎吾。
>
> 盎中有宿储，留我可经旬。老友新增病，先朝旧侍臣。
> 恐人拟乞食，缄口不言贫。吾子贫于我，知贫不厌频。

在兵荒马乱的岁月里，陈洪绶感激朱集庵特地来薄坞给自己送米。朱集庵送的米足够陈洪绶全家吃上一旬。其时陈洪绶旧病复发，贫穷的生活雪上加霜，但陈洪绶在他人面前从来不说贫，免得人家说他是靠乞讨生活。朱集庵其实比陈洪绶还要贫困，陈洪绶之所以能将实情告诉他，是因为朱集庵知道贫穷是什么滋味。看得出，贫穷是陈洪绶的难言之隐。

四

无钱无米，饥肠辘辘，这就是陈洪绶在薄坞生活的真实写照。所以，若是能吃上一顿米饭，便是其时陈洪绶家里一桩欢天喜地的大事，只是这样的日子不是说来就能来的。有两个催人泪下的吃饭场面在陈洪绶诗作中记录了下来。

《道安惠米》："饥饿忧愁中，商君米见贻。儿子手加额，人天路不遗。是非□心血，作饭分一匙。听之虽可笑，然而大可悲。乞食于其父，艰难乃如斯。辄作一顿饭，儿便连手驰。吟咏入松竹，饱餐钓波池……"（"□"为原文所缺）

道安就是商絅思，陈洪绶的朋友。商絅思雪中送炭，在陈洪绶饥饿忧愁之际送来了救命粮。得米之后，最高兴的是陈洪绶的几个儿子（1646 年，长子义桢二十二岁，次子峙桢十九岁，三子楚桢十七岁，四子儒桢十三岁，五子芝桢十二岁，六子道桢十岁），表现为"以手加额"，即将手放在额头上，表示欢欣庆幸，庆幸老天有眼，总算不会饿死了。然后是做饭吃饭，因为要省着点吃，饭是按一人一匙（勺）分配的。这事听起来可笑，却是生活的大悲哀。儿子们很久没吃到香喷喷的米饭了，这一勺饭哪里打发得了饥饿，因此他们继续向父亲恳求还要吃饭。陈洪绶挡不住儿子的苦苦纠缠，爽快拍板再做一锅，于是儿子们拍手欢呼。最后儿子们美美地吃饱了肚皮，有的唱着歌进到山林中去玩耍，有的摸着肚皮满足地去池塘里钓鱼。陈洪绶在《作饭行》中写道：

山中日波波三顿，鬻图画之指腕为痛焉。儿子犹悲思一顿饭，悲声时出户庭，予闻之凄然，若为不闻也者。商絅思闻之，以米见饷，此毋望之福也。犹不与儿子共享毋望之福哉。乃作一顿饭，儿子便欢喜踊跃，歌声时出户庭。今小民苦官兵淫杀有日矣。犹不感半古之事功否，感赋。阿爷乞作饭，阿婆莫作糜，食糜非不惯，三餐无乃疲。逃生欲得生，乃与死为期，乞作一顿饭，饱死松柏陲。爷怒斥小子，爷苦汝蚩蚩，糜非容易得，汝爷心血为。父执祁长者，怜爷生无资，教爷作画卖，养活诸小儿。为爷招同好，作为绝妙辞。爷故疮遍体，寒疾又不支。冷雨打破窗，霜风割瘦肌。晨兴便吮笔，薄暮犹运思。一笔违古人，颜面无所施。食事为之废，游盘为之迟。虽在忧患中，诸画实神奇。不敢事苟且，谓人以为欺。欺人得钱财，生平窃耻而。画故难急就，宁费日与时。博得钱数贯，俾汝果腹嬉。汝尚思富贵，不谓甘如饴。凶年大军后，夫人而不疑。……

糜是黍一类的杂粮，吃起来难以下咽，孩子们顿顿吃糜尤觉痛苦，因此不愿意吃。于是孩子与父母间发生了一次较量：孩子乞求父母不要做糜，做糜吃不惯，三餐吃糜吃得烦了，吃得力气都没有了。逃生是为了活下来，可这样天天吃糜离死也不远了，请求父母再做一顿饭，吃饱了饭后，哪怕死在松柏下也无怨无悔了。陈洪绶一听，勃然大怒，他责骂孩子：我辛辛苦苦养活你们，你们竟还这样无知。就是这难以下咽的糜，也是我花了心血和劳动获得的，是别人见我可怜才教我作画，我用卖画换取的微薄收入养活着你们……诗中有父子之间的冲突，有场面感和真实性，读来尤具感染力。

陈洪绶在薄坞常与"野老为邻友"，真正对贫穷有了切肤的感受，体会了过去不知道的人间悲苦，亲身感受了平民百姓过日子的辛苦和艰难，也比以往任何时候更能体会到官府残酷剥削人民，以及战乱给人民造成的灾难。正因此，除了《作饭行》外，陈洪绶还创作了一批杜甫风格的现实主义诗作，如《官军行》《搜牢行》《幕下客》等。

五

陈洪绶在薄坞隐居的五个月里，饱尝了人活世间的艰难。他在《夜雨》诗中写道："秋雨夜来作，不觉枕簟秋。寒衣渐欲办，又为儿女忧。"在薄坞，不仅"饥"的问题解决不了，"寒"的问题又接踵而至。深秋雨夜，陈洪绶躺在冰凉的席子上，焦虑难眠，天气是越来越寒冷了，可儿女的过冬衣服尚未置办，因为钱还没有着落。他在《悭》诗中写道："行年五十始知悭，柴米经营不得闲。筋力也悭须用了，少停笔砚听绵蛮。"悭，指节俭、节省。陈洪绶将近五十岁，才懂得过日子要学会节俭。为了家里的柴米油盐，他只好不停地作画，以卖画收入来维持生计，这样的日子累得他筋疲力尽，唯有放下画笔，聆听窗外的歌谣，才算是片刻的休息。

陈洪绶最后是如何度过贫穷这个难关的？答案在他的诗作里。

一是卖画换钱。

《偶成》诗写道："今年将半年，写佛无十幅。笔墨颇不闲，大都换酒肉。"陈洪绶勤奋作画，以此给家里换点酒肉。为了生活，陈洪绶将兴趣爱好暂时抛一边，所以半年里他最喜欢画的佛图还不到十幅。

《得米》诗写道："可叹当年薄画师，山田卖尽是痴儿。若无几笔龙蛇笔，那得长仓雪夜炊。"陈洪绶感叹年轻时自己竟看不起画师，还变卖田地进京读国子监求取功名，现在想来这真是愚蠢的做法。幸亏自己掌握了绘画的技艺，要不然今天哪来的钱换米？

《还山》诗写道："也具丈夫相，饥寒颇累人。友朋情已尽，岁事又相因。名画谁能买，知音多食贫。晨炊尚有米，三盏且酺春。"身为男子汉大丈夫，已经让饥寒给逼得筋疲力尽。可以依靠的朋友越来越少，而日子却越来越难过。自己的画虽然画得很好，但是不知道谁肯来买，现在大家的日子都不好过。想到第二天早晨的米尚有着落，那就先喝个三盏酒庆贺一下吧。从上述诗中可知，卖画是陈洪绶解决衣食生活的主要来源。但是，卖画又谈何容易。

二是借米救急。

《借米》诗写道："家家借米拙言辞，深感家家屡借之。升合凑来皆各种，桃花点缀雪翻匙。"前两句写借米的窘态。陈洪绶已向多户人家借过米，现在再去借米，感觉实在有点说不出口，但人家还是慷慨地将米借给他，为此陈洪绶深怀感激。后两句状写米的色彩。因为米是从各家借来的，各家各户的日子都不好过，所以借给陈洪绶的米也不多，东家一升，西家一合，这样东拼西凑而成的米，品种不一，花色各异，有红米，有白米，因此煮出来的饭或粥便变得红红白白。这种色彩，就是贫穷的颜色。

《安贫篇示鹿头、羔羊（时囊空有仆五寿借银）》写道："今年离乱中，家人疾病后。伏腊不能修，曳杖徒奔走。僮仆出少银，解我双眉皱。藉口议损时，杀羊力不就。但买一只鸡，壶浆与片肉。"这是陈洪绶教育四子鹿头（时年十二岁）、五子羔羊（时年十岁）要安贫乐道的诫子诗。在平常遇到祭祀的节日，陈洪绶无钱祭祖，此时年关降临，他依然囊中空空，本来想杀只羊，却手无缚鸡之力，一家人实在无法度过年关了，陈洪绶最后只好向一个名叫五寿的仆人开口借钱，这才解了燃眉之急。

三是自力更生。

《种菜》诗写道："行年四十九，今日理园头。高德非吾事，云乡切已谋。寒身能乞食，稚子岂从游。培植精详问，生平一大猷。"陈洪绶出身书香门第，年轻时衣食无忧，从来不曾参加过农事活动，到了四十九岁隐居薄坞时，在困顿的生活面前，他不得不放下架子，下地干活，学做农民。此时儒家的修身计划早已抛在了脑后，填饱肚子才是他这个寒士的当务之急。日子虽然过得很不易，但陈洪绶真切体会到了自力更生的快乐，更庆幸的是，儿子们也能快乐地跟随他一起参加劳动（诗中"岂"通"恺"，快乐的意思）。如何种菜，在老百姓那里是一项基本技能，对陈洪绶来说却是一个全新的课题，至于怎样种菜、什么季节种什么菜、如何向农民讨教，陈洪绶是将它当作人生大事来谋划的。

四是朋友救济。

朋友们非常同情陈洪绶的遭遇和生活，经常出钱出物，送这送那，帮陈洪绶渡过生活的难关。他在《即事》诗中写道："无米人送来，无酒人送酒。醉饱古檗槎，亦作麽生否。"友人陶去病、鲁仲集、王紫眉、王公路、王素中、吉延生、徐士华、商綱思等，在陈洪绶隐居薄坞期间，给予他无微不至的关心与帮助，陈洪绶为此曾不厌其烦地用诗歌记录朋友们的深情厚谊。这一点，单看其诗题就一目了然，如《吉延生、徐士华、商綱思、王素中，诸兄合钱买纸助予》《陶去病赠米烛书谢》《谢陶赠米烛》《鲁仲集寄烛腐书谢》《王公路见赠银烛却寄》《王紫眉寄赠却谢，时紫眉方集古今诸说有补经济者》《归自渡东桥柬谢张名子惠米》《怀道迁，感其数数周我家人》《寄谢商綱思饷米兼答画观音》《鲁季栗寄炭，却答》，等等。

政如笔端，忠义欲泣

——陈洪绶与《水浒叶子》

　　《水浒叶子》是陈洪绶版画作品之一。提及陈洪绶的绘画，版画创作无疑是值得大书特书的。他一生创作的版画极为丰富，除散失的关公像、五才子书《水浒传》插图，流传至今的有《九歌图》《西厢记》《节义鸳鸯冢娇红记》《水浒叶子》《博古叶子》，《西厢记》和《水浒叶子》还不止一种刻本。就作品数量而论，足以说明他从事版画艺术的热忱。就作品质量而言，除《节义鸳鸯冢娇红记》影响较小外，其余四种均是中国版画史上的杰作。尤其是《水浒叶子》，成为中国版画史上的典范之作。

　　《水浒叶子》原名《水浒牌》。所谓"叶子"，是一种博戏的工具，可分为纸牌和酒筹。叶子描绘的题材多种多样，常见的有古代将相、美人图、甲第图等，还有分为鸟兽虫鱼的，其中最通行的就是水浒人物。

　　明代斗叶子之风起先流行于苏杭一带，很快由吴越地区传向北方，风靡全国。清吴伟业曾用拟人手法写了一篇《叶公传》，对此情形有详细描绘："有叶公子者，浪迹吴越间，吴越间推中人为之主，而招集其富家，倾囊倒屣，穷日并夜，以为高会。入其座者，不复以少长贵贱为齿……"

　　至晚明时，民间尤为流行酒令牌子。众人围成一桌喝酒，轮到抽出一张"叶子"，根据上面内容确定该谁喝酒，比如扈三娘号"一丈青"，抽到此牌，在座的身长者饮酒。呼延灼左右手各执一鞭，抽到这张牌，则一左一右两人皆要饮酒。这样饮酒，既增加了饮酒的乐趣，又使相关知识渗透到民众的生活中去。

陈洪绶晚年所作的《博古叶子》标明酒令，为酒筹无疑，如"一文钱"牌的右边写着"杜甫，囊空恐羞涩，留得一钱看"，左边注明"盏空者饮"。而现存陈洪绶木刻版画《水浒叶子》，则没有注明"某某饮"，而是标注了面值，如"一文钱""四百子""一万贯""万万贯"等，应是一种博戏的纸牌。

陈洪绶所作的水浒人物，最原先的称法是《水浒牌》，后来才被衍称为《水浒叶子》。陈洪绶的好友、同时也是鼓动他创作水浒人物的张岱，称其为《水浒牌》。张岱《夜航船》中记录了《水浒牌序》和《水浒牌四十八人赞》两则文字。而他的另一个好友王礼（曾在诸暨江藻设帐授徒的王予安）则称之为《水浒叶子》（引文见下）。

《水浒牌》共四十张，分别为文钱十张、百子九张、万贯九张、十万贯八张，另有百万贯、千万贯、万万贯、空没文各一张。

清初张山来曾说："陈章侯《水浒牌》，近年如画灯，如席上小屏风，皆取为稿本。"可见其影响之大。

陈洪绶至少五画水浒

水浒英雄的故事是家喻户晓，陈洪绶想必从小就十分熟悉并敬仰这些人物，因此，他一生中尝试着用多种不同的表现方式，不止一次地画过水浒人物。陈洪绶到底画过几次水浒人物，没有确凿的史料记载。根据现有陈洪绶传记中的年谱看，至少有这样两个记载：一是明天启五年（1625），陈洪绶二十八岁，是年作《水浒图卷》，共四十人；二是明崇祯十六年（1643），陈洪绶四十六岁，是年，为张岱之友周孔嘉作《水浒牌》，也是四十人。但实际上，陈洪绶画水浒并不只有这两次。能证明陈洪绶多次画过水浒人物，有以下几个史料依据。

第一个依据：

根据周亮工《读画录》所记载的陈洪绶版画创作顺序来考察，"初画《楚辞》像，刻于山阴；再刻《水浒牌》行世。及崇祯间，召入为舍人"，这一条记载肯定不容置疑。即陈洪绶在去京城国子监读书之前，已经有刻板的《水浒牌》。

这一套刻板行世的《水浒牌》，再加上陈洪绶四十六岁时为周孔嘉所作的《水浒牌》，可知陈洪绶至少创作过两套以上的《水浒牌》。这与年谱记载的基本相符。

第二个依据：

清孔尚任《享金簿》中记《陈章侯水浒图卷》云：

> 陈老莲水浒四十人，奇形怪状，凛凛有生气，非五才子书及酒牌所传旧稿。卷首赵宦光草篆题曰："英武神威。"后跋云："高秋气爽，啜著长啸，适友人持是卷见示，阅之令人惊讶交集，不能赞一辞。云间陈继儒观于苕幂庵。"又一跋云："凡画之道，不难于对景写实，而难于活泼玄妙。予弱冠时见龙眠居士此卷，笔画纤细，各具勇猛之状，今视章侯陈君，画法虽稍逊一等，而生气流动，种种合度，非庸工俗子所能造也。孟津王铎书。"又一跋云："绘事人物以马、夏为绝笔，近代陈章侯骎骎超而上之。此卷向藏云间莫氏，今为吾友陆明世所购，因出展玩，乃信神物去来，是有呵护而不泯灭者耶？至于笔墨之工，则觉斯（王铎）、眉公（陈继儒）已曾赏鉴，不俟予赘也。携李陈万言书。"又一诗云："陈君描绘有谁同，四十英贤尺素中。堪美吾翁精鉴赏，千秋什袭桂堂中。瓜畴邵弥题。"

这卷《陈章侯水浒图卷》，卷首有赵宦光用篆书题写的引首，卷末有陈继儒、王铎、陈万言、邵弥等多位名人的题跋。有学者考证赵宦光其人，说其卒于天启五年（1625），这一年陈洪绶二十八岁。故此《陈章侯水浒图卷》作于陈洪绶二十八岁之前。（王铎《跋陈章侯水浒图卷》："凡画之道，不难于对景写实，而难于活泼玄妙。予弱冠时见龙眠居士此卷，笔画纤细，各具勇猛之状。今视章侯陈君，画法虽稍逊一等，而生气流动，种种合度，非庸工俗子所能造也。"陈万言《跋陈章侯水浒图卷》："绘事人物以马、夏为绝笔，近代陈章侯超而上之。此卷向藏云间莫氏，今以吾友陆明世所购，因出展玩，乃信神物去来，是呵护而不泯灭者耶？至于笔墨之工，则觉斯、眉公已曾赏识，不俟予赘也。"）

从孔尚任的话中就可以得知，他生前至少见过陈洪绶画水浒的三种不同图卷：一是插图，即为"五才子书"所作的插图（此插图版本今已失传）；二是酒牌，即已经在市面上流行的"酒牌"；三是图卷，即孔尚任亲见的、众多文人墨客题跋的《水浒图卷》，画有水浒人物四十人。

第三个依据：

陈洪绶曾为萧山徐也赤作《水浒牌》。有白描人物36页。1954年3月及5月《文艺报》曾刊载。画法与《九歌图》相近似，大概是早年之作。柴小梵《梵天庐丛录》第十九卷有陈老莲水浒牌一则，柴云："首页署款'友弟陈洪绶为也赤兄写'十字，小楷如粟。另一页署款：'苎萝陈章侯为也赤先生图于梧柳园之槎庵。'"考《宝纶堂集》有陈洪绶《客萧山徐也赤，张处仲见过书赠》诗，徐也赤为萧山人，槎庵是陈洪绶岳父来斯行的别号。据此，《梵天庐丛录》所收如系真迹的话，当是陈洪绶在萧山时所作。原迹现在已无法见到，具体情况也不得而知。

清代刘源在《凌烟阁功臣图》（康熙七年刻）自序中曾写道：

> 壬寅秋，萍泊姑苏，侍立寿民佟夫子门墙。一住六载，客窗灯火中偶览陈章侯所画水浒三十六人，见其古法谨严，姿神奇秀，辄深向往。独惜陈章侯精墨妙笔，不以表著忠良，而顾有取于绿林之豪客，则何为者也？

刘源所见到的陈洪绶所画水浒人物，也是三十六人，这个版本是否与陈洪绶为萧山徐也赤所作的水浒牌属于同一个版本，我们不得而知。但至少说明，陈洪绶的确画过三十六人的水浒图。

综合以上，可知陈洪绶水浒人物图卷有明确交付对象的至少有五个：一是五才子书的插图，二是入国子监之前刻板流行的《水浒牌》，三是水浒四十人图卷，四是为萧山徐也赤作的水浒三十六白描人物，五是为张岱之友周孔嘉作的《水浒牌》。

这是迄今为止发现的陈洪绶五画水浒的记录。或许陈洪绶实际创作远不止这个数。乐此不疲地创作同一题材的作品，是陈洪绶绘画的一个特点，比如他还曾多次画过《饮酒读骚图》。清梁章钜《退庵金石书画跋》中这样评价陈洪绶："老莲每一题，辄作数十本，各不相同，此是其本领。"

目前我们所见的水浒四十人的木刻版本，究竟是作于哪一年已无从考证。有说是创作于陈洪绶青壮年时，有说是创作于陈洪绶晚年时。有学者从四十个水浒人物画创作的线条来考察，认为这些人物刻画多以方折遒劲的线条加以表现，据此断定是陈洪绶青壮年时期线描的典型风格，且这样的线条更能衬托出水浒英雄磊落豪迈的气概。

呼唤忠义的"告天下书"

同样是画水浒人物，但由于时势的差异和作者生活处境的不同，陈洪绶创作水浒的意图也各有不同。譬如，陈洪绶二十八岁以前画水浒，可能是出于对水浒故事的热爱；入国子监之前画水浒，目的是筹措纳资的费用；而陈洪绶于崇祯十六年（1643）为张岱好友画水浒，除解决张岱好友周孔嘉的生计问题外，更体现着陈洪绶的政治思想与拳拳报国之心。这里特别就1643年创作的水浒牌做一分析。

崇祯十六年七月，陈洪绶接到家信后从京城返程回家，在枫桥处理完家庭危机后，陈洪绶又来到杭州，跟好友张岱、王毓他们在一起。因为枫桥已无立足之地，或许陈洪绶赴杭州是为了与朋友一起谋划未来的出路。在此期间，应周孔嘉促稿，陈洪绶在杭州与好友张岱、王毓合计后，创作完成了一套《水浒牌》。据张岱《陶庵梦忆》载，大抵因为周孔嘉一家八口贫而无计，陈洪绶就画了这套图画送给他，让他售卖以解燃眉。购得者将其梓行于世，得以流传。

有不少记述，说陈洪绶尽管自己家贫如洗，甚至无米下锅，但他仍以赠画周济同样贫穷的好友。这次在杭州为周孔嘉画《水浒牌》，就是一个活生生的例子，自己的家庭正在风雨飘摇之中，但他出于对朋友的执着和真情，便将自己的家事抛开了。临终前一年陈洪绶创作《博古叶子》，也是出于类似动机。

但是，陈洪绶这套《水浒牌》的问世，却是冒天下之大不韪，需要极大的胆量，面临极大的风险，因为其时朝廷颁布了《水浒传》禁令。且看崇祯十五年（1642）的形势：

当时明末面临农民大起义，李自成大军已破潼关；张献忠克武昌、长沙、山东等地。山东等地连年自然灾害严重，饿殍遍地，民变蜂起，李青山等啸聚梁山，众数万人，《水浒传》中的场景在现实生活中重现了。政治的腐败和民生的困苦，使《水浒传》一书在晚明的民间更加广泛地流行。当时民间说书、扮戏、赌钱、行酒等，都以"水浒"为题材。甚至一些民间起义头领的绰号，也有仿自"水浒"的，有的干脆便用"水浒"原来的绰号，有的甚至直接叫"宋江""燕青"等，可见，虽然被视为"盗寇英雄"的水浒人物，在民间流行之广、影响之大。

崇祯十五年四月十七日，刑科给事中左懋第上疏《为陈请焚毁〈水浒传〉题本》：

> 李青山诸贼啸聚梁山，破城焚漕，咽喉梗塞，二京鼎沸。诸贼以梁山为归，而山左前此莲妖之变，亦自郓城梁山一带起。臣往来舟过其下数矣。非崇山峻岭，有险可凭；而贼必因以为名，据以为薮泽者，其说始于《水浒传》一书。以宋江等为梁山啸聚之徒，其中以破城劫狱为能事，以杀人放火为豪举，日日破城劫狱，杀人放火，而日日讲招安以为玩弄将吏之口实。不但邪说乱世，以作贼无伤，而如何聚众竖旗，如何破城劫狱，如何杀人放火，如何讲招安，明明开载，且预为逆贼策算矣。臣故曰：此贼书也。李青山等向据梁山而讲招安，同日而破东平、张秋二处，犹一一仿行之。青山虽灭，而郓城、钜、寿、范诸处，梁山一带，恐尚有伏莽未尽解散者。水浒传一书，贻害人心，岂不可恨哉！
>
> [王利器辑录《元明清三代禁毁小说戏曲史料》（增订本），上海古籍出版社，1981 年 2 月]

崇祯十五年六月，崇祯皇帝发出严禁《水浒传》的圣旨，并要各地"大张榜示：凡坊间家藏《水浒传》并原版，尽令速行烧毁，不许隐匿。仍勒石山巅，垂为厉禁。"此时，陈洪绶已纳资进入了国子监。朝廷不从自身寻找原因，却怪罪于一本书，并做出荒诞的禁书令，这让陈洪绶看清了崇祯帝倒行逆施的面目。加之当时的读书人又"身谋不及国"，只为个人考虑，不为国家前途命运考虑。陈洪绶的两位老师黄道周、刘宗周直谏犯帝而遭惩处革职，涂从吉、祝渊不顾个人安危，为黄道周、刘宗周的事仗义执言，都让陈洪绶深受教育。于是第二年，陈洪绶通过纳资入国子监以实现"致君泽民"的政治理想也终于破灭了，加上老家枫桥又出了大变故，他最终选择了离开京城。

前一年《水浒传》刚刚被朝廷列为禁书，第二年陈洪绶就顶风而上，可见这时创作的《水浒牌》绝非等闲之作，虽然人物还是那四十个水浒人物，但这是陈洪绶于国家民族危急存亡之际，企图用忠义之气力挽狂澜的发愤之作，是他针对朝廷的谬论，以图画的形式发表的一篇"告天下书"，陈洪绶的平民意识和叛逆意识显而易见。

陈洪绶读懂了《水浒传》，是施耐庵不折不扣的知音。他从忠君爱国的立场出发，既忠于皇帝，又同情农民起义，既痛恨朝政的黑暗，更寄希望于被逼上梁山的忠义之士，希望依靠这支义军来力挽危局，肃清奸佞，巩固边防，振兴朝廷。陈洪绶创作这套《水浒牌》，既是想以此正告天下，又包含了犯颜直谏的意思。这就是"笔墨当随时代"。

书画并美，忠义欲泣

陈洪绶于崇祯十六年创作的《水浒牌》，是渗透了赤子之心的呕心力作，其传神的艺术形象背后，隐含着创作者忧国忧民的理想和抱负。因而画作一问世，便引起社会的极大震动，达到了唤醒民众的社会效果。当时社会上对《水浒牌》的评价极高，认为《水浒牌》和《水浒传》"书画并美"。

需要引起注意的是，陈洪绶创作的《水浒牌》，并非一个人单打独斗，而是汇聚了有志者（如张岱、王雩等人）的集体智慧。结合陈洪绶的创作背景，考察张岱、王雩对《水浒牌》的评价，就不难发现其中一起"谋划"的真相了。

水浒者，忠义之别名也。文士笔端造化，偶尔幻出。虽然，非幻也。呼保义、黑旋风、浪子青、诸名相幻，而"忠义"二字，入火烧乎？入水沩乎？陈子从幻中点此一段不幻，光明毫端生□。以此四十人，不烧不沩者，正告天下。嗟乎，陈子而为此也，□使陈子而为此也？颂曰：水浒匪假，世界空立。政如笔端，忠义□泣。唯百八人，□此四时。进退予夺，厥义不袭。作叶子规，其眼如粒。菌阁主人王崇漫题。（王崇《陈章侯画水浒叶子颂》）

这是陈洪绶好友王崇所写的一段引文，"□"为原文缺字。王崇明确指出，水浒的故事是虚幻的，但"忠义"的主题却不虚幻，陈洪绶"从幻中点此一段不幻"，"政如笔端"，就是要用忠义来"正告天下"，用忠义来劝导和教化民众，达到"作叶子规（相劝）"的目的。王崇设了一个反问："嗟乎，陈子而为此也，□使陈子而为此也？"（缺字疑为"盍"）答案是，明朝江山摇摇欲坠的时势，让陈洪绶有感而作。

古貌、古服、古兜鍪、古铠胄、古器械，章侯自写其所学所问已耳。而辄呼之曰"宋江"、曰"吴用"，而"宋江""吴用"亦无不应者，以英雄忠义之气，郁郁芊芊，积于笔墨间也。周孔嘉丐余促章侯，孔嘉丐之，余促之，凡四阅月而成。余为作缘起曰："余友章侯，才足拨天，笔能泣鬼，昌谷道上，婢囊呕血之诗；兰清寺中，僧秘开花之字。兼之力开画苑，遂能目无古人。有索必酬，无求不与。既蹑郭恕先之癖，喜周贾耘老之贫。画《水浒》四十人，为孔嘉八口计。遂使宋江兄弟，复睹汉官威仪。伯益考著山海遗经，兽毵鸟氄，皆拾为千古奇文；吴道子画地狱变相，青面獠牙，尽化作一团清气。收掌付双荷叶，能月继三石米，致二斛酒，不妨持赠；珍重如柳河东，必日灌蔷薇露，薰玉蕤香，方许解观。非敢阿私，愿公同好。

这是张岱《陶庵梦忆》卷六中记录《水浒牌》一文。除说明创作由来外，着重就水浒牌的思想和艺术价值做了高度评价。说陈洪绶落于笔端的全是"英雄忠义之气"，说《水浒牌》是陈洪绶呕心沥血的一部扛鼎之作，是一部能惊天地、泣鬼神的千古奇文。张岱还将陈洪绶与伯益（虞舜、大禹时代的辅佐大臣）、吴道子（唐代画家，其《地狱变相图》"而变状阴惨，使观者腋汗毛耸，不寒而栗，因之迁善远罪者众矣"）相提并论，暗示陈洪绶的《水浒牌》有辅佐朝廷、激浊扬清之效用。特别是"遂使宋江兄弟，复睹汉官威仪"句，用"汉官威仪"这一典故（典源南朝范晔《后汉书·光武帝纪上》："老吏或垂涕曰：'不图今日复见汉官威仪。'"汉官威仪，泛指华夏正统的皇室礼仪、典章制度），隐喻明末百姓的心理——民众是多么期盼有像宋江这样的梁山忠义之士挺身而出，面对明朝的行将倾覆，力挽狂澜，重见国泰民安的太平景象。

> 说鬼怪易，说情事难。画鬼神易，画犬马难。罗贯中以方言裹语为《水浒》一传，冷眼觑世，快手传神，数百年稗官俳场，都为压倒。陈章侯复以画水画火妙手，图写贯中所演四十人叶子上，额上风生，眉间火出，一毫一发，凭意撰造，无不令观者为之骇目损心。昔东坡先生谓李龙眠作华严相，佛菩萨言之，居士画之，若出一人。章侯此叶子何以异是！

这是汪念祖的《陈章侯水浒叶子引》。从艺术、受众的角度，对水浒小说和《水浒牌》进行比较：罗贯中是"冷眼觑世，快手传神"，以方言裹语见长，令说书场里的听众为之倾倒；而陈洪绶则是画水画火的妙手，不亚于李龙眠，以图写形象取胜，所画水浒人物"额上风生，眉间火出"，令观众无不震惊。前者为书，后者为画，书画兼美，共同奏唱"忠义"之歌。

陈洪绶与张岱"画赞"比较

陈洪绶对朝廷黑暗的谴责体现在《水浒叶子》的画赞里。陈洪绶为每一位英雄人物都题了能体现人物主要性格的画赞，实际表达了陈洪绶对这些英雄人物歌颂的态度。如宋江"刀笔小吏，尔乃好义"，小李广花荣"嗟嗟王人，嗟嗟贼臣"，赤发鬼刘唐"民脂民膏，我取汝曹，泰山一掷等鸿毛"……画赞以激愤之词谴责社会的黑暗、政治的腐败，呼唤忠义，共图"替天行道"的大业。

　　陈洪绶画四十个梁山人物，用了大约四个月时间，如此缓慢的创作速度，在情理上当然是说不通的。其实，画画的时间用不了多少，但阅读小说并吃透人物的特征，却需要花费大量时间。或许，这四个月里，陈洪绶极大部分时间用于原著的阅读和画赞的提炼上了。

　　史料上当然没有这样的细节记载，但是，笔者通过比较陈洪绶与张岱的画赞，发现了两者的异曲同工之妙。由此，笔者猜测，目前我们所能看到的这套水浒版画，上面的画赞极有可能是陈洪绶与张岱一起商讨后确定的，那么这套版画的原版也极有可能是1643年陈洪绶为周孔嘉创作的《水浒牌》。虽然版画上的人物多用方笔，但用方笔而不用圆笔更能反映陈洪绶慷慨激昂的斗志。

　　陈洪绶评四十人，张岱评四十八人。张岱的《夜航船》中还记录了《水浒牌四十八人赞》。我们将两人的评赞放在一起进行比较，发现了其中有惊人的相似处。一是句式相似相同，两人习惯使用"三三""三三三""四四""四四四"的句式，其他有"三三四""三三五""三三七""三七""四五"等句式。二是语意互为补充，如宋江、公孙胜、呼延灼、柴进、鲁智深、武松、董平、索超、扈三娘、顾大嫂等人物，陈洪绶与张岱两人的画赞难分伯仲，如果不是两人有过事先沟通，一定不可能写出如此雷同的画赞。

　　再联系张岱所说的"周孔嘉丐余促章侯，孔嘉丐之，余促之，凡四阅月而成。余为作缘起……"这番话，则可知陈洪绶在创作水浒人物期间，张岱始终在陈洪绶身边，既是策划者，又是督促者，还是欣赏者，张岱顺着陈洪绶的思路，重题写了画赞，并比陈洪绶多出八个人物。当然，也有可能陈洪绶的四十个水浒人物是脱胎于张岱的四十八个水浒人物。

　　《水浒牌》造型夸张，神采飞扬，这些世俗认为与"杀人流寇"无异的梁山好汉，陈洪绶倾力于此，张岱倾情于此，赞美倾慕之情溢于笔端，借此传递他们对社会时局的失望，以绿林豪客、草莽好汉抒发一腔复杂的家国情感。陈洪绶与张岱的合作，成就了艺术史上的一段佳话。

　　天魁星——呼保义宋江：

　　〔陈〕刀笔小吏，尔乃好汉。

［张］忠义满胸，机械满胸。

天罡星——玉麒麟卢俊义：

［陈］积粟千斛资盗粮，积钱万贯无私囊。

［张］不敢轻诺，平分水泊。

天机星——智多星吴用：

［陈］彼小范老，见人不蚤。曳石悲歌，张元吴昊。

［张］网虎者，步步松，步步急。诸葛曹瞒，合而为一。

天闲星—入云龙公孙胜：

［陈］出入绿林，一清道人。

［张］松文剑，出雷电。

天勇星——大刀关胜：

［陈］秩伦超群，髯之后昆，拜前将军。

［张］作者奇异，刻画关帝。

天雄星——豹子头林冲：

［陈］美色不可以保身，利器不可以示人。

［张］小夺泊，唐之李郭。

天猛星——霹雳火秦明：

［陈］族尔家，乌乎义，忍哉匹夫终不二。

［张］于思于思，弃甲复来。

天威星——双鞭呼延灼：

［陈］将门之子，执鞭令史。

［张］公侯之家，必复其祖。

天英星——小李广花荣：

［陈］嗟嗟王人，嗟嗟贼臣。

［张］广射虎，荣射鸟，其至尔力中乃巧。

天贵星——小旋风柴进：

［陈］哀王孙，孟尝之名几灭门。

［张］孟尝好客，其族几赤。

天富星——扑天雕李应：

［陈］牵牛归里，金生粟死。

［张］一刺客，二游侠，三货殖，至尔身则一。

天满星——美髯公朱仝：

［陈］许身是孝子，黥面不为耻。

［张］美髯翁，释曹操，走华容。

天孤星——花和尚鲁智深：

［陈］老僧好杀，昼夜一百八。

［张］和尚斗气，皆其高徒。

天伤星——行者武松：

［陈］伸大义，斩嫂头，啾啾鬼哭鸳鸯楼。

［张］人顶骨，一百八，天罡地煞。

天立星——双枪将董平：

［陈］一笑倾城，风流万户侯董平。

［张］两股明枪，不使暗箭。

天捷星——没羽箭张清：

［陈］唐卫士，烈烟死。庙貌而祀，一羊一豕。

［张］唐琦石，忠于宋。满地皆是，人不能用。

天暗星——青面兽杨志：

［陈］玩好不入，安用世及。

［张］花石纲，生辰纲，予及汝偕亡。

天佑星——金枪手徐宁：

［陈］甲胄以御身，好之以陷人。

［张］一勾一搭，徐宁枪法。

天空星——急先锋索超：

［陈］仗斧钺，将天罚。

［张］周公斧，召公钺，谁敢褒越？

天速星——神行太保戴宗：

［陈］南走胡，北走越。

［张］朝苍梧，暮碧落。

天异星——赤发鬼刘唐：

［陈］民脂民膏，我取汝曹，泰山一掷等鸿毛。

［张］尔则发赤，见蓝面则杀。

天杀星——黑旋风李逵：

［陈］杀四虎，奚足闻，悔不杀，封使君。

［张］面如铁，性如火。打东京，只两斧。

天微星——九纹龙史进：

［陈］众人皆欲杀，吾意独怜才。

［张］有高手，愿为牛马走。

天究星——没遮拦穆弘：

[陈] 斩木折竿，白昼入市，终不令仲孺得独死。

[张] 出吾胯，揭阳一霸。

天退星——插翅虎雷横：

[陈] 好勇斗狠，以危父母，赖兹良友。

[张] 救吾母，杀一狐，胜杀四虎。

天寿星——混江龙李俊：

[陈] 居海滨，有民人。

[张] 有民人，有土地，大伙并不若小结义。

天损星——浪里白条张顺：

[陈] 生浔阳，死钱塘。

[张] 苕溪水涨，逆流而上。

天败星——活阎罗阮小七：

[陈] 还告身，渔于津，养老亲。

[张] 蓼儿洼，碣石岸，唯鱼鳖是见。

天慧星——拼命三郎石秀：

[陈] 防危于未然，见事于几先。

[张] 战战兢兢，谁肯拼命？

天暴星——两头蛇解珍：

[陈] 赴义而毙，提携厥弟。

[张] 断竹续竹，飞土逐肉。

天巧星——浪子燕青：

[陈] 子何不去，惜主不虑。

［张］有其胆智，无其精细。

地魁星——神机军师朱武：
［陈］师尚父，友孙武。
［张］棋下于局，杀气满腹。

地文星——圣手书生萧让：
［陈］用兵如神，笔舌杀人。
［张］笔豪茂茂，陷水可活，陷文不可脱。

地灵星——神医安道全：
［陈］先生国手，提囊而走。
［张］能杀人，能活人。

地急星——一丈青扈三娘：
［陈］桃花马上石榴裙，锦撒英雄娘子军。
［张］娘子军，锦伞套，著者莫笑。

地然星——混世魔王樊瑞：
［陈］神鬼为邻，云水全真。
［张］五雷玄妙，此子可教。

地伏星——金眼彪施恩：
［陈］武松不死，彼燕太子。
［张］快活林，复霸业，能交人于缧绁。

地阴星——母大虫顾大嫂：
［陈］提葫芦，唱鹧鸪，酒家胡。
［张］既为虎，复为母，毒如蛊。

地壮星——母夜叉孙二娘：

［陈］杀人为市，天下趋之以为利。

［张］击晋鄙，如豚彘，唯是屠者，其养可取。

地贼星——鼓上蚤时迁：

［陈］生客施与，死而厚葬。尔乃取之，速朽之言良不妄。

［张］其亡其亡，入我室，登我堂，颠倒我衣裳。

［张］托塔天王晁盖：盗贼草劫，帝王气象。

［张］短命二郎阮小五：仇首既得，玩之不释。

［张］病尉迟孙立：百战百胜，谥曰鄂。尔其后，身当不错。

［张］双尾蝎解宝：尔有母遗，是狄梁公姨。

［张］矮脚虎王英：王矮虎，性粗鲁，借尔娄猪，定吾艾豭。

［张］震天雷凌振：霹雳手，沙飞石走。

［张］病关索杨雄：天生杨雄，以友为命。妇人之言，慎不可听。

［张］没面目焦挺：投身水国，倒有面目。

顺便说一说陈洪绶与张岱的关系。

张岱生于1597年，长陈洪绶一岁。陈洪绶"年四岁，就塾妇翁家"，即与张岱结下深厚友谊，成为生死之交。从张岱作品考察，两人交往颇为频繁，如：天启甲子（1624），两人同读书于"岣嵝山房"（见《西湖梦寻·岣嵝山房》）。崇祯甲戌（1634）十月，陈洪绶与张岱一起在不系园赏红叶，当日聚会共有八位友人参加（见《陶庵梦忆·不系园》）。崇祯戊寅（1638）八月，两人同行，吊朱恒岳少师，然后去白洋湖看潮（见《陶庵梦忆·白洋湖》）。崇祯己卯（1639）八月十三，两人月夜游西湖（见《陶庵梦忆·陈章侯》）。

张岱晚年著《石匮书后集》，将陈洪绶列于"妙艺列传"，张岱评价陈洪绶"笔下奇崛遒劲，直追古人……"（完整引文详见《陈洪绶"年四岁，就塾妇翁家"的真相》）张岱对陈洪绶落拓不羁的性情和行事作风，言语间亦是惺惺相惜。

陈洪绶亦佩服张岱作品，曾为张岱杂剧《乔坐衙》题词："吾友宗子才大气刚，志远博学，不肯俯首牖下。天下有事，亦不得闲置……《乔坐衙》所以作也……然吾观明天子在上，使其人得闲而为歌声，得闲而为讥讽当局之语……"（《宝纶堂集》卷三）"乔"，即装模作样、装腔作势之意，此剧直指其时的"魏党"。才大气刚，不肯俯首，这既是张岱的性格脾气，何尝不是陈洪绶自己的写照，而"天下有事，亦不得闲置"则一语道出明末清初文人的神貌。

顺治三年（1646）五月底，清兵下浙东。这一年，陈老莲剃发披缁，张岱则披发入山，潜心著述。顺治九年（1652），陈洪绶在绍兴去世，享年五十五岁，张岱时年五十六岁，僦居在绍兴快园。

登诸剞劂，以传不朽

——《宝纶堂集》之由来

陈洪绶是明末清初最有成就的大画家之一，但他同时也是诗文名家。陈洪绶的诗文，经他本人手定为《宝纶堂集》。陈洪绶去世后，又由他儿子及后人搜集补充，大约有 1500 首。清康熙年间就有刻板刊印，光绪年间又复印多次。

《宝纶堂集》的版本比较复杂，非本文探讨的重点。本文着重就陈洪绶诗文创作及《宝纶堂集》的形成过程略做介绍。

《日课诗》

明天启三年（1623）春，陈洪绶二十六岁，妻子来氏生病去世。办毕丧事后，陈洪绶到京城谋求发展。后又去天津逗留了不少日子，游览了当地的名胜，而且诗兴大发，每天都有吟咏，居然积累了数百首诗。但陈洪绶平日所作的诗多不留稿，结果"归来余其十之二三"，好友来风季为他"梓而存之"，诗集命名为《日课诗》。虽经刻板，今则不存。这是陈洪绶最早的一部诗集。此诗集成为陈洪绶编《宝纶堂集》的一个基础。

陈洪绶在《日课自序》中详细记载了诗集由来，及诗作的自我评价。

> 予多作诗，稿多失去，长公来骧常惜之。癸亥游天津，得数百首，归来余其十之二三，长公梓而存之。戒予后作毋失。予曰："诗苦不佳，

品复无称；今以长公命，故勉遗其秽，后当覆诸酱瓶耳。"长公曰："是将慢我。"予谢曰："古人不德厚爵而死知己，予敢不重君爱而固埋其瑜乎？请存其稿以佞君之痂癖。"故有脱稿，若打油铰丁之语，来髯不得辞点铁之劳也。何者？惜余之诗，得无惜予之丑露哉？

《日课诗》的诞生，应归功于陈洪绶在萧山的好友来风季（两人曾一起在萧山读《离骚》）。来风季非常喜欢陈洪绶的诗，对于陈洪绶仅存的"品复无称"的诗作，非要"梓而存之"，来风季希望陈洪绶以后写诗别再弄丢，这就有了"日课"的来历，即陈洪绶受来风季之命，每天写诗，每天积累。陈洪绶很谦虚，说自己写诗是"勉遗其秽"（献丑），说自己的诗以后只能"覆诸酱瓶"（盖酱瓶）。《日课诗》是陈洪绶在来风季的偏爱与督促下完成的，而且来风季在诗集的形成中还有"点铁成金"的校订之功劳。

《宝纶堂集》（陈洪绶手稿本）

初稿形成。

《宝纶堂集》最初的文稿整理始于陈洪绶移居绍兴青藤书屋期间，确切时间当在明崇祯十七年（1644）至清顺治二年（1645）间。由陈洪绶长子义桢（豹尾）帮忙收拾，历时约两个月。

崇祯十七年春夏间，陈洪绶僦居山阴青藤书屋，此时，把家业与居业都荡尽的长子陈义桢幡然悔悟，彻底告别了少年场，为父亲陈洪绶收拾起诗文来，此时，陈洪绶也开始原谅长子的过错，舐犊之情油然而生。

裁删定名。

顺治三年（1646）六月，陈洪绶避乱于山中，自杭州鹫峰至绍兴云门寺。此间，改号为"悔迟""悔僧"等。夏秋间，在薄坞山中无可消遣，便将自己平时所作诗（多由四子陈儒桢平时所录）稍加裁删，定名为《宝纶堂集》，寄送给时在诸暨西安乡江藻村设帐授徒的王予安，恳请王予安指正。陈洪绶致王予安的书信内容为：

> 悔迟雅不以诗鸣。儿子鹿头，私将平生所作编次成帙，展阅一过，可删者十七，昼长如年，山中无可消遣，即将鹿头所编次者删录呈政，

知予老见之，必有教正。呵呵。

王予安，名霮，山阴人，崇祯年间举人，与陈洪绶、祁豸佳、董玚、王雨谦、王作霖、鲁集、罗坤、赵甸、张逊庵称为"云门十才子"。两人平时常有诗文往来，在《宝纶堂集》中有陈洪绶赠给他的诗作多首。当陈洪绶在薄坞隐居时，王予安则在诸暨江藻钱氏的来园做"都讲"（讲经的儒生）。《宣统诸暨县志》卷四十二《坊宅志》载："来园，在进士第西，钱时致仕后所筑别墅，取陶彭泽归去来之意，故名。西临雁宿池，驾以石桥，周以曲栏，波光掩映，颇饶清趣。尝聘山阴王予安霮孝廉为都讲，枫桥陈老莲先生游息其中。"由此可知，当年王予安在江藻来园授徒时，陈洪绶也经常到江藻看望王予安。

王予安收到了陈洪绶从秦望山薄坞寄来的诗稿后，一定有书信回复陈洪绶，但并没有将诗稿奉还给陈洪绶（手稿本不止这一本），结果这本诗稿遗落在江藻来园，后被江藻钱氏后人钱洪裒收藏。钱洪裒在手稿本题了跋。跋云：

> 是岁，予安师设帐于予家之来园。寻，先生归道山，此稿流落余家三十年。今秋解组归，检点藏弃，得是稿。想见两先生诗酒风流，聚首来园，小步芳径，村父老莫不以为神仙中人，追溯及之，不胜梁木之恸云。稿分二卷，字逸媚似晚唐，老莲真迹，人获其寸楮尺叶若拱璧，况数万言之手稿乎？核所录诗，与董刻无出入，卷面有康熙癸丑春题"六十一页，序七页"七字。字数与罗、胡两序相当，今佚。无什文，卷后无轶事。盖洪绶手定稿本，只诗二卷；文与轶事，鼎革，命其子字所补辑付刻也。

由此跋可知，钱洪裒见到陈洪绶的手稿本，距1646年已过去整整三十年，此时陈洪绶《宝纶堂集》已有董氏刻本。钱洪裒比较了手稿本与董氏刻本，发现所录诗与董氏刻本无出入，但董氏刻本多了"文与轶事"，这是陈洪绶四子陈字（儒桢）补辑的。

钱洪裒收藏的陈洪绶手稿本，后来又辗转到了陈洪绶所在家族——枫桥宅埠陈氏后裔手中。《宣统诸暨县志》卷四十九《经籍志》云："枫桥陈

陈洪绶之谜

氏授经堂藏有洪绶手稿本，乃江藻来园故物，末无避乱诗。"黄涌泉《陈洪绶年谱》载："此稿在清末，为洪绶七世孙陈逿声购还，分装四册，第一册15页，第二册15页半，第三册27页，第四册15页，1936年在杭州举办之'浙江省文献展览会'中曾展中，末有钱洪衮、吴庆及畸园老人（陈逿声）长跋并诗。"（注：陈逿声非陈洪绶七世孙，而是陈洪绶六世族孙。）陈逿声当年在枫桥畸园藏书楼内辟有"十莲室"，专门用于收藏陈洪绶的十件作品，《宝纶堂集》手稿本即是其中之一。

《避乱草》

自顺治三年（1646）五月浙东之役以来，陈洪绶历经离乱，诸般感受多寄之于诗，半年之中共写了153首，其间因动乱而失去大半。友人陶去病和祁奕远、祁奕庆兄弟非常惋惜，于是他们让朱之榖（集庵）的儿子鸷子，帮陈洪绶将剩下的诗作汇成一本诗集，取名《避乱草》。顺治三年除夕这一天，陈洪绶撰写了《自序避乱草》：

> 弗迟自五月之役，逃命至鹜峰寺，从鹜峰至云门，结茅薄坞。患难中犹不失故吾，笔墨洒落，得诗一百五十三首，残落者强半。陶去病、祁奕远、奕庆颇惜之，属朱子榖儿子鸷子集之。原不成声，因无工拙，人忘憎喜，有何去留？成帙，除夕自酌而歌曰："五月六月间，其知得生者欤？五月至十二月间，其知死而复生者欤？知携手高士老僧，晨夕相倡酬者欤？此一百五十三首，非稽中散视日影之琴声者欤？过此以往，知有今日者欤？知无今日者欤？"丙戌除夕，书于秦望之竹楼。

《避乱草》记载了陈洪绶逃命山谷之时，与陶去病、鲁仲集、王紫眉、祁奕远叔侄等挚友的交往。诗集中还收录了陈洪绶的七言古体长诗数首，如《官军行》《搜牢行》《幕下客》等，风格颇似唐代大诗人杜甫的"三吏"，记录了当时官军的淫掠恶行，在陈洪绶的诗歌中极具代表性。可见他虽出家为僧，但仍然怀着一颗儒生的正义之心。

《陈老莲集》（题画诗）

顺治八年辛卯（1651），这一年陈洪绶五十四岁，他居住在杭州。七月十五日，在吴山火德庙西爽阁作《姜绮季手录陈诗老莲自叙》：

> 绮弟以老莲诗送愁，不知老莲与绮弟四月间，坐吴山望西湖，坐西湖望吴山，笔墨半作佛事。绮弟消老莲躁气，老莲增绮弟画学。僧不必高，不拈公案，吾得一无又；道不必仙，不谈龙虎，吾得一善长；客不必才，不逐名航，吾得一茂齐。虽刀槊声时一入耳，步虚声、梵呗声、韵语声，唳而去矣，何愁哉？所愁者：沈石天将复走吴村，老莲不能周其老母病儿；兄阿琳以盗贼枳道，不能与我共文酒；朱仲轶眷恋曲池，又强回笔端，作选体诗以换酒食，招呼之未必肯来；孙作痴孤儿寡母，朱讱庵、金卫公孤儿幼女，未必能周恤。然见绮弟便济之，今赠弟无愁道人，弟拜之否？辛卯中元书于西爽阁。

这部"姜绮季手录陈诗"，即陈洪绶的《陈老莲集》。《陈老莲集》是姜绮季的手录本，收录的是陈洪绶的题画诗。清阮元在《两浙輶轩录》里记载了这本诗集的由来：

> 老莲初无诗集，生平作画，懒于题咏，偶有所题，亦未尝存稿，其老友姜绮季与共晨夕，见有题，辄为抄录，久而得诗一卷，镌于板。老莲见之大喜，因自为序，名曰《陈老莲集》。老莲卒，毛西河复为之序。

阮元所说的"老莲见之大喜，因自为序"，就是《姜绮季手录陈诗老莲自叙》。说"镌于板"（刻印成集），或是误解，姜绮季是手录，并不是刻板。姜绮季只是记录了陈洪绶四个月内的题画诗，诗作数量也未必能达到刻板成书的规模。

姜绮季手录的《陈老莲集》，后来到了毛奇龄手上，毛奇龄"喜而为之序"，这就是毛奇龄的《老莲诗跋》：

> 老莲画多不题，间有题者，付之去，亦无稿本。姜绮季，老莲老

陈洪绶之谜

友也，与晨夕处，遇有题辄记之，久得若干首，汇为一卷，老莲见之，喜而为之序。自予选越诗付此稿来，今二十年矣。老莲死二十二年，绮季与予各出游，亦不减十四五年，友人有请刻老莲诗者，仍付之去。世但知老莲画，不知其诗，顾、陆虽无诗亦传，况有诗乎？惜予与老莲交晚，见老莲五年而老莲卒，乃不及为诗，令老莲画之如志和也。（清董氏翻刻《宝纶堂集·轶事》）

从毛奇龄的序中可知，这个手录本后来成为毛奇龄汇编越诗的一个参考，再后来，毛奇龄又将它交付给朋友，作为汇编陈洪绶诗集的一个参考。

《宝纶堂集》（陈儒桢抄汇本）

《宝纶堂集》文稿搜集和刻板印行在陈洪绶去世三四十年后，由陈洪绶的第四子陈儒桢再做收集补充汇编而成，这就是钱洪裒提到的董氏刻本。

陈儒桢，后更名为字，字无名，小名鹿头，又自号小莲。《光绪诸暨县志》载："善书画，笔墨脱作家习气，画人物花草迥别寻常。鼎革后，承父志，绝意进取，工诗文，蕴不自见，独以画名于时，得之者宝惜如老莲，故号为小莲。游迹所至，远近倾接，性简抗好面折人意，所不屑辄绝去。有欲得其画者，非所欲，却千金如敝屣，画谓不辱其父云。"陈儒桢在清朝为太学生，著有《小莲客游诗》一卷，在中国绘画史上颇有地位。

陈儒桢痛惜父亲的诗作没有留下底稿，于是不惜千辛万苦，风雨无阻，向父亲的故旧亲友搜求遗存的作品，编印成陈洪绶诗文遗集，书名仍用陈洪绶生前确定的"宝纶堂集"，内容则杂合了陈洪绶生前的《日课诗》《宝纶堂集》（陈洪绶手稿本）、《避乱草》《陈老莲集》等相关内容，同时也包括了其他散失的诗文。后世对于陈儒桢的孝行多有褒赞。

惜乎其诗文未尝留稿，即偶有存者，自频遭兵火，散漫殆尽。今嗣君无名，即幼字鹿头者，抄汇成帙，盖从友朋亲串中什袭而收藏者，又或于四方旧雨士大夫珍重而遗留者，不惮风雨岁年，搜求远僻，计得近古各体共若干首，文若干篇，登诸剞劂，以传不朽。（罗坤《陈章侯先生诗文遗集序》）

儒桢后更名字，字无名。力学厉行，性慷慨，笃交游，其书画亦能绍其父。痛其父著作俱不存稿，酬应时，每矢笔挥洒。殁后四十年，而于故人唱和与凤昔交游留传笔墨间，搜集诗词若干首，梓行于世。而其论古衡今诸论策，终不可得。恸哭曰："余父诚不欲以是见，为子者安可没吾父也？"客游者久，归省其坟墓，则洪绪之后已式微而鬻诸人。字理而反之，曰："此祖宗魂魄之所依，不可以义让也。"（孟远《陈洪绶传》）

今癸未暮春，金陵寓次，辛会无名长者，把臂如平生欢，造庐报谒，瞻拜尊公遗照，得读藏文，乃知忠孝大节反为才名所掩，如晋之右军，唐之鲁公者，非欤。噫，先生有德有言，自足不朽，顾生平著作，兵燹散失，赖孝子贤孙，不惜书画藏玩，从四方购求，方得杂著诗文二帙，间有有诗无题者，悉获之僧察、道院，亟为抄录。先付剞劂，仍俟遍求遗稿以成全集。吁，长者苦心，其真人子也欤。（程象复哈佛本《宝纶堂集·跋》）

《筮仪象解》

陈洪绶还写过一本《筮仪象解》，这是他研究《周易》的一部手稿，与《宝纶堂集》无关，但与《宝纶堂集》合而构成陈洪绶的全部文字作品。《筮仪象解》共四册（不分卷），现藏于浙江图书馆。这部手稿的编写年代，学者黄涌泉认为是早年之作，学者翁万戈表示认同，将其定为陈洪绶十八岁左右时所作。

吾以陶为师，能成平远诗

——陈洪绶的诗名为画名所掩

吴敢、王双阳在《丹青有神——陈洪绶传》一书中提到，陈洪绶汇刊的诗词共计1143首，题于现存绘画上但不见集中的诗文有100多首，两者相加，则现在能见到的陈洪绶的诗文当在1300首左右。陈洪绶写诗往往不留底稿，"即偶有成者，散漫殆尽"，如他在天启三年游天津时，得诗数百首，"归来余其十之二三"。陈洪绶的《宝纶堂集》，也是其四子陈儒桢多方搜求汇集而成才得以流传至今。如果能继续搜集陈洪绶散失的诗作，则他的实际创作的诗歌总量估计在1500首左右。

诗有逸致，为画所掩

陈洪绶的诗，就体裁而言，有四言、五言、七言古风，五言、七言绝句，五言、七言律诗，另有少量排律及几十首词，其中以七绝为主，约占全部诗歌的四成以上。

就题材而言，大体有以下五类。一是时事之作，揭露统治集团黑暗腐败、官吏剥削压迫人民的残暴罪恶和人民的悲惨处境。代表作如《过夏镇》《官军行》《搜牢行》《幕下客》等，具有强烈的现实主义特色，与杜甫"三吏""三别"相似。二是抒怀之作，抒发鼎革巨变、国破君亡的悲愤郁结之情和乱世之忧。三是应酬之作，陈洪绶一生交游甚广，通过诗书寄答，体现真诚的师生、好友情谊和怀念。四是怀亲之作，抒发对亲人的深切情思，读之令人动容落泪。五是记游之作，描写山水风光、四时景致，显示一位卓越画家的审美趣味。

就思想而言，陈洪绶的诗文中弥漫着忠君爱民、尊亲善友的思想及情感，不管一生遭受多少次科考失利、国破流离的挫折及痛苦，但他仍是怀着一腔入世的热血。在这一点上，他与杜甫的诗歌精神是相通的，不失为晚明诗坛上一位发出心声的歌者。

但历来人们只看重陈洪绶的画，而不看重陈洪绶的诗。这是因为，陈洪授的画名实在太响亮，以至于他的诗名被画名掩盖而不显。以下史料，均说明了这个问题，且也证明陈洪绶的诗历来都有好评。

《清史列传·陈洪绶传》："诗有逸致，为画所掩，朱彝尊、王士祯皆赏之。"

[清] 孟远《陈洪绶传》："落笔清新俊逸，不屑屑饾饤。"

[清] 毛奇龄《老莲诗跋》："世但知老莲画，不知其诗。"

[清] 罗坤《陈章侯先生诗文遗集序》："思如泉涌，然其落想如烟云，如冰雪，逍遥跌宕，非尘夫俗子所能道只字，诚诗家逸品也。"

[清] 王阮亭先生《渔洋诗话》云："陈洪绶以画得名，说能诗，有《忆旧》绝句云：'枫溪梅雨山楼醉，竹坞茶香佛阁眠。清福都成今日忆，神宗皇帝太平年。'"

[清] 陶篁村先生《凫亭诗话》云："诸暨陈章侯能诗，而名勿著，为画所掩也。然诗亦流传甚寡，朱竹垞《明诗综》仅录其《赠妓董飞仙》一绝。王渔洋《感旧集》录其《忆旧》一绝而已。"

[清] 陈田《明诗纪事》："章侯人物奇古，山水雄奇，七绝潇洒出尘。前有沈启南，后有陈章侯，真画家宗匠，诗家逸派。"

[清] 郭麟图《诸暨贤达传》云："诗赋与字别有丰致，而尤工于画，为名人所珍……尝读其《春晴》诗云：'二月朔日晴，农务渐渐兴。老农耕不辍，稚子亦学耕。'又《小雪》诗有云：'何当三日积，销却万方愁。'其古健直匹少陵……昔王右军以书法掩其经济，洪绶亦以名画掩其卓行，均多能之一累也。"

[近代] 徐世昌《晚晴簃诗话》："偶有所作，皆于真率中见风趣。"

陈洪绶之谜

......

这些评价是客观的。陈洪绶五十二岁那年写过一篇《太子湾识》，文中对自己的诗文也做过一个比较谦虚的自我评判："文即不奇，颇亦蹈袭；诗即不妙，颇无艾气。"（"亦"字疑为"非"字之误）陈洪绶说，他的文章虽称不上惊奇，但也并非人云亦云、拾人牙慧，他的诗虽称不上精妙，但也绝无粗恶的气息。

每逢好时节，点韵不移时

陈洪绶令人称奇的天赋不仅体现在绘画上，同样也体现在诗文上。他的诗名很早就展露出来了。陈洪绶年轻时是诸暨文社的一员，十五岁时就有人请他作文，三十一岁时就为朋友吕吉士写诗序。

陈洪绶在《奉觞叔祖大人五十寿序》中说："二十岁外，嗜酒，学诗，喜草书，工画。"嗜、学、喜、工，四个字分别表示了酒、诗、书、画的热爱程度，酒是嗜好，诗是初学，草书是喜欢，绘画最擅长。由此可以看出，陈洪绶写诗始于二十岁。

他在《久留》诗中写道："三旬不成事，诗酒江南春。"意思是，到了三十岁，虽然功名未成，但作诗饮酒的名声已经不小了。他在《醉书》中这样写道："夜风夜雨当夜饮，诗赋随书惊四筵。百年名字复何如，何如掷笔卧秋天。"陈洪绶嗜酒，但酒后总是即席发挥，出口成诗，常常赢得四座惊叹，也正因为有这样的成就感，让他生出了"百年名字复何如"的超脱情怀。他在《示宗郎弟》中这样写道："吾年三十感生平，花酒诗文人误惊。此是虚名休学我，须将经济动神京。"这是劝族弟而写的一首诗，诗中透露出一个信息，即陈洪绶在三十岁时就已经在诗画上取得了不小的成就。只是，陈洪绶当时还热衷于功名，所以将诗画的名声视作虚名，劝说族弟不要学自己，认为男子汉最正当的奋斗目标是经世济人，在朝廷大显身手。

三十三岁那年陈洪绶乡试失利，他反思失败的原因是"沉沦前世事，诗画此生欢"（《兄以绶见摈，以酒船宽大于湖上，醉后赋此》）。认为正是自己沉湎于吟诗绘画的生活，不务科举正业，才导致了功名难成。

饮酒赋诗,赏花赋诗,是陈洪绶的生活习惯。他在《怀兄》诗中写道:"故园梅花应满枝,阿兄杖履亦多时。年年醉我梅花下,不写梅花便赋诗。"在旅途中,陈洪绶还在想念着与兄长陈洪绪饮酒、作画、赋诗的欢乐。他在《有感》诗中写道:"志大才疏年又老,况耽诗酒世衰时。天生七尺当何事,甘卧南山醉赋诗。"表明陈洪绶的诗酒生活习惯一直保持到老,虽然时运不济,但陈洪绶每酒必诗,酒无疑成了他艺术创作的一种催化剂。

从二十岁到三十八岁,陈洪绶还在枫桥多次组织文人雅集,在枫溪,在永枫庵,或赏梅、或采菊、或看红叶,集春秋佳境,成人生乐事,一度成为枫桥诗社的"掌门"。他的诗集中,留了下大量写给枫桥族亲的诗歌。

陈洪绶的生活里从来没有离开过诗,哪怕是晚年身处国破家亡、生活艰辛、疾病缠身之时,他仍然与诗酒相陪伴。他二十六岁第一次北上,在天津停留较久,赋诗数百首,以"日课"命名。他四十九岁避乱于绍兴薄坞山谷中,几个月间就作避乱诗153首。

一颗旺盛而年轻的诗心,伴随陈洪绶走到生命的终老。他在《寄来髯》中写道:"挂杖到时俱是酒,芒鞋踏处尽成诗。诗成虽有惊人句,不与君商辄自疑。"晚年陈洪绶来到萧山,仍然怀抱一颗不老的诗心,见到那里的亲朋故旧,有喝不完的酒,回望那里的一草一木,有写不完的诗,且每每能吟出惊人的诗句。

陈洪绶的一生,是酒的一生,画的一生,也是诗的一生。

吾以陶为师,能成平远诗

有研究者通过陈洪绶画作及诗文,寻找出对陈洪绶影响深远的古代诗文大家,列举了屈原、李贺、杜甫、白居易、陶渊明、苏东坡、韩愈等人物。其实,对于这个问题,陈洪绶自己就有一个明确的答案。陈洪绶说过,他写诗以陶渊明为师。

《戊辰冬看山归,晚饮村居点韵一首,政梅老》:"吾以陶为师,能成平远诗。每逢好时节,点韵不移时。"

《八叔索诗》:"孟春朝雨歇,溪山皆新清。诸叔步塘上,索我作新声。我诗甚平易,率意书其情。非若沽名客,奇诡骇人听。万事遗淡漠,岂可令人惊。即以诗家重,大道遗隐名。安得并平易,默然不一鸣。"

陶渊明是中国第一位田园诗人,被称为"古今隐逸诗人之宗"。陶渊明自幼修习儒家经典,爱闲静,念善事,抱孤念,爱丘山,有猛志,不同流俗,这是后人对陶渊明一生的高度概括。陈洪绶晚年在《游净慈寺记》中也总结过自己的一生:"老悔一生感慨多在山水间,何则?既脱胎为好山水人矣。每逢得意处,辄思携妻子,栖命骨肉归于此。魂气则与云影水声、山光花色同生灭,吾愿足矣。"

把陶渊明当作一面镜子,果真能照出陈洪绶的精神与风貌。他们两人,所处时代不同,但他们身上有着太多的相似之处。相似点远不止幼习儒、爱闲静、念善事、爱丘山,相似点还有:一样生活贫穷,一样气节坚定,一样隐逸闲适,一样孤傲高洁。陶渊明在漫长的隐居生活中陷入饥寒交迫的困境时,最终没有向现实屈服,宁固穷终生也要坚守清节。郡官派督邮来见他,县吏就叫他穿好衣冠迎接。他叹息说:"我岂能为五斗米,向乡里小儿折腰!"陈洪绶同样如此,他宁可在绍兴薄坞山谷借米度日,也不肯接受达官贵人的施与和入仕为官的邀请。陶渊明与陈洪绶还一样"寄酒为迹",嗜酒如命,不愿与当朝同流合污,身上都有恬淡旷远的襟怀、孤傲高洁的品格。

陈洪绶心中以陶为师,便时时着落于他的笔端。如天启二年(1622)所画的《送沈相如出守武陵》的桃花扇面,陈洪绶自题七绝,有"风流太守玉骢骄,结辔桃源路不遥"之句。另一首《放舟》五绝中也写道:"桃源信有之,真隐谁能为。聊种五棵树,一所慰所思。"尤其是到了晚年,陈洪绶屡屡在画中表现陶渊明的形象。如顺治六年(1649)所画的《渊明载菊图》,陶渊明头戴风帽,持杖前行,一仆捧瓶菊及一僮追随其后。用来规劝好友周亮工的《陶渊明归去来兮图卷》(陈洪绶一生画过许多幅《归去来辞》),以"采菊""寄力""种秫""归去""无酒""解印""贳酒""赞扇""却馈""行乞""漉酒"十一段画面描绘陶渊明自彭泽令到归隐的故事片段。顺治八年(1651)所作的版画《博古叶子》中第三十七幅也是陶渊明的形象,其半醉半醒的姿态,与题词"其卧徐徐,其觉于于,瓶之罄矣,其乐祇且"十分吻合。在《模古双册》二十页中,又有两幅是描绘陶渊明的:第五幅是持杖伫立、两袖飘举的陶渊明，第十一幅则是五柳先生持杖归来，门前五株高柳，遍地菊花，稚子候迎……这些画面，既是陶渊明的形象再现，更是陈洪绶的精神写照。

甚至，在明朝灭亡后，陈洪绶做出的选择也是效仿陶渊明，去过归隐的生活。甚至还劝说王毓蓍，顾惜儿女尚幼，可以效仿陶渊明的做法，不必为明王朝殉节赴死，可惜王毓蓍并没有听从陈洪绶的劝阻，毅然赴水自尽。

在居住薄坞的那段时间里，陈洪绶偶然还读陶渊明的《桃花源记》，并动笔创作了一幅《桃源图》，题款中写道："洪绶避兵薄坞，偶读《桃花源记》，写此以志时况。"（《石渠宝笈·明陈洪绶桃源图》）

生活即诗。正是因为陈洪绶以陶渊明为师，出现种种惊人的相似就不足为怪了。他们生活之"形"相似，他们的精神之"神"更相似，以至于连写出来的诗歌都是田园诗，平淡质朴，诗意盎然。因此，用解读陶渊明诗歌的方法来解读陈洪绶的"平远诗"，不失为一条准确的路径。陈洪绶诗歌的语言、手法、风格，均有陶渊明的神韵。

就语言而言，陈洪绶诗歌语言平淡，但这平淡是把深厚的感情和丰富的思想用朴素平易的语言表达出来，体现了"看似寻常最奇崛，成如容易却艰辛"（王安石语）的巧妙构思。故陈洪绶的诗歌直论自然，不事修饰，绝非无病呻吟，也不做强情雕琢，很少堆砌典故，多是充满人情味的写景写情。用他自己的话来形容："我诗甚平易，率意书其情"。诗歌中俗语、口语频频出现，使诗意通俗明白，让人倍觉亲近。

就手法而言，陈洪绶善于用白描及写意手法勾勒景物、点染环境，意境浑融高远而又富含理趣。但陈洪绶诗歌并非只有飘逸悠然、自然冲淡一种风格，也有金刚怒目式的，如《官军行》《搜牢行》《幕下客》等诗作。《官军行》揭露官兵淫掠的恶行，而率领官军的长官却更加恶毒；《搜牢行》描写两个穷凶极恶的官兵如何抢掠百姓；《幕下客》描写了一个玩弄权术、无恶不作的军中幕客。陈洪绶的这些反映动荡社会现实的诗作，后来被评论者视作如同杜甫的"三吏""三别"。

就风格而言，陈洪绶跟陶渊明一样，田园生活是其主要题材。翻开《宝纶堂集》，一股乡村的自然气息扑面而来，他的诗多描绘自然景色及其在农村生活的情景，其中的优秀作品寄寓着对官场与世俗社会的厌倦，表露出其洁身自好、不愿屈身逢迎的志趣，但也有宣扬"人生无常""乐安天命"等消极思想。

陶渊明之外，陈洪绶的诗还受到白居易的影响。白居易的诗文风格平易明畅，提倡用动人通俗的语言，为后世留下了许多不朽的名篇。有一则传布甚广的"老妪解诗"的故事，十分明确表达了白居易诗文创作所强调的平易朴素的主旨。陈洪绶曾经数十次描画过这则故事，在其中一幅画上，他题写道："此白香山诗解老妪图，洪绶每喜写此，自髫年至今，凡数十本……"可见对于白居易的诗文主张，陈洪绶是十分欣赏的。顺治六年（1649）仲冬，陈洪绶为杭州友人南生鲁画过一幅《四乐图卷》，描绘的就是白居易的四则故事，其中第一乐即《解妪》，他在画卷最后写明："李龙眠画白香山四图，道君题曰：'白老四乐。'洪绶以香山曾官杭州，风雅恬淡，道气佛心，与人合体，千古神交。为生翁居士取其意写之……"表明了陈洪绶对白居易的敬仰。

废人莫若我

——解读陈洪绶的一首诗

清兵于顺治三年（1646）攻占绍兴后，陈洪绶整日于乱山之中东躲西藏。这样终究不是个办法，于是他选择了一个新的身份——在绍兴云门寺剃发为僧，从此改号为"悔僧""悔迟""僧悔"等。他为何要用"悔"字为号？孟远在《陈洪绶传》中有准确的解释："大兵渡江东，即披剃为僧，更名悔迟，既悔碌碌尘寰致身之不早，而又悔才艺誉名之滋累，即忠孝之思、匡济之怀、交友语言，昔日之皆非也。"陈洪绶既后悔在世俗功名中抽身太迟，又后悔才艺多能拖累了科考。总之，陈洪绶以此来表达对自己以往诸多行事的否定态度。

与这个"悔"字相近的，陈洪绶还使用了一个高频字——"废"来形容自己。一度，陈洪绶自称"废人"，来抒发自己众多不合人伦规范的狂悖行径。如《失题》中有"老废人偏爱，因缘我自思"，《且止》中有"净土开生路，名山收废人"，《姜绮季赴天章、子山二陶子废社，诗寄陶水师去病暨二陶子》中有"废人莫若我，绮老敢雁行"，等等。

陈洪绶为什么要以"废人"自居，答案在陈洪绶的《姜绮季赴天章、子山二陶子废社，诗寄陶水师去病暨二陶子》这首诗里。全诗如下：

> 天地为大废，社名以废当。主者颇心痛，闻者亦心伤。
>
> 或吼山之余，或曹山之阳。昔治制举业，今为吟屐廊。

废人莫若我，绮老敢雁行。不为君父死，一敢废伦常。
乱后未扫墓，二敢废爷娘。薙发披袈裟，三则废衣冠。
有儿不教学，四则废义方。藏书被盗尽，五则废青箱。
典文既残落，六则废书堂。军令不得归，七则废故乡。
贫不躬未耕，八则废田庄。箝口谈治乱，九则废疏狂。
毋与人间事，十则废行藏。佛事亦作辍，十一废道场。
不知老将至，十二废景光。欲随绮老往，作画觅黄粱。
腊月当再举，必来相颉颃。带有诗窖来，诸公弗悲凉。
杀戮作诗料，忧愁为诗肠。哭泣当诗韵，和墨写诗草。

　　对《姜绮季赴天章、子山二陶子废社，诗寄陶水师去病暨二陶子》题目的解释：陈洪绶的好友姜绮季将去参加废社的活动，这个废社是由姜绮季与陶去病的两个儿子（陶天章和陶子山）共同组织发起的，陈洪绶当时无法前往，便写了一首诗，让姜绮季转交给陶去病、陶天章、陶子山。

　　废社是一个文社，文社是志趣相投的文人所结成的团体，以切磋文章为主，有的也议政，如明末著名的"复社"。清黄宗羲《万悔庵先生墓志铭》载："诗坛文社，三吴与浙河东相闭隔，而三吴诸老先生皆欲得此两人为重。"清周亮工《书影》卷一中也写道："文社之盛，自海金社始。"废社成立于更朝换代之际，以"废"字命名文社，说明这个文社是关注社稷兴亡的文人社团，故陈洪绶也在受邀之列。

　　陈洪绶诗一开头就说，用"废"字作为文社取名，实在是最恰当不过了，因为现在天也废了，地也废了，社稷一片衰败。"废社"之名，不仅让参与者为之痛心，也令旁观者听了伤心。吼山与曹山，曾是制举（为选拔人才而举行的、不定期、非常规考试）之地，如今却成为类似于吴国灭亡后的"响屧廊"。

　　接着，陈洪绶说，若是论废，那废人真莫如我了，这倒可以与姜绮季的废社相提并论。这既是对废社的"废"字主题的响应，更是对自己四十七年人生做一个客观的总结。陈洪绶一口气列举了自己身上存在着十二个"废"。

　　解读陈洪绶的十二个"废"，能全面了解陈洪绶身世，发现并纠正对陈洪绶生活经历及人生遭遇的某些曲解与误读。

160

一废伦常，不为君父死。伦常，即伦理道德，即父子有亲、夫妇有别、长幼有序、君臣有义、朋友有信，也称"五伦"。陈洪绶所说的"不为君父死"，侧重于甲申（1644）国变时，师友刘宗周、祁彪佳、祝渊、王毓蓍等纷纷殉难死节，或绝食而亡，或投河自尽，而陈洪绶在生死存亡之际，并没有以身殉国。他先是东躲西逃，然后披剃为僧，后来又效仿陶渊明去薄坞过隐居生活。到了晚年，身为前朝遗民，曾经被崇祯帝召见过的陈洪绶，越来越感觉自己是一个废人，其内心深处始终深藏着一种苟且偷生的悲观情绪。

二废爷娘，乱后未扫墓。扫墓祭祖是子孙的孝道要求，但晚年的陈洪绶连这一点也很难做到。陈洪绶于 1644 年春夏间离开枫桥，借居于绍兴青藤书屋，从此就背井离乡。当明朝灭亡，陈洪绶重回故乡为祖宗扫墓竟成为一个奢望。他在《诸暨有警怀先茔》中说："祖宗坟不守，乌用此儿孙。岂有十年客，归来五荐薰。"又说："人老思归切，尤思葬祖坟。谋生难计算，料死太忧勤。寒食因兵阻，扫松又乱闻。但看难墓祭，敢望首丘云。"陈洪绶四十九岁那年隐居薄坞，就是因为那里既能满足隐居的愿望，又能"守墓近松楸"，但陈洪绶隐居薄坞的理想很快被残酷的现实击碎，为祖宗扫墓尽孝的计划也彻底落空。

三废衣冠，薙发披袈裟。顺治三年（1646）六月，绍兴被清军攻陷，清兵俘获不计其数，陈洪绶也在其中，后来他终于钻了个空子逃跑了。逃走之后，陈洪绶先是在杭州飞来峰上的灵鹫寺躲了一段时间，然后又逃到绍兴云门寺，剃发为僧，做了两三个月的"陈和尚"。陈洪绶曾在一篇诗题中说明了自己做和尚的原因，此诗题为"丙戌夏，悔逃命山谷多猿鸟处，但薙发披缁，岂能为僧，借僧活命而已。问我予安道兄，能为僧于秀峰猿鸟路穷处？寻之不可得。丁亥，见于商道安珠园，书以识怀"，一个曾经汲汲于功名的读书人，一个出身书香门第和官宦世家的读书人，脱下儒服改穿袈裟，这是何等的不忠不孝。

四废义方，有儿不教学。这里说的是陈洪绶在国子监读书期间，家里发生的一件大事。因为自己常年在外，缺少对儿子的管教，已经长大成人的长子义桢沾染了不良习气，导致毁家败业。陈洪绶自己这样说过："大儿豹尾误入少年场，产业与居业都废，老莲恨不扑杀之。"长子义桢将陈洪绶的家产都荡尽，使得陈洪绶全家在枫桥没有了立足之地，只好举家徙居到了绍兴。这件事虽然错在长子身上，但追究根源却在于自己"养不教"，因为疏于"义方"的教育，导致长子不懂规矩和法度。

五废青箱，藏书被盗尽。陈洪绶所在家族素有藏书之风，枫桥藏书楼基本集中在陈洪绶家族：陈洪绶九世祖陈玭建有"日新楼"，陈洪绶八世祖陈翕建有"宝书楼"，陈洪绶六世从祖陈廷美建有"东野草堂"，陈洪绶五世祖陈元功建有"阳明书屋"，陈洪绶祖父陈性学建有"七樟庵"。受此熏陶，陈洪绶也喜欢收藏书籍，他自己多年购求，再加祖上所传，七樟庵的藏书量居越中之冠。但由于儿子毁家败业，加上兵火战乱，七樟庵的藏书被盗尽一空。《宝纶堂集》中有多首写陈洪绶失书的诗，《失书叹》这样写道："家难书尽失，仰天一唏嘘……兵来复尽失，岂非天丧予。"七樟庵藏书楼最终毁于兵火，陈洪绶自愧陈氏斯文断送在自己手里，故认为这是老天对自己应有的惩罚。

六废书堂，典文既残落。书堂指书房。陈洪绶年轻时，游于酒，好声色，静心坐在书房的时间不多。移居绍兴后，更没过上几天安静日子，就东奔西逃地避乱，又为生计绞尽脑汁，更没有坐下来读书的心情。即使在薄坞隐居时，有个书斋叫"秦望之竹楼"，可那是怎样一个情状呢？他在《斋中》诗中写道："碌碌春酒中，斋扉不一启。今日酒病深，腹痛似成痞。誓不饮至醉，屡戒屡不止。惕以大命倾，大业从此呰。幡然入我斋，瞿然叹不已。蛛丝缦四壁，鼠粪积一几。书帙纵横陈，头绪卒难理。犹吾倦学人，心境杂如此。"因为时局的原因，也因为身体的原因，陈洪绶无法做一个静心的读书人，这与他书香门第的出身格格不入。

七废故乡，军令不得归。清顺治四年（1647）四月九日，诸暨有警，山寇入城，烧毁县堂，典史郝朝宝、教谕方杰俱被害，知县刘士瑄请兵剿之，杀灭百姓数千家，官吏的暴行震惊四野。陈洪绶此时已从薄坞移居绍兴城内卖画生活，他闻讯后很想去故乡看望亲人，但道路封闭不能成行。顺治五年（1648）四月，反清农民军陈瑞聚众洗劫乡里，焚陈氏巨室，忠勤堂、光裕堂、露萧堂、宝纶堂皆被火焚毁，涉园遭劫，七樟庵藏书遂亡佚，陈洪绶在故乡的祖宗所遗产业被损毁一空。陈洪绶始终有赎回祖居产业的愿望，但故园被损毁，回故乡的梦想彻底变成泡影。

八废田庄，贫不躬耒耜。因为入资进入国子监，陈洪绶已变卖了田产，这是废田庄的第一步。因为长子误入少年场，产业和居业尽废，这是废田庄的第二步。一无所有之后，借居在绍兴青藤书屋。后来在朋友的资助下，陈洪绶在薄坞购置了田庄，好不容易将家搬到了秦望山下，却最终陷入了无钱无米的穷困潦倒境地，因为自己从来"不事生产"，因而想自力更生养家糊口成为一句空话。在薄坞山庄里仅仅生活了半年时间，不得不于顺治四年（1647）二月重新移家到绍兴城内。于是，因为田庄尽废，陈洪绶学陶渊明过隐居生活的理想彻底破灭。

九废疏狂，箝口谈治乱。陈洪绶向来豪放，生活不受拘束，故养成了狂放不羁的行事风格。但是到了晚年，在经历国变、遭遇离乱之后，为了追求生活的安定和太平，他开始变得小心翼翼。他自号悔迟、悔僧，对于世俗功名全然抛开，他身上的疏狂性格荡然无存，所以对于治乱兴亡的国家大事也不再关注。他在《云门寺九日》中写道："九日僧房酒满堂，与人听雨说江湖。客来禁道兴亡事，自悔曾为世俗儒。枫树感怀宜伏枕，田园废尽免追呼。孤云野鹤终黎老，古佛山癯托病夫。"作为一个儒士，不是选择经世致用，而是偷生怕死，寄迹佛门，隐居山坞，陈洪绶深感自惭。

十废行藏，毋与人间事。行藏，指形迹、出处。陈洪绶从薄坞再次移居绍兴城内后，城中的日子很不安全，大白天行人多不敢在街上行走，大家都心有余悸，闭门不出，陈洪绶也像避虫蛇一样躲在家里，好像与人世间隔绝一般。他在《思薄坞》诗中写道："今年二月故移家，将军严令夜禁始。昨闻斩木自外来，今见揭竿从中起。斩头陷胸如不胜，白日闭门避蛇豕。露刃讥察满穷巷，僧家俗家难依倚。……至今不敢当街行，唯恐触之多凶否。夕阳在山便缚人，抱头鼠窜眠屋底。摩云鸾鹤垂天飞，投入网罗待答矢。"在陈洪绶看来，自己的所作所为证明自己无疑是胆小怕事、明哲保身的废人。

十一废道场，佛事亦作辍。陈洪绶与佛伴随一生，此处说"佛事亦作辍"，只是因社会动荡的原因，暂时抛开了诵佛书、画佛像等事而已。受家庭和社会环境的影响，陈洪绶很早就为佛事废寝忘食，并自称"佛弟子"，一生画佛不辍。二十岁时废寝忘食读《华严经》，三十一岁时重新读《华严经》，可见他敬佛虔诚之心。顺治三年（1646）他于云门寺剃发出家，改号悔迟、老迟、悔僧、云门僧。但因生活所逼，他不得不为养家糊口的重担而疲于应付。

总结自己的一生，他感觉一事无成，所以在《青藤书屋示诸子》中发出了"佛法路茫茫，儒行身陆陆；醉身五十年，今日始知哭"的无奈。

十二废景光，不知老将至。执着于功名，浪费了年华，这确实是陈洪绶的人生憾事。陈洪绶在科举之路上付出了整整三十多年时间，但等来的竟是两手空空，等到他终于从世俗功名中抽身出来时，他已经四十六岁，老之将至了，留给他未来的人生已不到十年。陈洪绶后来对自己的功名之路做过总结，将所"废景光"说成是"为造化小儿玩弄三十余年"，并因此发出"所谓有志者事竟成，徒虚语尔"的感慨。

陈洪绶列举十二个"废"，貌似轻松诙谐，实际是他内心深处痛苦的表露，他的十二种行为表面上看确实大悖伦常，实际上却蕴含着他身不由己的苦衷。与其说这是陈洪绶对命运的嘲讽，倒不如说这是陈洪绶对时代的嘲讽。

这首诗没有标明具体的创作时间，从诗中十二个"废"字考察，可以推断出此诗大约作于顺治四年（1647）至顺治五年（1648）间，即陈洪绶离开薄坞重返绍兴之后。

陈洪绶本想与姜绮季一同参加废社聚会，并在聚会上吟诗作画，在酒酣后圆他的黄粱美梦。但因为腊月将至，且废社以后还将经常聚会，所以陈洪绶这次就偷懒不去了。其实这也是陈洪绶"废行藏，毋与人间事"的一个体现，其行事风格确实与年轻时大相径庭。经历过人生磨难的陈洪绶，已经像"诗窖"（有满腹诗才、作诗很多的诗人）了，所以他说，等到下次聚会时，我一定"带有诗窖来"，你们诸位听我作诗后，万不可心生悲哀，因为我的诗已别具一格了。怎样别具一格了？陈洪绶语出惊人：以杀戮为诗料，以忧愁为诗肠，以哭泣为诗韵。

"杀戮""忧愁""哭泣"，这是陈洪绶晚年对时局和命运的总结陈词。时代的一粒灰，落在个人头上，就是一座山。陈洪绶成为"废人"，这虽然是他的自嘲，但何尝不是一个时代的悲剧？

天或诱小喜，大灾从而速

——陈洪绶诫子诗解读

陈洪绶共育有六子三女，其中原配来氏生一女，继室韩氏生六子二女。长女道蕴适同里楼氏，次女适福建副使张汝霖公曾孙庠生桢耆，幼女适同里楼氏。陈洪绶给六个儿子各取了小名，这些小名都跟动物有关，各有奇趣。

长子义桢，1625 年生，小名"豹尾"。次子峙桢，1628 年生，小名"象儿"。三子楚桢，1630 年生，小名"狮子"。四子儒桢，1634 年生，小名"鹿头"。五子芝桢，1635 年生，小名"羔羊"（早夭）。六子道桢，1637 年生，小名"虎贲"（早夭）。

当六子道桢出生时，长子义桢十三岁，陈洪绶已经四十岁了。虽然家道开始败落，但陈洪绶仍整天忙碌于交友、喝酒、吟诗、绘画，对孩子的成长教育并没有引起足够的重视。六年后，陈洪绶四十六岁，长子义桢误入少年场，将日益告竭的产业和居业都废尽。陈洪绶在京城接到家中书信，离开了国子监，从此开启他晚年凄苦的人生。

"养不教，父之过。"因为有了败家毁业的惨痛教训，陈洪授在痛心疾首之余，终于开始重视起孩子的教育来。特别在移居绍兴青藤书屋后，先后多次作诫子诗。也许正是因为亡羊补牢还算及时，后来四子鹿头继承了父亲的遗志，绝意进取，以"小莲"画名成为一代画家。

现将《宝纶堂集》中陈洪绶的几首诫子诗寻找出来，做一个简单的展示，从中或可体会陈洪绶的懊悔之意与拳拳之心。其中的教育内容对今天仍具有借鉴意义。

《青藤书屋示诸子》："竹匼我书屋，藤蟠我佛屋。无酒索人饮，无书借人读。乱世无德人，无可邀天福。天或诱小喜，大灾从而速。老人微惧焉，前途得无促。佛法路茫茫，儒行身陆陆。酣身五十年，今日始知哭。"

此诗是陈洪绶从绍兴薄坞再次移居到青藤书屋后所作。当时兵乱尚未平息，城中的生活十分不易。陈洪绶已害怕应对残酷的现实，他感到前途一片渺茫，无钱买酒，无钱买书，生活十分贫困。此时，他在竹藤环绕的青藤书屋里反思人生。这一年陈洪绶五十岁，想到自己一生碌碌无为，佛非佛，儒非儒，终于有了大哭一场的悔恨。陈洪绶用自己的悔恨对儿子进行现身说法。希望他们一是做有德之人。无德之人必定是无福之人，尤其是在时运纷乱之际。二是不受诱惑。哪怕老天用最小的快乐来诱惑，也不要轻易上当，否则大灾会接踵而至。后一条告诫里还隐含着长子义桢毁家败业的痛苦阴影。

《示鹿头、羔羊、虎贲》："小儿犹着木棉衣，夏尽还无一敞帏。家训师资虽不足，饱些霜雪岂云非。"

陈洪绶晚年生活贫困潦倒，孩子们不仅肚子吃不饱，身上也穿不暖。这首诗的意思是，小儿虎贲还穿着夏天的衣服，但夏天已经结束了，秋冬衣服尚无着落。陈洪绶便教育最小的三个儿子：虽然家里出不起钱替你们聘请老师，但让你们受个饥挨个冻，饱尝一点霜雪的滋味，其实也不失为一种教育。这如同"梅花香自苦寒来"的另一个教育版本。

《示鹿头》："无处耕田且读书，师生父子杏花居。先将贫士书先读，父子恩深孰过予？"

陈洪绶吃尽了功名的苦头，三十多年的时间和心血付出，只换来三个月的中书舍人，最后碰到国破家亡，所以对"功名"二字有着刻骨铭心的痛恨。对于儿子的未来，陈洪绶只希望他们耕读传家，所以他有"诸子渐长大，课读兼课佃"的教子计划，也有"将家自全于其中，种菜曳柴命儿子"的教子措施。鹿头正是在课读兼课佃中成长起来的。因为离开了薄坞，离开了田地，陈洪绶便让他读书，自己则亦父亦师，对懂事的鹿头有格外的关爱，故他说"父子恩深孰过予"。而且，陈洪绶让鹿头读书讲究方法，先读贫士书，因为"天将降大任于斯人也，必先苦其心志，劳其筋骨"，读贫士书，目的是提前让儿子打好人生的底色。

《安贫篇示鹿头、羔羊》（时囊空，有仆五寿借银）："天既命我贫，我胡敢求富。天能制我贫，力难以富救。性甚爱奢靡，生长在华胄。幸读数行书，安贫理深究。强制近自然，岂得夸天授。每年贫有米，杀羊修俎豆。今年离乱中，家人疾病后。伏腊不能修，曳杖徒奔走。僮仆出少银，解我双眉皱。藉口议损时，杀羊力不就。但买一只鸡，壶浆与片肉。婪尾送冬夜，椒盘迎春昼。取之祭肉余，教儿介眉寿。我之安贫篇，一日必三复。试观乱离时，富翁遇强寇。妇女蒙垢多，大刀绝其胆。我逢强寇时，无有不见宥。汝必违我言，长大逐铜臭。富翁为前车，作箴书座右。"

这首诗是对薄坞苦难生活的回忆，说了怎样渡过年关这件事，以此告诫两个儿子要安贫乐道，不可像自己当年那样爱奢靡。陈洪绶向两个儿诉说：

这些年来日子虽然过得艰苦，但每年杀羊祭祀还是能做到，但今年碰到了特殊情况，家外时局动乱，家里又有亲人生病，所以伏天和腊天都没有祭祖。一家从城里搬到了乡下，过年的时候，家里一分钱都没有着落，本想杀一只羊，却手无缚鸡之力，最后只好向用人借了点钱，买了一只鸡、一点酒、一点肉，总算完成了除旧迎新。你们还记得吧，那块肉先用来祭祖，后来教你们怎么介眉寿（祝健康长寿）。我写了这篇《安贫篇》，每天都在反复回味，希望你们也能懂得安贫乐道这个道理。当初乱世纷纷的时候，富翁人家碰到强盗，家产被抢掠，女人被羞辱，最后还惨遭杀头。但我很幸运，每次碰到强盗，没有一次不被他们宽恕释放的。你们一定要牢记我的话，长大以后千万不要沾染满身的铜臭气，那些富翁就是你们的前车之鉴。老天既然安排我守穷，我岂敢企求荣华富贵。老天非要让我贫穷，那么最多的富贵也救不了我。

这是陈洪绶在特殊背景下的悲观宿命思想，他始终强调：安贫乐道才是立身之道。

《夜示鹿头、羔羊》："每日过失多，今日无过失。自庆过失无，清欢弄纸笔。过失之有无，明日安可必。安得过失无，日日如今日。便足了一生，不知何为佛。"

人非圣贤，孰能无过？但过失能少则少，故荀子有"吾日三省吾身"的告诫。陈洪绶的这首诗也有这个道理。

《勉侄》："君子有诸己，而后求诸人。我则无诸己，何乃治汝身。其心实恳切，愿受我谆谆。进德而修业，温故而知新。荣亲而继祖，致君而泽民。古人之好学，无论老与贫。况汝年二十，不必事樵薪。功名有天数，道德无等伦。贵显固满望，儒雅世所珍。二者若兼得，汝则大我陈。悠悠吾老矣，渔隐枫川津。"

诗中的侄子即陈洪绶兄长陈洪绪之子陈世桢。此诗作于崇祯四年（1631），陈洪绶三十四岁，侄子二十岁。诗中陈洪绶以谦虚和恳切的语言说，自己虽然没有什么名位成就，本不该对你进行教诲，但我出自内心的恳切情意，相信你会理解而接受我的勉励。陈洪绶期望侄子"荣亲而继祖，致君而泽民""贵显固满望，儒雅世所珍""二者若兼得，汝则大我陈"，勉励侄子进德修业，能继承祖业，为国出力，有泽于民；如果能够既为显贵，又是有学问道德的名士，那么你就是发扬光大我陈氏家族的人了。这既是对侄子的期望，也是一种自我勉励。这是陈洪绶年轻时的思想，与其晚年灰暗消极的思想截然相反。

《又怀见远却寄》："主将严焚掠，汝家可不忧。倡优宜急遣，师友用情求。必趁扫松日，重为荒寺游。老人唯我在，愿勿听悠悠。"

除了诫子诫侄，陈洪绶晚年还不忘诫侄孙，时时以长辈的身份对侄孙进行教育。在动乱年代，陈洪绶告诫侄孙，一要做到节俭，二要重视师友，三要记得祭祖。陈洪绶说，不能沉湎于歌舞杂技，要用心向师友学习，还要记得祭祖扫墓。现在我们家只剩下我一个老人了，希望能听得进我的劝说。

《十月朔，闻枫桥不避兵，又怀侄孙见远》："身命知安稳，成人辄意悬。教儿虽内愧，望汝自堪怜。聪慧庸师傅，交游恶少年。尔翁尔祖问，何以报重泉。"

陈洪绶对侄孙说，你的安危是我最关心的，你的成长是我最牵挂的。虽然提到教子我心中有愧，但还是希望你能自重自爱。你长得聪明，但也要聘请老师传授学业，交友不可误入少年场。否则，你怎么向九泉之下你父亲、你祖宗交代。这里，特别强调了"聪慧庸师傅，交游恶少年"，这是陈洪绶的教子之痛，他希望陈家后继有人，再也不要出现毁家败业的子孙。

儒门收不了，释氏得安焉

——陈洪绶与佛相伴一生

陈洪绶四十九岁作《且止》诗一组，最后两句是"儒门收不了，释氏得安焉"。"儒门"指读书人家，特指官场；"释氏"是佛教创始人释迦牟尼的简称，指佛教。这是陈洪绶经历功名之痛，"掉头"转向佛门的真实心态。陈洪绶另外还写有一首《掉头》诗："朝列饥鹰饿虎，疆场玉马金舟。乡里小儿投足，兔园老儒掉头。"诗中的"兔园老儒掉头"，指的是陈洪绶晚年皈依佛门之事。

陈洪绶虽出身官宦之家，但官场这道门，到他父亲陈于朝那里其实已经关闭了，因而父子俩虽有恒心和毅力求取功名，但因自身原因，两人不约而同地遭遇了"儒门收不了"的人生结局。

一

先来梳理陈洪绶学佛、信佛的主客观因素。

时代背景：江南自古信佛的风气甚盛，而江浙一带尤甚，不仅剃度出家的僧尼为数众多，带发修行的居士、吃斋念佛的百姓也比比皆是，几乎家家信佛，成人如此，儿童亦然。"摩顶言善哉，童子作佛事"的现象屡见不鲜，所以《宋史·地理志》论江浙风气曰："人性柔慧，尚浮屠之教。"

家庭影响：永枫庵是陈氏的家庙，做佛事是陈氏的家事。陈洪绶父亲陈于朝“信佛事说，断荤酒，多为放生、饭僧之事”。所谓“有其父必有其子”，在科举之路上，陈洪绶与其父亲颇为相似。陈洪绶父亲陈于朝只做过秀才没做过官，并且只活了三十五岁，陈洪绶九岁时陈于朝即去世。来宗道写的《陈于朝墓志铭》中说陈于朝每三年都要参加一次考试，然而陈于朝因身染疾病，无法在科举之路上继续走下去，只好以崇信佛教来排遣内心那种身染疾病、功名无望的痛苦，而他这种形式上的隐居与崇信佛教，对于幼小的陈洪绶来说却是一种耳濡目染的熏陶，对陈洪绶的一生产生了极其深远的影响。

个人命运：陈洪绶也有经世致用的理想，但多次参加乡试不中，最后通过纳资进入国子监，偏偏又碰到了更朝换代，他三十多年的心血付之东流。当心灰意冷时，信佛成为他寻求心灵慰藉的唯一途径。陈洪绶总结过自己的一生：“所以不如愿者，有志气，无时运，想功名，恋声色，为造化小儿玩弄三十余年。”

受家庭环境、社会背景、个人命运的影响，陈洪绶很早就为佛事废寝忘食，并自称“佛弟子”，晚年在云门寺剃发为僧逃命时还自称“陈和尚”。（《云门书壁》：“昨日邻家今日亲，皮囊何事累亲邻。越人不及陈和尚，自把头颅递于人。”）

一方面对佛事抱有浓厚的兴趣爱好，一方面对功名仕途又始终不肯放弃，所以陈洪绶并非严格意义上的佛徒，佛与他若即若离，只是他排遣痛苦的一种方式，而并非其毕生追求。哪怕是明朝灭亡后，陈洪绶逃到云门寺剃发为僧，那也只是为了暂时逃命活命，而不是真正想从此遁入佛门。他有一首诗的诗题，就是这样说的：“丙戌（1646）夏，悔逃命山谷多猿鸟处，但薙发披缁，岂能为僧，借僧活命而已。”

二

再来细数陈洪绶学佛信佛的一些细节。

明万历四十五年（1617），陈洪绶二十岁，他废寝忘食地读《华严经》，自作诗道：“二十幡此经，亦曾废寝食。”并画《十八罗汉册》，题款自署“佛弟子陈洪绶写于大悲堂中”。现藏于上海博物馆的陈洪绶十八岁时所作《无极长生图》，画面上有较长题款，论说无量佛的由来，并同样题有"陈洪绶敬写"等字，可见他敬佛虔诚之心。

明崇祯元年（1628），陈洪绶三十一岁，重新研读《华严经》。

三十七岁时，陈洪绶为东阳赵纯卿画古佛于西子湖畔。

四十四岁时，陈洪绶为亡友钱受益画《真佛图》轴，求佛呵护亡友之灵，题款为："大明崇祯十四年五月，山阴佛弟子少詹学士朱兆柏属诸暨白衣陈洪绶敬为佛弟子詹学士钱受益薰沐写。"

清顺治二年（1645），陈洪绶四十八岁，二月画《古观音佛图》册页，现藏北京故宫博物院，款云："洪绶敬写"。对幅题云："古观音佛，游目大千。当头一杖，师子不前，问法举手，我法不然。口苏噜口苏噜，此心如莲。弟子莲沙弥拜书。"

四十九岁时，他自画《弥勒佛像》供养，款云："丙戌仲夏，弟子发僧陈洪绶敬写，愿生弥勒菩萨前者。"

顺治三年（1646）五月底，清兵越过钱塘江下浙东，绍兴陷落，陈洪绶被清兵从围城中掳得，后伺机逃出了虎口，避难于绍兴乡间云门、薄坞一带的深山幽谷里，自鹫峰至云门寺落发。从此，陈洪绶又多了悔迟、老迟、悔僧、云门僧等几个别号。同年六月，陈洪绶于避乱山中削发为僧，"自披剃后，既不甚书画。不得已应人求乞，辄画观音大士诸佛像"。

顺治七年（1650），陈洪绶五十三岁，画《达摩像》。

顺治九年（1652），陈洪绶生命的最后一年，画《白描罗汉图》卷，作此卷后不数月即长逝。

临终前，"趺坐床簀，瞑目欲逝，子妇环哭，急戒毋哭，恐动吾挂碍心，喃喃念佛号而卒。"

……

以上种种迹象表明，陈洪绶很早就结下了佛缘，并与佛伴随一生。但是，陈洪绶独立不羁、性行骇俗的性格，以及三十多年奔走功名、出入京杭繁华之地、醇酒狎妓的生活经历，实际上他很少也很难全身心地投入到崇佛信佛和深悟佛义中去。

虽然陈洪绶表明志向要"释氏得安焉"，事实上在他隐居薄坞期间，并没有参与多少僧家佛事的活动，也没有断绝俗念，没有摒弃以往怨忧、悲愤、颓唐、豪放之气而潜心于佛理禅机的参悟，或自身心性的修炼，以达万象皆空的境界。为了家庭，为了生活，他不得不告别陶渊明式的隐居生活，再次搬进城里靠卖画求生存。他的削发行为，也不过是为避清朝"剃发令"而作僧状而已。

三

陈洪绶对佛教的兴趣，既体现在他的日常生活中，也体现在他的诗文画作中。

《宝伦堂集》中有一篇《书白兔花猫》，是陈洪绶晚年移居绍兴后的作品，充分体现了他重返佛门的用心。

> 如来与迦叶乞食鹿林，有鹰逐鹜子，鹜子投迦叶影中，身犹战栗，投如来影中，身便安稳，迦叶问故，佛言："汝杀机犹未断尽故。"郑履公赠白兔二头，兔性畏猫犬，猫犬性喜搏兔。已而有人遗我花猫者，受之而忧之，护之无遗力。一日兔佚出笼，与猫爪吻相戏。老莲因叹："畜生一无杀机，便相感悦，何况于人？古人云：诚不能感人者，此诚之未至。安得遍告之挟诈之徒？"

一次，如来佛与弟子迦叶一起去野外乞讨食物，他们看见一只老鹰正在拼命追赶秃鹜（一种头颈无毛而性贪馋的水鸟）。秃鹜为了防止老鹰的搏杀，先是躲到了迦叶的身后，但在迦叶那里，秃鹜仍在不停颤抖，秃鹜又躲到了如来佛的身后，才真正找到了安全感。弟子迦叶问："这是什么原因？"如来佛说："这是因为你身上的杀机（杀人的念头）还没有断绝的缘故。"郑履公送给陈洪绶两只白兔。兔子天生害怕猫与狗，猫与狗天生喜欢捕捉兔子。过了一段时间，偏偏又有人送给陈洪绶一只花猫。陈洪绶收了花猫，便颇为兔子担忧，他想保护兔子，却又感觉力不从心。后来兔子逃出了笼子，逃出笼子的兔子不仅没有被花猫捕捉，相反，陈洪绶看见了一个意想不到的情景：锋利的猫爪不仅没有伤害到兔子，相反，花猫与兔子还相互嬉戏，花猫任兔子舔玩自己的爪子。见此情形，陈洪绶不禁感叹："畜生一旦没有

陈洪绶之谜

了杀机，便能相互感动，相互取悦，更何况是人呢？古人有一句话叫'精诚所至，金石为开'，如果自己的诚心还不能感动人，一定是因为诚心还不够。诚心到了，就会感天动地。如今社会上多有使计用奸的挟诈之徒，不知道该怎样对他们讲明白这个道理。"

另有一篇《示家人莫嗽丐者》，写的虽是对待乞丐的态度，实际却是陈洪绶年轻时佛心的折射。全文如下：

> 其人为乞丐，可矜不可耻。彼非好为之，情实不得已。有余补不足，天固设此理。唯我赖祖宗，有余可与己。使我无所余，彼则不来矣。此辈叩吾门，吾门亦为美。俗语求佛心，将心与人比。譬如我行乞，人不遗一匕。我必惭惶生，恨人入骨髓。人人皆不遗，转于沟壑兮。与否事虽小，死生理在此。彼乞为求生，我客能致死。所费又不多，君何苦乃尔。

此外，《宝纶堂集》中有多篇涉及放生、劝善、念佛、画佛。如：

《放生会》："雪月满湖船，来投写佛缘。神通方便出，福德止观传。结集唯三子，那能遍大千。完时放鱼鸟，直得一文钱。"

《买兔放生》："止酒如三日，积钱满一千。难中为小善，微物感皇天。畏死吾当甚，结缘兔亦然。活人功德大，时势在何年。"

《学佛》："深竹长松下，经行读佛书。福知何日积，我得久山居。野老为邻友，僧寮作敝庐。兵戈非不幸，反得讲真如。"

《画观音》："鍮石观音像，传模入普门。公麟愁马腹，截臂感王孙。指爪良因在，青莲媚业存。愿祈根性断，一滴洒慈恩。"

《画佛》："画得如来欲赞叹，口头三昧示人难。婆罗门作河西舞，避难而来一饷欢。"

《结社念佛》："一念菩提万念捐，善根夙种有良缘。青莲会里无尘土，兰若盘中绝挂牵。暗地燃灯如白日，微尘拨雾见青天。勤修精进防休歇，苦海回帆是福田。"

《云门书壁》："昨日邻家今日亲，皮囊何事累亲邻。越人不及陈和尚，自把头颅递与人。"

《写佛》："金树银花次第排，金台排过又银台。有尘不得金银入，或者金银世界来。"

……

画、酒、佛，这三件事与科举功名格格不入，然而这三样东西糅合在陈洪绶身上，竟成就了"明三百年无此笔墨"的一代大师。

信佛学佛，让陈洪绶具备了较深的佛学修养。在改穿僧服后的一段时间内，他专心致志，只攻佛画。举两例说明。《无法可说图》，画一罗汉，高鼻深目，面颔奇异，手把藤杖坐在顽石上。罗汉耳孔穿环，嘴唇微启，似乎正在向面前跪拜之人说法。这一跪拜的人形貌也颇奇异，神态专注而虔诚。《观音像》是他晚年的另一幅佛画精品。图绘一男相观音，身披白衣袈裟，手执拂尘，端坐菩提叶团上。细眼长眉，方面阔耳，雍容大度。画面上方以一半篇幅书《心经》，字体劲秀，末署"云门僧悔病中敬书"。

酒性和佛心，成就了陈洪绶人物画的别具一格。酒性让陈洪绶大胆怪诞，佛心让陈洪绶洞悉世事，合而化为陈洪绶在人物画上的成就。故陈洪绶壮年时已由"神"入"化"，晚年则更炉火纯青，愈臻化境。造型怪诞、变形，线条清圆细劲中又见疏旷散逸，在"化"境中不断提炼。诚如其友唐九经所云："章侯生不满六旬，其笔墨凡四变，少而妙，壮而神，老则化矣。其变也大率十年一转，兹其由少而庄，出妙入神之时也。"

一双醉眼看青山

——陈洪绶自号"老渴"和"酒徒陈"

考察陈洪绶的名号也颇有意思。陈洪绶幼名莲子，又名岸胥，字章侯，号老莲，明亡后，更号老迟、悔迟，又号悔僧、云门僧、九品莲台主者等。这些都是后世传记对他各类称呼的总结。但是，陈洪绶另有一些别称却鲜为人知，他曾戏称自己为"老病""病夫""老废""老渴""酒徒陈"。这里说说陈洪绶与酒相关的两个称呼："老渴"和"酒徒陈"。

陈洪绶二十七岁那年，曾经赋有《红树》诗十首，这十首诗，每首都有"酒"字或是"醉"字，唯独没有"酒"的一首是这样写的："老渴今年二十七，未有当筵不唱歌。但使年年如此日，随他日月去如梭。"晚年所作的《病咏》诗四首中，有一首是这样写的："不图君国不为人，安用生为惜此身。不若醉埋苏小墓，墓碑题曰酒徒陈。"

"老渴"和"酒徒陈"，便是陈洪绶对自己嗜酒如命最形象的戏称。侧面说明陈洪绶对酒的依赖和喜爱，没有酒就会饥渴，所谓"酒水酒水"，在陈洪绶看来，酒真的如水一样成为他生理的必需，一日不可无水，一日不可无酒。哪怕身体健康状况出了严重的问题，他仍然坚持，宁可醉死埋在苏小小的墓边，做个风流酒鬼。

看看这位"老渴""酒徒陈"对酒到底喜爱到何种程度，他在酒场上的表现又如何。

陈洪绶自己曾经说过："二十岁外嗜酒，学诗，工书画。"孟远《陈洪绶传》

也说："伤家室之飘摇，愤国步之艰危，心中忧愤，□□托之于酒，颓然自放。"（"□□"为原文所缺）周亮工《读画录》说他"性诞僻，好游于酒。人所致金银随手尽，尤喜为贫不得志人作画周其乏，凡贫士藉其生者数十百家。若豪贵有势力者索之，虽千金不为捕笔也"。从这里可以看出，陈洪绶的嗜酒不仅是自己承认，也是一致公认的。陈洪绶只要跟人交往，基本就在喝酒了；只要有钱，基本用于喝酒了；只要作画，基本需要有酒相佐。他性格的怪诞，在喝酒上表现得淋漓尽致。

所以陈洪绶醉酒的故事颇多。例如，他曾在一幅书法扇面上写："乙亥孟夏，雨中过申吕道兄翔鸿阁，看宋元人画，便大醉大书，回想去年，那得有今日事。"陈洪绶醉酒之后会洋相百出，"清酒三升后，闻予所未闻"（《赖古堂集训》），以致闹出酒后跟踪女郎的事。当然，陈洪绶醉后作画的姿态更特殊，周亮工在《赖古堂书画跋》中写道："（陈洪绶）急命绢素，或拈黄叶菜，佐绍兴深黑酿，或令萧数青倚槛歌，然不数声辄令止。或以一手爬头垢，或以双指搔脚爪，或瞪目不语，或手持不聿，口戏顽童，率无半刻定静，凡十又一日计，为予作大小横直幅四十有二。"朱彝尊在《陈洪绶传》中说："客有求画者，虽馨折至恭，勿与。至酒间召妓，辄自索笔墨，小夫稚子，无勿应也。"陈洪绶酒后的举止正是他思绪骚动、狂热和活力喷薄欲出的反映，其神其态大概也是别人"闻所未闻"吧！

喝酒走错场子的事也在陈洪绶身上发生过。朱彝尊《陈洪绶传》记载："尝留杭州，其友召之饮，期于西湖上。洪绶往，遇他舟，径登其席，坐上坐饮。主人徐察之，知为洪绶也，亟称其画。洪绶大骇曰：'子与我不相识也。'拂袖去。"

虽然嗜酒成性，爱酒如命，但陈洪绶的酒量似乎并没有好到哪里，偏偏狂放得很，酒风更比酒量好，所以基本上是每饮必醉。罗坤《陈章侯先生诗文遗集序》也曾指出他"每文酒高会辄醉"。李白斗酒能诗百篇，而陈洪绶斗酒下肚后，就要醉了。《陶庵梦忆》记载张岱和陈洪绶西湖夜饮的情景，他们携家酿斗许，"呼一小划船再到断桥，章侯独饮，不觉沾醉"，以至于看见美女就要追出去了。陈洪绶曾在一幅画上题款："辛卯八月十五夜，烂醉西子湖，时吴香扶磨墨，卞云裳吮管，授余乐为郎翁书赠。"如此看来，他怕是真的没有海量。自状醉酒的诗句很多，如"醉眼朦胧认归去，门前

陈洪绶之谜

有竹两三丛""醒看红叶几欲悲，醉看不觉悲难支""起来清气寒心骨，烂醉寒风带叶吹"，等等。

陈洪绶喝酒讲究氛围，讲究文化。有美女作陪当然最好，没有美女，也定要弄出新花样来。二十八岁那年，陈洪绶作了一套《水浒叶子》的版画精品，这套图一出世，不仅民间争相购买，而且博得了文人画友的交口称赞。陈洪绶作《水浒叶子》，其实是在做一种与酒筹、酒令相类的东西，把水浒英雄人物用白描的艺术形式设计在酒牌上，注有"××饮"，谁摸到了这张牌，谁就应当喝酒。明清时文人雅士饮酒时，他们将酒牌当作增添席间乐趣的一种酒具。大家一起饮酒时，可以任意抽取其中的一张牌，按照牌上的饮酒法则去做，便会乐趣横生，活跃席间的气氛，如抽到的牌是"嫦娥"，饮酒法则注明"貌殊众者饮"，用现在的话说就是容貌漂亮的人饮酒，这样，酒席上漂亮美丽的女士或先生要喝酒了，赖是赖不掉的，而被抽中者喝了这杯酒，心里也是十分高兴的。大诗人刘禹锡曾有诗句云"杯停新令举，诗动彩笺忙"，便是描述以上酒牌游戏盛事。陈洪绶想必经常参与这种游戏，否则他哪来的兴致作这套画呢。

陈洪绶不仅因酒会友，因酒绘画，因酒吟诗，而且还入酒为画、入酒为诗。纵观陈洪绶一生，其画其诗，日不停笔。然其诗画均伴随着一个须臾不可离去之物而后方有神来之笔，这就是酒。酒，既是诗画灵感的兴奋剂，更是借此消愁解闷、排忧泄愤的寄托物。崇祯十七年（1644），陈洪绶在绍兴得知国变，时而吞声哭泣，时而纵酒狂呼，更与游侠少年椎牛埋狗，见者指为狂士。后来，南明王朝在南京成立，有两位姓王的朋友劝陈洪绶去应试，他在诗中回绝："二王莫劝我为官……一双醉眼看青山。""腐儒无可报君仇，药草簪巾醉春秋。"他对明王朝又是留恋又是绝望。当他离京时，同乡的倪元璐当时为户部尚书兼大学士，曾写诗劝他不要离京，他借酒谢绝："两袖清风归去时，家人应有餔糜食。不知饮尽红楼酒，又是先生送别诗。"过天津杨柳青时，在船上画《饮酒读骚图》，以读《离骚》而抒发爱国情怀，复以饮酒而泄胸中之愤。酒成了陈洪绶艺术生涯中不可分离的一部分。

一部《宝纶堂集》，说酒的奇多，堪称酒气充满诗篇。如"长安索米吾衰矣，酒肆藏名归去兮""眼见花花草草辰，独觞独诵两三春""绝口不伤时，醉来便痛哭""一夜数十章，酒尽将一斗"，都是好句。

对于陈洪绶来说，酒其实也是关乎他生命和艺术的"双刃剑"。饮酒是一种生活习惯，久而久之，对绘画产生了一种艺术效应。人在清醒时，作画有心理负担。而醉酒使人精神放松、燃起豪情、产生灵感和幻觉，可激起画家的冲动、想象力和创作欲望。醉，是睡和醒之间的状态，它能让人作画无顾忌，笔墨运转更为轻松自如，想象力比清醒时更为丰富，以至于作品能够胆气过人，纵情潇洒，使笔墨达到出神入化的境界。醉眼丹青，使陈洪绶绘画的艺术魅力至于非凡的程度！但，也正是这个美酒，不断地侵蚀着陈洪绶的身心，虽然纵酒能获得暂时的快乐，但"借酒浇愁愁更愁"，陈洪绶三十多年的以酒解渴，酒中沉沦，最终也将生命交付给了酒。史书上没有记载陈洪绶是怎么死的，但陈洪绶二十七岁写的诗里其实已经透露出这个信息："恼我频年酒病侵，经旬不饮作书淫。"这里的"酒病"是指嗜酒的毛病，但我们不妨猜测，陈洪绶肯定也是因酒而病的，以致五十五岁那年就携带着未酬的壮志，未老先殒矣。

分析陈洪绶嗜酒的根源，早期主要是性格、交往和社会风气使然。陈洪绶二十岁出头就开始嗜酒，同时表现出狂放不羁的行为，这源于他的性格以及周围交往的师友及社会氛围，"酒逢知己千杯少"自然在所难免。晚明社会倾向于放纵自适，纵酒狎妓更是那时的风雅之事，陈洪绶自然也是其一。特别是到了后期，陈洪绶仕途坎坷、生活穷困及国运艰危，这都成了他加剧酗酒及狂放的原因，在不济的命运和现实面前，在"妄想"与"热衷"时时碰壁之际，陈洪绶处处"不得意"，"既悲无米炊，复虑精力穷"，因而只能"饮酒空山中"。

失落文人对政治的不满而引发的酗酒，成为一种逃避现实、宣泄情绪的生活方式。好在他终于因酒成画，因画成名。

至酒间召妓，辄自索笔墨

——陈洪绶的"好色"之谜

陈洪绶被誉为中国 17 世纪最伟大的人物画家,其作品被誉为"力量气局,超拔磊落，在仇、唐之上，盖明三百年无此笔墨"。当我们为陈洪绶的艺术成就折服和震慑的同时，似乎也在他身上找到了因功名不成、痛苦无处排遣，从而寄于诗酒声色的狂放举止。

在生活中，陈洪绶确实有些"另类"，"醇酒狎妓"便是他狂放不羁的真实流露。毛奇龄的《陈老莲别传》，王璜生的《陈洪绶》，葛焕标、骆焉名、楼长君的《陈洪绶》，吴敢、王双阳的《陈洪绶传》等传记,均对陈洪绶的"好色"有所记述。但因传记角度不同，对好色的理解也各不相同，故事取舍也各有千秋。现综合各种资料，就陈洪绶的"好色"问题做简单的叙述和分析。

陈洪绶的婚姻史

陈洪绶的婚姻轨迹大致如下:

四岁，父亲陈于朝与山阴张葆生结亲，陈洪绶与张葆生之女定为"娃娃亲"，陈洪绶因之而"就塾妇翁家"。后因张葆生女儿早夭，这一段父母之命的婚约自动宣告失效。

十七岁，入赘萧山来氏。陈洪绶自己说是"侍妇翁来斯行先生几杖"，这其实是做上门女婿的委婉说法。来氏是大家闺秀，性格温柔贤淑，还接受过文化教育，能够吟咏诗词，而且她没有娇小姐的习性，颇懂得勤俭持家，所以两人婚后相处和谐，感情一直很好。《宣统诸暨县志》载："来氏幼承家学，能诗，清闺唱酬，颇饶韵致。"后陈洪绶与来氏又回枫桥生活，生育一女，取名道蕴。陈洪绶二十六岁那年，来氏病逝，陈洪绶因丧妻而悲痛欲绝。

二十七岁，经人介绍，娶杭州卫指挥同知韩君之女为续弦。韩氏亦工诗，两人婚后感情很好。陈洪绶北上京城期间，夫妻间诗书往来，抒发相互怀念与慰藉的深情，这些都有陈洪绶的"忆内""怀内""赠内"诗为证。韩氏婚后，先后生育六子二女。

四十六岁，陈洪绶在扬州逗留期间，纳胡净鬘为侍妾。胡净鬘也工诗画，擅花鸟虫草，笔致工丽，后两人同回枫桥，曾合作花卉册页传世。胡净鬘还指导陈洪绶长女陈道蕴学画，"讲究六法"。

今位于绍兴谢墅的陈洪绶墓的墓碑上，刻着"明翰林陈章侯公暨德配来氏宜人韩氏宜人合墓"，系"乾隆六十年八月裔孙允绅立"。乾隆六十年（1795），距离陈洪绶去世已经有143年，立碑人是陈洪绶的五世孙陈允绅。墓碑上提到的陈洪绶两位配氏，即原配萧山来氏，续配杭州韩氏。

陈洪绶的风流事

家庭婚姻之外，陈洪绶有两则逸事流传最广。

艳遇名妓董飞仙

明万历四十八年（1620）三月，在美丽的西子湖畔，二十三岁的陈洪绶发生了一桩"艳遇"：貌美如花的名妓董飞仙，骑着娇艳的桃花马，带着亲手剪制的质量上乘的生绡，找到了陈洪绶，乞求为她画一幅莲花。故事发生的确切地点是在岳坟前。虽然为董飞仙所画的莲花图早已失传，但陈洪绶对这次艳遇刻骨铭心，他为这桩情事而创作的《行书赠伎董飞仙》流传至今：

桃花马上董飞仙，自剪生绡乞画莲。

好事日多常记得，庚申三月岳坟前。

这首诗收在《宝纶堂集》，清初还被毛奇龄、朱彝尊等人编入各种诗话，因此得以广为传颂。在陈洪绶的所有诗作中，恐怕以这首诗最为人所熟知。后来陈洪绶在京城时，一天晚上做梦，竟又梦到了这个令人销魂的美人，于是他又写了一首《梦故妓董香绡》：

长安梦见董香绡，依旧桃花马上娇。

醉后彩云千万里，应随月到定香桥。

定香桥在苏堤映波桥与锁澜桥之间，西接花港观鱼，至今尚在。从诗题和诗中的语气推测，似乎当初董飞仙在乞画之后，两人之间或许还曾发生了不为人知的旖旎的情事。晚年，陈洪绶对这件事还记忆犹新，他的《失题》诗这样写道："一生有何得意处，名字湖山之内闻。锦带桥边照白发，定香桥畔忆红裙。"

酒后跟踪女郎

这一年陈洪绶四十二岁。他与好友张岱在杭州断桥边饮酒赏月，结果又惹来一段风流韵事。张岱在《陶庵梦忆》中记录了细节：

崇祯己卯八月十三，侍南华老人饮湖舫，先月早归。章侯怅怅向余曰："为此好月，拥被卧耶？"余敕苍头携家酿斗许，呼一小划船，再到断桥。章侯独饮，不觉沾醉。过玉莲亭，丁叔潜呼舟北岸，出塘栖蜜桔相饷，啖之。章侯方卧船上嚆嚣，岸上有女郎命童子致意云："相公船肯载我女郎至一桥否？"余许之，女郎欣然下，轻纨淡弱，婉瘱可人。章侯被酒挑之曰："女郎侠如张一妹，能同虬髯客饮否？"女郎欣然就饮。移舟至一桥，漏二下矣，竟倾家酿而去。问其住处，笑而不答。章侯欲蹑之，见其过岳王坟，不能追也。

酒后失态，跟踪女郎，这情景就像现在喝醉了酒的男生追貌美如花的女生，但放在古代，且陈洪绶已年过四十，他的胆子也确实够大的了。

陈洪绶的怪脾气

陈洪绶在画名响亮之后，还有一个怪脾气，只要是歌妓向他求画，他总是有求必应。当时人们曾传言，"人欲得其画者，争向妓家求之。"携带了美貌的女子前去求画，结果一定令人大喜过望。

陈洪绶曾为画友沈颢作《隐居十六观》大册，画上自题款云："辛卯八月十五夜，烂醉西子湖，时吴香扶磨墨，卞云裳吮管，授余乐为郎翁书赠……"辛卯年为陈洪绶去世前一年，时年陈洪绶五十四岁。由题款文字可知，陈洪绶时常在红楼画舫上作画，且身边总有美女相伴。

还有一次，顺治三年（1646）五、六月间，陈洪绶被清军所掳，"急令画，不画。刃迫之，不画。以酒与妇人诱之，画。"在生死关头，陈洪绶死都不肯为清军作画，可是一碰到酒和女人，却"乖乖"地画了。这不是屈服，而是他狂放不羁惯了。在陈洪绶看来，酒和女人并不伤害他的自尊和人格。

朱彝尊在《陈洪绶传》中说："客有求画者，虽罄折至恭，勿与。至酒间召妓，辄自索笔墨，小夫稚子，无勿应也。"陈洪绶的性格可贵之处，不仅在于兴之所至，为酒为妓而作画，还在于乐为小夫稚子、老卒寒士挥毫。而对于那些豪强和有势力的"客"，无论对他怎么恭敬，或对他施以强暴，他"虽千金不为搦笔"。

据说有一次，一个大官将陈洪绶骗进船内，说是请他鉴定宋元书画。船开行后，大官拿出绢素强请他作画，陈洪绶大怒，谩骂不绝，并准备跳水自杀，表示坚决拒绝。那大官弄得很没趣，只好作罢，后来又转托他人代为求画，陈洪绶"终一笔不施也"。对待女人与官人，陈洪绶的态度判若两人。

"好色"是艺术的催生剂

事实证明，好色，并不妨碍陈洪绶做一位正直率真的艺术家。

喜好女色，这是古代许多放浪文人的通病，或许陈洪绶身上表现得更为突出一些。当然，陈洪绶背上"好色"之名，陈洪绶好友、萧山毛奇龄是脱不了干系的。毛奇龄在《陈老莲别传》中有这样一段话：

> 莲游于酒，人所致金钱随手尽。尤喜为窭儒画，窭儒藉莲画给空。豪家索之，千缣勿得也。尝为诸生，督学使者索使之，亦勿得。顾生平好妇人，非妇人在坐不饮；夕寝，非妇人不得寐；有携妇人乞画，辄应去。

这段话开头说陈洪绶"游于酒"及对金钱的态度；中间重点说陈洪绶的气节与好义，用三个事例，说明陈洪绶接济穷儒、不畏权贵；结尾顺便指出了陈洪绶"好妇人"的缺点，所以用了一个"顾"字。但就是这不经意的几句话，将陈洪绶的"好色"推波助澜，反而有损于陈洪绶这位伟大艺术家的形象。

毛奇龄的这段话，无意中也揭开了陈洪绶的一个秘密。好酒与好色，其实是陈洪绶艺术的催生剂。这并非陈洪绶独有，这也是古代文人墨客的一大通病。

也正因此，但凡是外出奔走途中，陈洪绶始终没有忘记女色。妻子来氏丧事办妥后，他受亲戚的逼迫，无奈到京城去谋求发展。京城是大明王朝的都城，也是天下名流高士云集之地。陈洪绶是春天抵达京城的，初到京都的陈洪绶抑制不住兴奋，即刻出入于京城的声色场所，但夜夜歌舞美女，使他袋中的银两迅速减少。有一首诗应该就是这时写的，诗题为《癸亥长安》：

> 千里春风醉客心，红楼宵宵复相寻。
> 阿琼只解留人住，两向灯前拨素琴。

这样的诗句更集中在扬州。当时陈洪绶在扬州作了九首《桥头曲》，其词婉约多情，其中有：

所欢在何处，江水荡荡来。
　　为欢惜身命，有船不敢开。

　　闻欢下扬州，扬州女儿好。
　　如侬者几人，一一向侬道。

　　桥头多荡子，愿欢不交游。
　　但看侬出时，许多望桥头。

　　显然，当陈洪绶情绪忧郁时，与歌妓交游成为最好的排遣手段。

　　在陈洪绶存世的人物画中，约有五六百个人物，其中女性约占四成。他的仕女图最着意于女性的身姿与手，其曼妙的身段步态，体现在与高士相伴，或读书、笼香、扑蝶、烹茶等生活场景之中。陈洪绶所画的仕女形象，造型夸张而不失度，他更善于借女性的手姿，营造特定场景中人物的特定心境。一双双秀润灵动又能传情达意的手，若不经细细体察，传移摹写，见好实难。这在版画《西厢记》崔莺莺像的兰花指、《西厢记·窥简》红娘的纤长食指、《拈花仕女图》仕女的拈花二指上，都有绝妙刻画。陈洪绶之好色，过与功，谁能说得明白？

　　陈洪绶虽然好色，却风骨秀耸，每一次感情的迸发都伴随着艺术的转变与升华，由"神"入"化"，并在"化"境中不断提炼，成为中国绘画史上引人注目的一代大师。

陈洪绶对妻子的真感情

　　虽然陈洪绶喜好女色，但他对两任妻子始终抱有真挚的感情。来氏病逝六年后，他还念念不忘忌辰，写了两首《怀亡室》诗，来抒发对亡妻的思念之情：

　　谁求暗海潜英石，琢个春容续断弦。
　　明知方士今难得，如此痴情已六年。

衰兰摧蕙护昭陵，一望驱车便远行。

遥忆忌辰谁上食，苍头小婢奠葵羹。

再如他二上京城时，屡屡写信给家里，作《南旺寄内》四首，写想念之情：

少小为征妇，那堪多病身？家书愁未到，芩术自艰辛。

服药难疗疾，忘情可益神。田园须料理，休忆远行人。

　　总之，陈洪绶是一位正直率真、性行骇俗的艺术家，他一生的性格及心态是矛盾的，一方面极认真于功名仕途，因不得志而忧郁愤懑；一方面却"醇酒狎妓"，癫狂放纵。现代论者总希望从心理互补的角度去解释这位值得敬重的画家，尤其是对"好色"这一与现代文化情境距离较大的行为，做出符合"人民性"的分析。其实，真正解读陈洪绶的"好色"，还是应该站在当时的时代背景来看问题。一些在我们今天看来似乎是严重的行为，在当时完全可能是不成问题的极平常之事。譬如"狎妓"，明朝末年，士大夫知识分子出入红楼是极平常的，甚至还可能被视为风流雅举、韵人韵事。所以当时的文人墨客，从不讳言"饮尽红楼酒"。如果从明末大背景下依然我行我素的角度来考察陈洪绶，我们也许能更切合实际地理解这位有血有肉、性格多重的"性情中人"了。

遇非功勋，醉乡老死

——也谈陈洪绶的死亡之谜

关于陈洪绶的去世，传记的说法均是"以疾卒"。

孟远《陈洪绶传》："岁壬辰，忽归故里，日与昔时交友，流连不忍去。一日跌坐床箦，瞑目欲逝。子妇环哭，忽戒：'无哭，恐动吾挂碍心。'喃喃念佛号而卒。"朱彝尊《崔子忠与陈洪绶合传》："（陈洪绶）以疾卒。"《清史稿本传》："鼎革后……语及乱离，辄恸哭，后数年卒。"陈洪绶研究专家陈传席对陈洪绶的死是这样说的："顺治九年初，陈洪绶离别是非之地杭州，回到绍兴，大概他已感到气力不逮，一日，坐在床上，闭目念着佛学……默默地离开了人世。"

但是后来却冒出陈洪绶"不良死"之说，即"黄祖之祸"，受迫害致死。于是，陈洪绶的死亡渐渐成为一个谜。

起因于丁耀亢曾作《哀陈章侯》（又名《哀浙士章侯》）一诗，诗题下注有"时有黄祖之祸"。全诗如下：

> 到处看君图画游，每从兰社问陈侯。
> 西湖未隐林逋鹤，北海难同郭泰舟。
> 鼓就三挝仍作赋，名高百尺莫登楼。
> 惊看溺影山鸡舞，始信才多不自谋。

这首诗中用了不少典故，如：北宋林和靖植梅养鹤、终老西湖之事；东汉末年太学生首领郭泰自洛阳归太原，河南尹李膺到黄河岸边送行、同舟共济的佳话；"溺影山鸡舞"指山鸡因过于欣赏自己的羽毛而导致顾影飞舞，最终力竭而死；"鼓就三挝"说的是三国时祢衡（汉末文学家）的典故，史书说他少有雄才，性刚傲物，曹操欲见之，祢衡自称狂病，不往。曹操于是召集鼓吏，大会宾客，想当众羞祢衡，结果反被祢衡羞辱。曹操大怒，将他送给荆州刘表，结果祢衡与刘表又合不来，又将他又被转送给江夏太守黄祖，最终被黄祖杀害。

丁耀亢在诗题后注"时有黄祖之祸"六个字，似在暗示陈洪绶的死另有隐情。在他看来，像陈洪绶这样的名人，本来应该韬光养晦，像林和靖这样植梅终老，像郭泰那样回乡闭门教书，但陈洪绶在面对着像曹操那样显赫的大人物时，在"鼓就三挝"的生死关头，竟毫不掩饰地表露自己不事异族权贵的凛然正气和民族气节，最终为自己的理想信念慷慨捐躯。

丁耀亢将陈洪绶当作知识分子"才多不自谋"的典型。这是丁耀亢挽诗中透露的关于陈洪绶死于非命的一点蛛丝马迹，但究竟陈洪绶时代的"黄祖"是谁，则根本无从查证。似乎，"时有黄祖之祸"也并非明确表示陈洪绶"已遇黄祖之祸"，无非是表明陈洪绶晚年处境的危险。然而，正是这一句话，惹出了关于陈洪绶"不良死"的种种猜测，也成为陈洪绶研究者"标新立异"的一个借口。

"不良死"的种种猜测

以翁万戈为代表的"列为一谜"说。

翁万戈《陈洪绶》载："可能在秋深时节，丹枫落叶归根时，陈洪绶溘然长逝，享年五十五岁……只有丁耀亢（1599—1670），《丁野鹤集》的著者，有《哀浙士陈章侯》一首，'注云：时有黄祖之祸'。诗见《陆舫诗草》卷四。丁氏与陈氏同时，又为友人，而他听到陈氏被害的消息，倒不可以不加以注意。因尚无旁证，只好列为一谜，待考。"

以黄涌泉为代表的"受卢子由迫害自杀"说。

黄涌泉1958年出版的书中引录孟远的写法。但该书在1988年修订再版时有修改，补上了与陈洪绶同时代的丁耀亢的诗："当时文学家丁耀亢惊闻噩耗，沉痛地写了一首《哀浙士章侯》。"并推测："或许是因为《生绡剪》余波未息，杭州难以容身，陈洪绶突然回到他心目中的第二故乡——绍兴，就在这一年，他以五十五岁的年龄，结束了那义愤填膺的一生。"（《中国画家丛书：陈洪绶》）

以裘沙为代表的"触怒权贵自杀"说。

裘沙认为陈洪绶是自杀的，很可能是步其师刘宗周的后尘，也是绝食而死。但究竟陈洪绶得罪了谁，却缺乏有力的证据。（裘沙《陈洪绶死于"黄祖之祸"初探》，《新美术》1996年第2期）

以任道斌为代表的"受田雄迫害自杀"说。

任道斌认为陈洪绶是因为得罪了权倾一方的浙江都督田雄而自杀。陈洪绶有一次与田雄一起喝酒，借酒大骂田雄，因此得罪了他，为免遭报复，自杀而死。（任道斌《宁为玉碎不为瓦全——陈洪绶死因新探》，《艺苑（美术版）》1999年第1期）清初浙东史学家邵廷采（1684—1711）在《思复堂文集》卷三《明遗民所知传》有述及陈洪绶"晚岁在田雄坐尝使酒大骂，雄错愕而已"。这其实就是孟远在《陈洪绶传》中提到的一节："归命侯田雄，建牙浙中，势焰赫奕，冠盖慑慑。而拥篲郊迎，则一憔悴布衲，田执礼愈恭，绶辞气益脱率，橐鞬环侍者，莫不动色骇愕，而雄则喜若登仙焉。馈以金帛，则不受。"田雄原是明末总兵，后投降效忠清朝，大肆镇压反清武装，杀害抗清义士，受到清廷重用，镇守浙江，封为浙江提督、右都督，晋升为三等侯。

总之，陈洪绶"以卒死"早有定论，说陈洪绶"不良死"，则是当代研究者提出来的。触发他们猜测种种"不良死"的唯一依据，是丁耀亢的一首诗。其实丁耀亢诗中透露的信息是值得怀疑的，因为丁耀亢并非亲见亲闻，在信息不发达的古代，丁耀亢不过是道听途说，外加自己的主观猜测。

丁耀亢，山东诸城人，比陈洪绶小一岁，明末诸生，与陈洪绶同为诗社社友。在得知陈死后，他远在北地，其信息的真实性远不如萧山的毛奇龄，更不及同在绍兴的张岱。近现代学者、史学家、藏书家邓子诚（1887—1960）在《清诗纪事初编》中就写道："陈洪绶以不良死，他书未及。"

支持"不良死"的其他依据

依据一：宗谱记载蹊跷。

研究者查考陈洪绶家族的《宅埠陈氏宗谱》，从宗谱记载陈洪绶卒年的错误中生发联想。宗谱行传记载陈洪绶："公寿五十四岁，卒顺治辛卯（1651）十月十六日。"研究者认为，陈洪绶顺治九年（1652）还作有《壬辰人日过曲池，叔翔属书壁》的诗，说明他并非死于 1651 年。于是提出疑问：宗谱对陈洪绶上辈的生死年月及陈洪绶六子的出生年月记载都很准确，为什么对陈洪绶的卒年会犯如此明显的错误？认为这很可能是对死者的有意掩饰。

笔者认为，陈洪绶上辈的生卒年月记载准确，是因为陈洪绶与陈洪绪当年曾负责宗谱修纂，自己祖上的事情自然不会搞错。记录陈洪绶卒年确实与实际相差了整整一年，但陈洪绶卒时的月日却是准确无误的，若果真是对死者的有意掩饰，宗谱何不干脆将陈洪绶的卒葬全都省略不载？笔者以为，陈洪绶卒年的一年之差，是宗谱修纂时的一个失误。《宅埠陈氏宗谱》载有孟远的《陈洪绶传》（标题为《明翰林院待诏章侯先生传》），传文记载陈洪绶"年五十四"，正是采信了孟远的传记，让宗谱修纂者从陈洪绶的生年（1598）推算出了陈洪绶"卒于辛卯"（1651）的错误结论。

查考《宅埠陈氏宗谱》发现，陈洪绶弟兄重修宅埠陈氏族谱后（陈洪绶撰有《重修陈氏族谱序》，但未署作序年月），一直要拖到康熙五十年辛卯（1711）才进行续修，中间相隔至少七十年（陈洪绪死于 1642 年）。正是因为宗谱年久失修，才导致了后人对陈洪绶卒年的记忆模糊。在宗谱中考查陈洪绶父叔辈的行传，也不难发现这个事实，陈洪绶的十八位叔父，基本只有生年而没有卒年，就是因宗谱年久未修而导致信息缺失。陈洪绶六子出生年月准确（因陈洪绶在诗文中有记录），但六子的卒年也均是空白，其原因也是如此。

依据二：未见致哀诗文。

研究者提出疑问，认为陈洪绶去世后，家乡一带的亲朋好友应该完全知道，为什么未见有任何悼词、唁文或致哀诗文等留下来？

笔者认为，陈洪绶去世时需悼词、唁文或致哀诗文，这并非必要条件。

这是用现在的标准苛求古人。陈洪绶好友、文学奇才张岱，其卒年至今都无法搞清楚，那又该如何解释？况且，陈洪绶死得凄凉，死时连儿女都没有到齐，好友张岱还称其"死无以殓"，故陈洪绶去世时未见悼词和致哀诗文也是情理中的事。就算有致哀诗文，因年远时迁，散失湮没也是在所难免的。事实上，致哀诗文一定存在过，譬如上述丁耀亢的《哀陈章侯》，就是丁耀亢在闻悉陈洪绶去世消息后所作，无非丁耀亢的致哀诗作得晚一些而已。

依据三：死前精力充沛。

研究者认为，陈洪绶去世前一年，他还在杭州生活，他奋笔创作诗画，精力相当充沛，正处于艺术创作的高峰期，因此不可能在第二年突然因病而终。

笔者认为，这一判断与事实严重不符，是脱离于陈洪绶诗文而做出的妄断。真实情况是，陈洪绶一生都被疾病折磨，有"沉疴"和"痼疾"。晚年在杭州寓居期间，他在《卜算子·乞花》中这样写道："雨雪病吴山，禁酒吾能否。若教病去酒来时，何月何年有。"又写道："岐伯一分春，续命三分酒。病死争教醉死佳，又是迎春候。"病死不如醉死，这是对疾病的无奈，对生死的看淡。（关于陈洪绶的病，详见下文。）

"以疾卒"的补充依据

笔者以为，在没有找到陈洪绶"不良死"的确凿证据之前，张岱、毛奇龄、孟远等人的记载更具说服力。如果能遵从陈洪绶的诗文原作，则更能从字里行间发现大量的"以疾卒"的补充依据。

一、他人的记录

1）因"年暮畏死"而先期至萧山。陈洪绶五十二岁那年，担心自己年纪大了，今年不知明年事，故将原计划第二年的萧山之行，提前一年完成了。这很可能是陈洪绶对自己的身体状况有了不祥的预感，所以赶紧实施"明年有期今岁往"的访友计划。毛奇龄《报周栎园书》（周栎园即周亮工）云：

又一诗，期以某时过敝里，而以年暮故畏死先期来，其中云："老迟五十二年人。"老迟者，以甲申后更其名悔迟，故称老迟。

《清史列传·陈洪绶传》结尾有："尝与毛奇龄约某时萧山相访，以年暮畏死先期至。"此记载与上引毛奇龄《报周栎园书》的记载相符。

毛奇龄是萧山人，与陈洪绶是至交，如果陈洪绶果真是"不良死"，毛奇龄为何没有提及？毛奇龄在文中引用陈洪绶的诗句，出自陈洪绶《寄来鬈》："拄杖到时俱是酒，芒鞋踏处尽成诗。诗成虽有惊人句，不与君商辄自疑。萧山想绝旧时亲，兼想湘湖雉尾莼。明岁有期今岁往，老迟五十二年人。"诗的最后一句，其潜台词是：我现在已经五十二岁了，时不我待，能完成的事就尽量提前去完成。

2）对待周亮工态度的大转变。陈洪绶好友周亮工在明亡后投奔清朝为官，陈洪绶对此很有意见，周亮工向陈洪绶索画，陈洪绶一直没有给。顺治七年（1650）六月周亮工赴闽，两人又相晤于杭州西湖定香桥，这一次，陈洪绶欣然曰："此予为子作画时矣！"于是奋笔作画，共计四十二幅。周亮工在《赖古堂书画跋》中记载了陈洪绶态度前后截然不同的反差：

章侯与予交二十年，十五年前只在都门为予作《归去图》一幅，再索之，舌敝颖秃，弗应也。庚寅北上，与此君晤于湖上，其坚不落笔如昔。明年予复入闽，再晤于定香桥，君欣然曰：'此予为子作画时矣！'急命绢素，或拈黄叶菜佐绍兴深黑酿，或令萧数青倚槛歌，然不数声，辄命止。或以一手爬头垢；或以双指搔脚爪；或瞪目不语；或手持不聿，口戏儿童，率无半刻定静。自定香桥移予寓，自予寓移湖干、移道观、移舫、移昭庆，迨祖余津亭，独携笔墨凡十又一日，计为余作大小横直幅四十有二。其急急为余落笔之意，客疑之，余亦疑之，岂意予入闽后，君遂作古人哉。

周亮工是陈洪绶的至交，两人在诸暨认识，遂成忘年交。但陈洪绶只为他作过《归去图》一幅，此后一直不肯为投奔清朝为官的周亮工作画。

后周亮工将赴福建，与在杭州的陈洪绶相遇，陈洪绶意识到自己可能将不久于人世，此次见面或将成为永别，故一反常态，说出了令人意想不到的一句话——"此予为子作画时矣"（潜台词：此时若再不为老友作画，恐怕再也没有机会给老友作画了），且表现为"急急为余落笔""独携笔墨凡十又一日"，让客人们迷惑，更让周亮工迷惑。殊不知，陈洪绶之所以这么做，只是没有将疾病的真相告诉他人而已。

3）陈洪绶临终前有一卷未完成的《西园雅集图卷》。雍正三年（1725），画家华喦应收藏者秋声馆主人之请，补成全图，他在跋中说："有陈老莲《西园雅集图》一卷，方构至孤松盘郁处，时老莲已疾笃，不克写完其图矣，惜哉！"这里明确表明，陈洪绶因病势严重而无法完成绘画。其中提到的"疾笃"，更是陈洪绶以疾卒的一个依据。

4）陈洪绶至交张岱称陈洪绶"死无以殓"。张岱晚年著《石匮书后集》，将陈洪绶列入"妙艺列传"，在评价其绘画技艺后说："画虽近人，已享重价，然其为人佻侻，不事生产，死无以殓。自题其像曰：'浪得虚名，穷鬼见诮，国亡不死，不忠不孝。'"虽然陈洪绶的画在生前已得到社会认可，且常常炒出高价，但陈洪绶做人轻松，也不积蓄财富，以致去世时竟穷到无钱入殓的地步。陈洪绶去世那年，张岱僦居在绍兴快园，与陈洪绶同城而居，他的说法无疑是最真实可信的，张岱并没有提到陈洪绶"不良死"。况且，陈洪绶既然已经选择了"国亡不死"，难道晚年还会选择更无生命价值可言的"因迫害而自杀"？

二、陈洪绶自己的记录

1）陈洪绶有记录病重的手札。陈洪绶去世前，因"病笃"，无法完成《西园雅集图卷》，但最终还是将这幅画卷寄给了自己的老友菁莲，此画卷附有陈洪绶向菁莲致歉的手札，引文如下：

> 分袂后倏愈十月，衰病尫瘵，日甚不堪。一江之隔，竟阻良晤，每念故人，临风唤奈何也。命画小卷，窈窕在胸，粗就规模，旋作旋辍。比来目眩手战，不能持笔，大都与此卷作未了缘矣。邮寄知己，聊步频行之订。他日得竟此图，固所深幸，不尔藏之箧中，以见我两人交好。

然讷不欺笔墨之约，虽不能终，亦不留一身后遗憾耳。手封素简，涕泪随之。珍重起居，再图把臂。缕缕不息，菁莲盟长兄，小弟陈洪绶顿首。八月廿九日。（吴敢、王双阳《陈洪绶传》）

从手札中可以看出，顺治九年（1652）八月廿九日，距离去世不到两月，陈洪绶的病情已经十分严重，一张为老朋友画的《西园雅集图卷》，他是画画停停，停停画画，最后只是初具规模，因为他"目眩手战，不能持笔"了。而且，陈洪绶此时已经意识到，这张画可能会成为自己生命的未了之缘。许是老朋友催得急，为不负约定，陈洪绶最终将未全部完成的画寄了出去，他设想了两个结果：万一自己的病能好转，到时再帮老友完成；万一自己病好不了，那么这幅画也是朋友一场的见证。

2）陈洪绶有"掉头撒手"的记录。顺治九年（1652），陈洪绶从杭州乘船回绍兴时，作《南柯子·新春二日舟行》词，这样写道：

> 春载耶溪棹，老夫得意秋。思量书画放中流。切莫说吾，三载恋杭州。
> 红袖来磨墨，白人同倚楼。老年羞作少年游。掉头撒手，心想也都休。

从词中可知，陈洪绶在杭州的三年，是心情最快乐的三年，也是人生最得意的三年。他认为自己该做的事都做了，该了的心愿也都了却了，故有"掉头撒手，心想也都休"的坦然心态。他之所以突然从杭州"掉头"回绍兴，一定是体内疾病已经开始发作，他预感到生命终结的信号，因此在完成故地重游之后，便不动声色地回归他的第二故乡绍兴。

3）陈洪绶有"乐忘死"的记录。陈洪绶写过一篇《太子湾识》，文中记录了顺治六年（1649）自己五十二岁时的一次游山感受，既是游记，又是人生总结。其中写道：

> 己丑春正月，至吴山，乃山水都会，声色总持，当吾乐忘死时，想吾生虽乏聪明，亦少迟钝；五车不足，百家有余；书即不工，颇成

194

描画；画即不精，颇远工匠；文即不奇，颇亦蹈袭；诗即不妙，颇无艾气；履非正路，人伦不亏；遇非功勋，醉乡老死；无丝发之德，而蒙上帝之宠眷隆渥，殆过于积德之人。

晚年的杭州之旅，让陈洪绶沉浸在湖光山色之中，他暂时忘记了即将到来的死亡，故有"当吾乐忘死时"一说。然后总结了自己的一生，书、画、文、诗、道路、功业、品德等面面俱到，尤其是"遇非功勋，醉乡老死"一句，更是他对人生归途的总结。如果此时有"不良死"的前兆，陈洪绶决不会用如此乐观坦荡的语气来付诸笔端的。

4）陈洪绶去世前一年与众不同的"愁"。1651年中秋，五十四岁的陈洪绶在吴山火德庙西爽阁为诗集《陈老莲集》作序，即《姜绮季手录陈诗老莲自叙》，其中说到了自己的愁处：

所愁者：沈石天（颢）将复走吴村，老莲不能周其老母病儿；兄阿琳以盗贼枳道，不能与我共文酒；朱仲轶眷恋曲池，又强回笔端，作选体诗以换酒食，招呼之未必肯来；孙作痴（枛）孤儿寡母，朱讱庵、金卫公（堡）孤儿幼女，未必能周恤。

陈洪绶的此次杭州之行，实际上是来告别老朋友的，所以该见的人他都想见上最后一面。但当他得知部分老朋友的生活状况时，他心生愁绪。陈洪绶一一列举说：沈颢有老母、病儿，自己不能救助；阿琳因交通受阻，无法前来与自己共坐文酒地；朱仲轶埋头写诗，靠写诗换钱，所以喊他也未必肯出门；通家眷孙枛有孤儿寡母，朱讱庵和金堡有孤儿幼女，自己也未必能救助得过来……言语间流露出对朋友的依依不舍和无力周恤的愧疚。陈洪绶第二年去世时穷得"死无以殓"，而此时在杭州的他竟还在为朋友的生活贫穷而发愁。

陈洪绶的病

在《宝纶堂集》中，陈洪绶以"病"字为题的诗，有《病中寄家信》《病》

陈洪绶之谜

195

《病中》《病咏》《自病中偶成》等，其中"病中""病咏"的诗题多次重复运用，专门咏病的诗在 25 首以上，其他诗歌中提到病字未做统计，但绝对是一个高频字。出现如此众多的咏病诗，当然不是陈洪绶为赋新词强说病，而是说明陈洪绶的健康状况一直很不乐观。综合考察这些咏病诗，可以断定，陈洪绶的去世当属"以疾卒"无疑。

陈洪绶的咏病诗，主要创作于他病重的两个时期：一是二十八岁在京城谋求发展期间，一是四十九岁在绍兴薄坞隐居期间。

天启四年（1624），陈洪绶二十七岁，他前往京城谋求发展，第二年正月，在京患上了重病，而且久治不愈，前后拖了五六个月才慢慢恢复。在生病期间，为了不让家人担心，他隐瞒自己的病情，写信骗说平安。这年冬天，陈洪绶在《舟次丹阳送何实甫之金陵》中有"得病五六月，药石皆无功"的记录。在陈洪绶生病的五六个月期间，写下了以下咏病诗：

《病中寄家信》："门外车音杂马嘶，床头送客数行啼。只书病症三分去，也把平安二字题。"

《病》："吾症尤难治，良医术尽违。药无乡念切，饭与故人稀。亭午心神乱，宵分气息微。中堂亲老病，不敢写书归。"

《雪夜》："病骨支离三月赊，归期已负觅梅花。满庭积雪春寒夜，手拍床头感岁华。"

《元宵客病》："自怜爱酌元宵酒，强起尊前设榻眠。愁杀酒阑人散后，满堂灯火月当天。"

《京邸病中即事》："春到人间病觉轻，扶来曝背坐闲庭。楩楠书几宣铜鼎，只欠梅花插胆瓶。"

《病中》："菊花似趁病中开，细领馨香赖小灾。丸药方书皆乐地，多他宝瑟软金杯。"

《病中》："病中梦境十分清，行拣湖山深处停。摘得杨梅逢旧馆，柈桐坡子过溪亭。"

……

陈洪绶将自己经常发作的病称之为"痼疾"。他在《偶书》中写道："誓于六月朔，止酒多读书。尚有六七日，饮兴不使余。非吾竭精力，痼疾不自如。非不知大事，努力非徐徐。是皆前世因，非吾所能得。"分析诗意，这首诗当写于陈洪绶三十三岁以前，因为三十三岁那年他最后一次参加乡试。说明陈洪绶二十八岁时得的病后来仍不断发作，故成了痼疾。他在一首题为《恨》的诗中，表达了既怕病又爱酒的矛盾心理："生平恨家居，每怀浪游境。今日一出门，花间调酒病。酒能病死人，我胡不惜命？但得离家居，随处可灭性。何为作此言？大事不能证。"

在绍兴薄坞生活期间，陈洪绶又将自己的病称作"沉疴"，比之前更厉害更严重了。他在《病咏》中写道："坐我书堂水几湾，三分水木七分山。浣花溪上非吾分，宜带沉疴住此间。"又在《病中》诗中写道："得病吾匪浅，分忧友特深。彷徨寻妙药，周急赠兼金。趋事唯花事，留心只佛心。沉疴容易去，学道少知音。"

顺治三年（1646）冬，陈洪绶卧病于薄坞山中，友人刘北生闻讯，冒雨过访，并且为他击阮消愁，陈洪绶感谢而作《杂画册》八幅相赠。第一幅人物画，题道："山居卧病，北生闻之，冒雨过问，且为搒阮遣愁，写之以志感也。绶。"

陈洪绶四十九岁那年病情已经非常严重，这从他的多首诗中可以找到证据：

《斋中》："碌碌春酒中，斋扉不一启。今日酒病深，腹痛似成癖。誓不饮至醉，屡戒屡不止。惕以大命倾，大业从此齿。幡然入我斋，瞿然叹不已。蛛丝缦四壁，鼠粪积一几。书帙纵横陈，头绪卒难理。犹吾倦学人，心境杂如此。"

《病中六首》之一："老子暮山下，残梅落照中。病深才节饮，年迈不栽松。纨扇人来写，丹青道未穷。四邻多觅竹，披拂有清风。"

之二："群凶吞噬尽，便得望松楸。五载千行泪，半时一拜收。春风旧酒伴，秋月小山楼。衣食亲朋计，还家可缓谋。"

之三："戒我劳心想，病夫安可闲。朝朝携好友，日日看名山。人事都相谅，歌吟颇不艰。桃花中竟盛，坐到落时还。"

之四："有事唯疗病，无心卜吉凶。主人常问答，二竖任相攻。作画名根出，吾家自立宗。时时具此想，药气不需浓。"

之五："病不离山水，茆堂春又深。书从老友借，诗与小儿吟。禹庙花朝过，兰亭上巳寻。漫言携药具，煮酒胜烧金。"

之六："得病吾匪浅，分忧友特深。彷徨寻妙药，周急赠兼金。趋事唯花事，留心只佛心。沉疴容易去，学道少知音。"

《病咏四首》之一："坐我书堂水几湾，三分水木七分山。浣纱溪上非吾分，宜带沉疴住此间。"

之二："病夫省事偏多事，检点焚香劳病夫。却喜文犀钿合子，牛头龙脑一星无。"

之三："却病看书好药方，雪梅几朵坐书堂。何方吟得诗魔去，又见炉峰下夕阳。"

之四："不图君国不为人，安用生为惜此身。不若醉埋苏小墓，墓碑题曰酒徒陈。"

"得病吾非浅""病深才节饮"，客观地记录了陈洪绶天命之年的身体状况。陈洪绶的病或许是喝酒喝出来的，故他自己也有"酒病"一说，而此时的酒病已发展到"腹痛似成痞"的程度（疑似肝病）。为了减轻痛苦，他除了在书斋看书，整天"有事唯疗伤"，一切行动都取消了，连双脚也不迈出家门。为了减轻沉疴的折磨，陈洪绶曾不止一次地戒酒，但总是"屡戒屡不止"，好了伤疤忘了痛，直到"病深才节饮"。酒病已严重危及生命，必须引起高度的警惕，故有"惕以大命顷"的反思。

但对于一生"游于酒"的陈洪绶来说，戒酒节饮又谈何容易。他在《自病中偶成》中写道："病中节饮殊非福，形与神违梦辄惊。想到故园零落尽，道心损了二三更。"身体状况本来就差，又时时被产业败尽一事折磨，陈洪绶魂不守舍，此时离开了酒的麻醉，无疑是另一种精神上的折磨。晚年的陈洪绶，就是在这样的心境下度过的。

除了"酒病深"，陈洪绶的病还有肺伤。他在《风雨》中写道："肺伤辞大白，雨暴不开门。俗客屏一日，奇书抄数言。游魂招即至，静气悔斯存。不觉忧晴霁，相呼远出村。"

实际上，自陈洪绶四十六岁抛弃功名、以画为生以后，他既自嘲为"废人"，又自称为"病夫"，且这个称呼在诗文中多次出现，如上引"病夫安可闲""病夫省事偏多事，检点焚香劳病夫"。此外，在《对朱集庵言贫》中有"世界何生意，交情留病夫"。在《问天》中也出现："李贺能诗玉楼去，曼卿善饮主芙蓉。病夫二事非长技，乞与人间作画工。"他既不能与唐代的李贺比，也不能与北宋的石曼卿比，他只能拖着一身沉疴，做人间的画工，以此养家糊口。

因为疾病缠身，因为疾病是痼疾，是沉疴，因为疾病的根源是"酒病深"，因此陈洪绶在五十二岁时就做好了"遇非功勋,醉乡老死"（《太子湾识》）的打算，之前更吟咏过"黄花醉后松根卧，霜叶霜华堆满身""不若醉埋苏小墓，墓碑题曰酒徒陈"这样豁达豪放的诗句。陈洪绶的墓碑当然没有题"酒徒陈"，但他一生"游于酒""屡戒屡不止""良医术尽违""得病吾非浅""惕以大命倾""大业从此凿"的脉络，却是非常清晰的。

甲申国难，陈洪绶已经选择了不死，那么八年后他更不会选择自杀之路。但是，陈洪绶活得却并不轻松。陈洪绶的晚年生活，抑郁多于舒畅，内心的煎熬始终折磨着他，唯有靠更加疯狂地酗酒来麻醉自己，给原本就有的沉疴雪上加霜，他的健康因此受到更严重的损害。虽然在他生命的最后时光，西湖的山光水色给了他一丝慰藉，但他的人生已不可逆转，终于在顺治九年（1652）的深秋时节，走完了一个伟大艺术家五十五年的生命历程，陈洪绶的人生就此落幕。

呜呼痛哉！天不假年

——陈洪绶父亲的"狗马病"与陈洪绶的"以疾卒"

　　关于陈洪绶的死亡之谜,笔者对专家学者提出的"不良死"持反对意见。在陈洪绶的作品中,笔者读到的结论是"以疾卒"。后来读到陈于朝的《苎萝山稿》,更有了惊喜的发现。只可惜,《苎萝山稿》始终没有引起专家的注意和重视,导致陈洪绶死亡的研究人云亦云、以讹传讹。

　　这里之所以要说陈洪绶父亲的"狗马病",是因为这是支持陈洪绶"以疾卒"的又一个证据。简言之,陈洪绶极有可能遗传了家族的某种疾病。

　　在陈洪绶家族,自他的父辈开始,他们的寿命多为"下寿"(六十岁为下寿)。笔者查阅宗谱后发现,陈洪绶所在的枫桥宅埠陈氏,自始迁祖陈寿开始,至陈洪绶祖父陈性学,共十四代祖宗,他们的平均寿命为六十六岁,但从陈洪绶父辈开始,命运之神似乎打盹了,跟这个家族开了一个不该开的玩笑。

　　　　陈洪绶父辈的寿命:
　　　　陈于廷　十九岁(1564 年 9 月 25 日—1582 年 11 月 15 日)
　　　　陈于犀　六十八岁(1571 年 4 月 27 日—1638 年 9 月 10 日)
　　　　陈于朝　三十五岁(1573 年 1 月 8 日—1606 年 6 月 22 日)

　　　　陈洪绶兄弟的寿命:

陈洪绪　五十岁（1593 年 7 月 19 日—1642 年 5 月 9 日）

陈洪绶　五十五岁（1598 年 12 月 27 日—1652 年 11 月 16 日）

陈洪绶子侄的寿命：

长子：陈义桢　不详（1626 年 1 月 27 日—？）子一，早世

次子：陈峙桢　不详（1628 年 2 月 22 日—？）子一

三子：陈楚桢　不详（1630 年 5 月 3 日—？）无子

四子：陈儒桢　不详（1634 年 5 月 27 日—？）子二（升、豸）

五子：陈芝桢　不详（1635 年 6 月 30 日—？）早夭

六子：陈道桢　不详（1637 年 7 月 11 日—？）早夭

世桢（洪绪子）三十一岁（1612 年—1642 年 7 月 25 日）

一目了然！触目惊心！如此下寿，集中在一个家庭，其中必有蹊跷。那么是偶然？还是必然？

在读陈洪绶的《宝纶堂集》时，发现诗中出现频率最高的两个关键词，一个是"酒"，一个是"病"。在读陈于朝《苎萝山稿》时，发现书信中出现频率最高的也有两个关键词，一个是"病"，一个是"弃捐"（不遇于时，或人死的婉称）。将父子俩的"病"联系起来考察，发现这个反复出现在陈于朝、陈洪绶父子诗文中"病"，可能是这个家庭的一种遗传性疾病，这种病拖累了寿命，也拖累了陈于朝父子的功名。

陈洪绶的病，已有专章论述，这里只谈陈于朝的病。笔者不懂医学，但相信懂医学的高人定能从他们父子之间找到遗传上的链条。

陈于朝称自己的病为"狗马病"，意思是，自己像狗马一样得病了，"狗马病"是自己得病的谦称，不是具体的疾病名称。

那么，陈于朝到底得了什么病？读完他的书信卷，笔者为之悲叹，并真正体会到天妒英才究竟是怎样一种扼腕之痛。

陈于朝年纪轻轻，就步了长兄陈于廷的后尘。他不是得一种病，也不是得两种病，他得的是一身的疾病，真正是病魔缠身。

概而言之，他先后染河鱼疾，染目疾，染耳聋，染脾病，最后骨瘦如柴，英年早逝。且看他在《寄黎先生》中向他人表述自己的病情：

年来河鱼疾为祟，昨岁复遭鼠目昏翳，即棘事不能卒业。潦倒落窦良苦坎坷，锐气壮怀销磨殆尽。

这是染病初期的症状。河鱼疾，即河鱼之疾、河鱼腹疾，是一种腹泻，因为鱼的腐烂先从腹部开始，因而用以比喻腹泻。鼠目昏翳，是一种眼病，眼睛越来越模糊，越来越张不开。陈于朝感觉到命运的坎坷潦倒，满怀壮志将付诸东流，科举仕途只好半途而废。

在《复朱恕铭太守》中，陈于朝又写道：

朝故有河鱼疾，五六年来复苦银海，两三年间左耳犹龙，骨立瘦困来，无奈二竖不出门，何语言文字，都不复理，瞑目握固，往往与沙门道侣拂尘无生，非复曩时面孔矣。

陈于朝几种疾病的发作过程，在这封书信里交代得很清楚。先是得腹泻，五六年后又得了眼病，又过了两三年，左耳又聋了。疾病缠身，最终导致他的身体骨瘦如柴。（"二竖"，指疾病缠身。）此时，陈于朝心力交瘁，哪有心思去从事诗文，只好心依佛门，获得暂时的安宁。而且，因为疾病的折磨，他的相貌已面目全非。

多病缠身，久治不愈，日复一日，年复一年，活着如沉苦海。陈于朝感觉生不如死，他有满腹的遗恨，他有极早解脱的愿望，说什么科举仕进、人生富贵，那都成了虚无缥缈的云烟。陈洪绶出身于世家大族，但到他的父叔辈，祖上的科第辉煌黯然失色，这不是聪明的基因在突变，而是家族的疾病无情地挡住了官运。

在《与黎孝廉》中，陈于朝写道：

弟故有河鱼疾，目蒙蒙不能作青白眼，日面壁烦恼道场，欲为出世法。人寿几何，河清可俟，何自苦为良，不能不恨恨耳。

在《复何道源老师》中，陈于朝写道：

不肖躯如瘦竹，而二竖复不出门者有年矣。河鱼既无起色，兼双目翳楚，几不与试。……不肖岁复一岁，不审何日度此苦海，得整西归资量耳。

在秀才考试中，陈于朝一举夺魁绍兴府试，如果不是因为疾病，乡试中式、会试中式可能毫无悬念。他八岁就会写诗，被称为"神童"。在长兄早逝之后，他挑起随父宦游的重任，成为父亲的贴身秘书，现史料所见、署名为陈性学的文章，其实均出于陈于朝之手。他用韵文代父亲所作的书启，令人过目难忘。他年纪轻轻，就结交了屠隆、徐渭、陈继儒这样的名家大腕。如果不是命运的捉弄，陈于朝或许会成为耀眼诸暨的又一颗官场或文坛的明星。

一个人哪怕最是身强力壮，也敌不过病魔的纠缠。陈于朝才过而立之年，就已经步入病入膏肓、寸步难行的苦难境地。

在《简屠赤水年伯》中，他这样写道：

生平多狗马病，尪羸不任舟车，每帆风数里，辄头岑岑也。闻四明道险，即欲缘世讲之雅，一登龙门，无繇已。……已而斋戒之余，荤酒久绝，河鱼疾大委顿，奔归山中，落寞章缝，动多尼抑，薄命一至于此。

这个屠赤水，就是鄞县的屠隆，明代大名鼎鼎的才子。陈于朝结交这位年伯（屠隆与陈于朝父亲陈性学是同榜进士），一直想前往四明拜访，却碍于自己身体的虚弱而无法成行。他的身体虚弱到何种程度？不能坐船，不能坐车，"每帆风数里，辄头岑岑也"，他的尪羸（瘦弱），让他变得弱不禁风。

在《与宗甫弟》中，他甚至这样说：

欲作一《华岳篇长歌》赠之，而目疾、脾病甚郎当，且手振不能临池。

郎当，是疲软无力的样子。陈于朝虚弱得无法提笔，无法作文。而且，除了河鱼疾、目疾、耳聋，此时又多出一个脾病。什么叫千疮百孔？这就是身体的千疮百孔。陈于朝用了一个词语，叫"千疮万孔"。

陈于朝用"弃捐"两字来形容自己的人生。弃捐是指读书人不遇，但对陈于朝来说，他的弃捐值得人们的同情和扼腕。弃捐还有一层意思，指离开人世。陈于朝有将生命弃捐的念头，但最后他选择了佛门，走进禅关。

他进佛门禅关，不是来求菩萨保佑的，而是来还业债的。他不再关心人间事，他不断审视自己的命运，终于使自己超然于尘世之上。

在《柬屠纬真》（屠纬真即屠隆）中，他这样说：

> 不肖不幸生富贵家，坐无量俗因中，而又不幸作贫贱身，落铅椠枷锁中，举足拘挛，虽有出世超脱胸襟，从何舒展？现世穷通，前业分定，何必百端妄想，竭力营求，痴迷不悟！不肖异日即得下寿，今已过半，才遇至人，犹惜其晚。

现世的一切，早已命中注定，他不再痴心妄想，不再执迷不悟。他三十岁以后认识屠隆，感到恨之晚矣。只是，命运又一次开了小差，陈于朝以为自己能活六十岁的"下寿"，以为自己还能再活三十年，可老天爷却嫉妒天才，在陈于朝三十五岁那年就召唤他去了。

在《答周姑夫》中，陈于朝这样说：

> 寂寞深山，形影相吊，心如死灰……河鱼疾岁久既转怔忡，年来两目病翳，尩羸一躯，千疮万孔，大可寒心，不复堪役役人间世，作措大尘障，以故惓然改玉，一扫故吾，退锢禅关，一切遵循玉人明训，勾当自家度世，举子业都置不理，瞑目打坐之外，誓不复闻人间事矣。

在心灰意冷之后，陈于朝似乎脱胎换骨了。他感觉"我已不是原来的我"，由入世转向出世，不再"措大"（指读书），而是"改玉"（念佛），以坐禅念佛度过余生。

在《复德光道友》中，陈于朝道出了他念佛的真正缘由：

居士身多夙病，皆系业报，一切却疾道引之术，皆属旁门，不敢借帝门以逃业报，唯有念佛净土一途，可了生死。

陈于朝进佛门，不是去求生，而是去求死的。在他看来，他身上千疮百孔的"狗马病"，皆是因果报应，所有的祛病养生之道，均是旁门左道。陈于朝不敢借佛门逃避因果报应，他只想通过念佛这一条途径，来了却自己的余生。

行文至此，再说点后话，因为这跟陈洪绶的"以疾卒"相关。陈于朝生前所得的种种"狗马病"，是会传染的。或传染给妻子儿女，或传染给身边奴仆；或是应急传染，或是潜在遗传。

陈于朝在《与张葆生亲家》一信中写道："仆故有河鱼疾，春来更剧。两年间左耳病，不听，溃流，苦楚不可言。时下妇病方起，而弱女复病。"这里虽没有说妻女具体得的是什么病，但这事绝对跟自己的"善病"相关。

果然，在《答屠纬真》中的一句话，恰好印证了疾病传染的事实："朝近日与妻子婢仆无一不病银海，且患痘疮。"注意，这句话中，疾病的覆盖面相当大。妻，指妻子；子，指子女；婢奴，指家里所有男女奴仆。一句话，凡是跟陈于朝一起生活的，都染上了病。注意，不是一种病，而是两种病。一种是银海，一种是痘疮。

父亲的病，遗传到了儿子身上，更是顺理成章的事情。在陈洪绶的文字里，也透露着一股病恹恹的样子。在《宝纶堂集》中，"病"是一个高频词。如此频繁地说病咏病，说明了陈洪绶的健康状况一直以来就是个问题。

"比来目眩手战，不能持笔，大都与此卷作未了缘矣。"（《陈洪绶手札》）清顺治九年（1652）八月廿九日，陈洪绶的病情已经十分严重，一张为老朋友画的《西园雅集图卷》，他画画停停，停停画画，最后只是初具规模，因为他"目眩手战，不能持笔"了。这是陈洪绶去世前的身体状况，其症状的描述竟与父亲陈于朝"手振不能临池"的疾病大同小异。

文中麟凤，道中貔貅

——陈洪绶父亲陈于朝的才情

　　考察"枫桥三贤"的父亲，也是个有趣的话题。王冕的父亲王杰，一个典型的农民，对儿子的教育算不上重视，但好学嗜书的王冕却创下了"牧牛读书"的佳话。杨维桢的父亲杨实，对教子煞费苦心，青年杨维桢在铁崖山读书时，创下了"辘轳传食"的佳话。陈洪绶父亲陈于朝，更是注重教育从娃娃抓起，儿子陈洪绶才四岁，就与山阴张葆生结为亲家，让张葆生成为陈洪绶的翁岳兼老师，陈洪绶于是有了"四岁画关公"的佳话。

　　不过，三贤的父亲，论才学，论名望，当数陈于朝最厉害。因为，陈于朝是明代枫桥赫赫有名的"才子"。这并非笔者杜撰，而是笔者在研读陈于朝《苎萝山稿》后收获的又一个事实真相。现在，我们借助史料来还原"枫桥才子陈于朝"的大致轮廓。

一

　　陈于朝八岁时，就被人们称作"神童"。这话是大名鼎鼎的江南大才子陈眉公（陈继儒）说的。陈眉公《苎萝山稿叙》中的原话是：

　　　　孝立八岁时，已能为《早朝》《宫怨》《漂母》《伍大夫祠庙》诗，识者诧叹，负圣童之目。

文中的"孝立"，就是陈于朝。"圣童"，就是神童，"负圣童之目"，就是人们将八岁的陈孝立视作神童。为何成了圣童？因为陈孝立八岁就会写诗了，他八岁时写的诗已令读者惊诧不已。

陈洪绪在《先严慈行实》中，对父亲陈于朝八岁作诗有相同的表述：

> 生平好作古文辞，有《苎萝山稿》藏于家，篇中如《漂母词》《伍公庙》《长安道中》《送父》《早朝》《宫怨》诸首，当时八岁以前所咏，然多散佚。

这里列举六首诗，均是陈于朝"八岁以前所咏"，似乎比陈眉公所记"八岁时"又提前了。

笔者按上述两处记载，在陈于朝《苎萝山稿》中寻找他八岁以前的"神童诗"，只找到了四首，分别是《漂母词》《伍子胥庙》《长安道中》《宫怨》，缺《早朝》《送父》两首，说明《苎萝山稿》的散佚的确严重。

让我们一睹四百多年前，在枫桥广为流传的"神童诗"：

《漂母词》："谁把千金插钓竿，王孙一饭饱登坛。汉王推食原非易，何似重瞳早瞩难。"

《伍子胥庙》："剑底涛声震，江干魄欲升。君王如涵舰，庙貌隔吴城。"

《长安道中》："重兰赴长安，尚是山人气。帝里既非遥，山人壮山意。朝逢官长来，暮见珰貂骑。荷杖听民谣，出作入游戏。帝力那可忘，时时道中记。"

《宫怨》："遥听鹦声达建章，止拖春韵入昭阳。銮舆踏遍千门柳，愁杀行旌过绿窗。"

古代文人的才气，既体现在吟诗作画上，也体现在科举考试上。但吟诗这种兴趣爱好，在古代被视为不务正业，因为它与举子业相抵触，严重分散一个人的注意力。陈于朝喜欢上了吟咏古文词，所以对举子业并不感

陈洪绶之谜

兴趣。但是，真正的才子往往是学啥精啥，哪怕他内心并不情愿。

陈眉公在《苎萝山稿叙》中说过"圣童"后，接着又说：

> 方伯公奇爱之，卧起必偕，凡朝章、吏牍、客疏、军书，率取办孝立手中。而又日夜赞君举子业。君才情悍，辄试辄冠军，为通人所赏，予之饩，刻其文，传之艺林。

"方伯公"就是陈于朝父亲陈性学，他外出做官，先是带着长子陈于廷，陈于廷十九岁早逝后，他又将幼子陈于朝带在身边。带在身边，好处多多。一是日夜督促儿子，埋头举子业；二是是及早训练儿子，熟练公文写作。天才陈于朝就是这样练出来的。一部字数不多、散佚严重的《苎萝山稿》，三分之一的文字其实是陈于朝为父亲的代笔。我们今天在志书上看到的署名陈性学的文字，真正的作者其实是陈于朝。

陈于朝在科举之路上走得并不远，却也创造了奇迹。陈于朝才情悍世，每次考试都能夺魁，他的文章被内行人赏识，所以他成了可以食廪的秀才，他的文章还被刻板传播，成为秀才们阅读的范本。

二

陈于朝成为"才子"，很大程度上跟他"辄试辄冠军"有关。《先严慈行实》详细记载了陈于朝的科考履历：

> 丁酉（1597），始补邑弟子员，学使者伍公袁萃即以新生附甲等。旋与棘闱之役，总宪吴公献台美其才，蒐先君时艺曰："陈生藏稿，以付剞劂。"

是年陈于朝二十四岁，成绩排位在秀才的甲等。御史吴献台赏识陈于朝的文才，在检阅了陈于朝撰写的八股文后，说："陈的文章可作范文，可以刻板印制。"

己亥（1599），今侍御刘公光复筮仕吾暨，一见目为国士，屡试屡
冠诸生。刘公学宗姚江，即公车业厌薄一切饾饤，阅诸生有当于先君，
因以良知之学相从，臾乃颜先君斋曰"自得"，盖取子舆氏"君子自得"
之意也。

是年陈于朝二十六岁，时任诸暨知县的刘光复一见到陈于朝，就将他
视作国家的栋梁之材，每次参加考试，陈于朝都是第一名。刘光复学宗王
阳明，讨厌科举文的辞藻堆砌，但陈于朝的文章却与众不同。刘光复还为
陈于朝的书斋取名为"自得斋"，并亲自题写书额。

庚子（1600），领批饹于泽宫，督学洪公启睿击节叹赏，邺郡守林
公鸣盛为之镌《陈叔子试草》行于时，后以目疾弗克，竟棘事。

是年陈于朝二十七岁，他的科考文章受督学洪启睿赏识，绍兴郡守林
鸣盛为陈于朝刊刻《陈叔子试草》，作为秀才应试的范本。但此时开始，陈
于朝的身体每况愈下，多种疾病缠身，导致他不得不退出科举之路。

癸卯（1603）春行类考，先君以曾王考病革，朝夕侍汤药不就试，
暨文宗按越，郡县试期已过。邑大夫刘公以事闻当道，强之赴试，卒
录观场，秋复下第。

是年陈于朝三十岁。正月，陈于朝祖父陈鹤鸣去世，陈于朝因朝夕服
侍祖父，错过了乡试的选拔考试。知县刘光复得知后，极力向上反映，终
于给他争取了乡试的资格，但这一年秋天的乡试，陈于朝因身体原因没有
中式。从此，陈于朝彻底告别了科场。

如果不是身体的原因，陈于朝乡试中式、会试中式，应该是没有悬念的。
但他年过而立，就得了河鱼疾、耳聋、眼病，等等，一身的疾病导致他不
得不放弃举子业。陈于朝并没有考中举人，他的次子陈洪绶后来也没有考
中举人，但是，这并没有妨碍他们父子先后成为"才子"。

三

告别科举之路，陈于朝走进了佛门。而他的"才子"称号，越来越得到社会认同。陈于朝当时所结交的多是当时名噪一时的大才子，这些大才子成了观照陈于朝的一面面镜子。

才子屠隆对陈于朝的评价。《先严慈行实》载：

> 后益留心贝典，闻四明纬真屠公隆精三教，先君以年家子通尺蹏于公，公讶曰："是文中麟凤，道中貔貅也。"移书奖借之不容口，先君买舟入鄞，会于娑罗园中，竟夕谈，益洽，至以"才子"呼之。嗣是诗文往还不绝如织。

这里记载了陈于朝与江南才子屠隆的交往。屠隆与陈于朝父亲陈性学同一年考中进士，而屠隆晚年精通三教，于是陈于朝以"年家子"的身份写信给屠隆，从此开启了一段忘年之交。屠隆称陈于朝为"文中麟凤，道中貔貅"，这是对陈于朝在文坛、佛界的高度评价。陈于朝还专程到鄞县拜访屠隆，在屠隆的娑罗园中，两人促膝交谈，通宵不辍，成莫逆之交，屠隆当时还以"才子"来称呼这位比自己小三十岁的晚辈兼好友。

才子徐渭对陈于朝的评价。因《苎萝山稿》散佚的缘故，陈于朝与山阴徐渭的交往并不见其文字记载，只在陈眉公笔下有提及：

> 当山阴有徐渭者，剑客不得志，而诗文实奇。渭见人辄戟手，陵傲呵詈至无敢也，而独好君，与谈艺甚昵戏。摹其书法，往往乱真。

徐渭就是赫赫有名的徐文长，徐渭以诗文称奇才，但他目中无人，他见人有个动作，叫"戟手"——伸出食指和中指，指着对方，凌侮轻慢，大声责骂。但是，这个徐渭偏偏喜欢小自己五十二岁的陈于朝，与陈于朝谈论书画很"昵戏"（亲昵接近）。而陈于朝临摹徐渭的书法竟到了乱真的地步。

才子陈继儒对陈于朝的评价。陈继儒在《苎萝山稿叙》中对陈于朝的诗文作如是概括：

文章以咸阳东西京为宗，其次不失河东昌黎，尺牍类晋人，赞偈、杂著类《檀弓》《周礼》，风流谐谑又类眉山诗，余即置之秦七黄九莫辨也。

陈继儒做了一个假设，假设老天不妒英才，让陈于朝得以长寿，那将会是一个什么结果？陈继儒说：

若孝立而在，精进不已，其诗必能为陈伯玉，其文必能为陈孔璋，扫除天下必能为陈仲弓。不然，舌来简往，不为陈惊座，则当为陈元龙，雄谈高步置我于百尺楼上耳。

如果陈于朝活着，他将与历史上五位陈姓才子齐名：他的诗名将等同于陈伯玉（陈子昂），他的文名将等同于陈孔璋（"建安七子"之一），他建功立业将等同于陈仲弓（东汉廉吏），他的口才将等同于陈惊座（汉代名士），他的机智将等同于陈元龙（东汉末年将领）。陈继儒年长陈于朝十五岁，他一口气列出历史上五位陈姓才子，来表达才子陈于朝早逝的痛惜之情。

四

研究陈洪绶，离不开对他父亲陈于朝的研究。俗话说，"有其父必有其子"，这句话用在陈于朝父子身上，是比较贴切的。枫桥才子陈于朝培养出枫桥才子陈洪绶，无论从教育还是从遗传的角度，都说得通。

除了以上史料可以证明陈于朝是枫桥才子，笔者在阅读《苎萝山稿》时，还发现了枫桥才子陈于朝的其他可圈可点的业绩。

他是枫桥有名的出版家。陈于朝曾刊刻过《倭达卷》《南西厢》，这在当时属于畅销书。他还刻过一本《简切讲义》，是一本科举考试的专业辅导书。除此之外，陈于朝还写过一本志怪小说，书名叫《重生集》，收集的是人死复生的传奇故事，这本书后来也刊刻问世。关于这方面的内容，史料从未有过披露。

他是枫桥有名的书画家。这一点尤其重要，父亲的爱好特长会影响儿

陈洪绶之谜

211

子的未来。陈于朝在次子陈洪绶四岁时，即与山阴张葆生结为亲家。之所以选择张葆生为亲家，其实是陈于朝钦佩张葆生的画艺，张葆生与沈周、李长蘅、董其昌等大画家齐名，如果不是陈于朝在书画上有所造诣，如何结得了这门亲事？陈于朝在与屠隆、陈继儒、张葆生的书信往来中，聊得最多的也是书画这个话题。而从往来书信中不难发现，陈于朝最擅长扇面等"小构"，以画为主，兼及书法，因为他常常拿这些小构去请名家题词。而陈继儒说陈于朝学徐渭书法达到了乱真的地步，也是陈于朝精通书画的一个有力证据。

他是枫桥有名的慈善家。实际上，陈洪绶家道的衰落，始于父亲陈于朝。《先严慈行实》载："出则怀青蚨于袖，间以济贫窭。夏饫粥，冬给以衣，并饭僧之费不下数十百金。"陈于朝自己也说到了家庭的经济状况，在《寄陶兰亭司寇》的信中，他这样说："朝家苦贫，亦扫汇得四千余僧之资，而力已竭。"此处四千余僧之资，指供四千个僧人吃饭的钱，非四千两银子，这些钱是给了一个名叫大亮的和尚，大亮手下有十万八千个僧众。陈于朝还向好友陶允宜乞求僧资："乞大发菩萨心，百两亦可，一分亦可。"后来，枫桥建乾元塔，修元祐塔，陈于朝牵头抓总，家里的余钱全让他做了慈善。这个信息十分重要，因为牵涉到陈洪绶后来对待金钱的态度。无论是书画爱好、学佛信佛，还是周济贫穷，陈洪绶均有乃父遗风。

大果证菩萨，小果受洪福

——陈洪绶父亲陈于朝与枫桥的两处佛寺

一

　　枫桥小天竺上有一个佛塔，名叫"东化城寺塔"，枫桥人俗称"雷峰塔"。

　　东化城寺塔，这个称呼很不科学。准确的表述应该是："枫桥东南有一寺——化城寺；化城寺里有一佛塔——元祐塔。"

　　将枫桥"化城寺"说成"东化城寺"，也是蛇足。"诸暨东化城寺"，言下之意，诸暨其他方向还有化城寺？枫桥的化城寺是相对于安徽九华山化城寺而言。那么，就枫桥、诸暨乃至浙江而言，化城寺不存在东西之分，化城寺就是化城寺。枫桥《宅埠陈氏宗谱》记录了陈氏家族的上千年历史，谱中出现了无数个"化城寺"，就是没有出现"东化城寺"之说。

　　"东化城寺"定是近人的说法，"东化城寺塔"更是近人的乱搭。

　　果然，在古代文献资料中，化城寺就是化城寺，元祐塔就是元祐塔。没有"东西"之分，更没有"寺塔"并称之说。

　　《乾隆诸暨县志》卷五"古迹"，记录了诸暨的三个塔，其中就有枫桥的两个塔，分别是：

> 元祐塔，在枫桥东南化城寺，宋时建。
>
> 乾元塔，在枫桥西北牛头山，明万历中建。

这两条记载的出处，源自明代枫桥一个没有出家的佛家子弟，名为"三宝弟子勇修居士陈于朝"撰写的《苎萝山稿》。

陈于朝，就是陈洪绶的父亲。虽然他英年早逝，只活了三十五岁，但他在枫桥的佛教事业上却做了几件了不起的大事。

二

明万历三十一年（1603），陈于朝主持在枫桥牛头山建造佛塔。

佛塔也叫浮屠。为什么要建佛塔？这得从陈于朝父亲陈性学说起。官至陕西左布政使的陈性学退居归家后，相中了牛头山这一方前临枫江、后瞻泌湖的风水宝地，决定将此辟为一处佛地。为此，陈性学率领儿子陈于朝、陈于墀（陈洪绶伯父）多方寻找法师前来主事。最后，他们来到枫桥冷水里的杨侯庙，找到在杨侯庙出家的一位姓骆的法师，邀请他到牛头山做住持法师。

这个姓骆的法师，就是"无穷法师"，简称"无穷师"，是牛头山第一个住持僧。无穷师当时说了一番高瞻远瞩的话："佛法必藉国王、大臣、富室、长者而兴；塔建，则其地永不绝富贵，佛日永不堕。"既然建佛塔如此重要，陈性学与无穷师两人一拍即合，决定在牛头山大兴土木，建庵建塔，打造佛门圣地，祈求陈氏富贵不绝，确保牛头山佛日不堕。

在乾元塔的建造过程中，陈于朝参与其中，且付出了不少心血。万历三十一年（1603）十月十六日，陈于朝替父亲起草了一则《募建浮图小引》。

这则"小引"相当于"告示"，告示前半部分主要阐述风水堪舆的重要性，后半部分则特意说明牛头山建塔的原因，"小引"后半部分是这样说的：

> 会稽千岩竞秀，人文蔚然称盛，游间公子结驷连骑。吾邑山川粗厉，人文寥寥，千金之子未易接踵，独枫桥一带差足白眉。而西北倾陷，西北又为诸乡流水尾闾，非独枫桥一隅之利害。父老集议，将于牛头山立一浮图，名曰乾元塔。宋有元祐塔，在东南境上，并修筑之。浮

图本佛门善事，今借以储地灵，一举两得。诸君子其共成之，大果证菩萨，小果受洪福，可自此起也。

公告说，诸暨的山川人文均无法与会稽相比，故平时游览者也不多，只有枫桥还差强人意。但枫桥（明代时期的枫桥区域）也有不足，主要是枫桥西北方向地势低下，因为那里是泌湖，周边各乡的河流在此汇聚。为此，枫桥的父老乡亲一起商议，决定在牛头山建一个佛塔，取名乾元塔。枫桥在宋代已建有元祐塔，地处枫桥东南，现在将两个佛塔一并考虑，建乾元塔的同时，也对元祐塔做一次修缮。建佛塔本是佛门的善事，现在又可凭借乾元塔积储枫桥西北的灵气，所以是一件一举两得的好事。希望各位同人共助善事，想大果证菩萨、小果受洪福，当从建乾元塔开始。

乾元塔共七层，应了佛门"七级浮屠"之说。乾元塔与元祐塔遥相呼应。陈洪绶称之为"无穷师塔"，因为此塔源于无穷师的倡议。枫桥人后来也称之为"永枫塔"。

三

募建乾元塔始于明万历三十一年（1603）十月，陈洪绶称其"期年而落成"，故乾元塔完工当在 1604 年底。佛塔的建成标志着牛头山佛门设施全部告竣。于是 1605 年初，陈于朝着手在牛头山兴建道场，开讲佛法。

这一次，陈于朝真正挑起了大梁，他以自己的名义写了一则《启建道场疏》：

> 盖为本乡牛头山水口，系朝倡议建造乾元宝塔一座，聚敛本家，力捐己赀，并叩十方，共成胜事。幸今落成，实切襄解。于朝自思，议创浮屠，不过前人之见财非囊橐，难云一己之功，尽赖十方之布施，全凭众贤之擘画。况头会箕敛大起贪根，铢索寸较广滋嗔业，方负罪愆敢希因果？又有十方助赀，沙门道士，善男信女，间或捐舍虽勤，贪嗔未净，讹传浮议，或谤或疑，获罪佛天，业累不小……为此，虔诚拜叩开山行僧真法等启建道场，虔诵《法华经》百卷。伏望诸佛诸

天上真神圣，大垂慧照，广普慈悲，尽扫一切众生之业，大降无量无边之福，生者受厘世界，死者早往乐邦，或速报于现身，或贻祥于后裔，住去俱休，福慧两足。朝不胜虔诚顶礼之至。万历三十三年二月十九日。三宝弟子勇修居士陈于朝谨疏。

从疏中可以看出，牛头山建佛塔，不仅是无穷师最初的设想，还有陈于朝的倡议。而且选址于"牛头山水口"，则是精通堪舆的陈于朝的一个功劳。乾元塔建造过程中，陈于朝一家竭尽所能，能捐的钱物都捐出来了。同时又向社会各界募集，这才办成了功德圆满的大事。如今乾元塔落成，从此便可祈求消除灾殃。陈于朝思前想后，认为建造佛塔，是前人舍得投资的百年大计，自己绝不敢居功自傲，它依靠四面八方的布施，它全仗贤达之士的谋划。

这番话语，是陈于朝的谦辞，从中不难发现他在其中的艰辛付出。

佛塔既成，自然可以广扬佛法、普度众生了。于是，陈于朝启建道场。道场是指佛教规模较大的诵经礼拜仪式，如水陆道场、慈悲道场等。陈于朝将道场举行的时间定在万历三十三年（1605）二月十九日。事先，他率众佛门弟子，虔诚叩拜牛头山的住持法师无穷师，奉他为开山僧，请他诵《法华经》一百卷，祈求大垂慧照，广普慈悲，扫尽一切众生的业障。

这次道场，在陈洪绶《永枫庵山主无穷师塔铭》中也记载，陈性学与诸子将无穷师迎至牛头山后，无穷师当时还提了个要求，说："塔下当为贫道结庵，贫道将终焉此块土。"于是，陈性学捐出自己的俸禄，为无穷师结庵，这就是永枫庵。无穷师"乃履霜犯雪，以募金钱；濡雨炙日，以先众力"，这是无穷师主事建塔时身先士卒的模样。"唱佛一声，众和山震；啜藜半钵，满堂腹果。""期年而落成也，师即去庵数十武作草团瓢一椽，日夜颂佛号。"这便是当年牛头山上做道场、念佛经的壮观场面。

四

牛头山佛声开始响亮，但陈于朝行佛学佛的范围并不局限于牛头山。他始终将牛头山与化城寺一并考虑，一同关注，一起用力。

上面提到，陈于朝代父亲起草《募建浮图小引》时，文中就写道："宋有元祐塔，在东南境上，并修筑之。"这句话至少可以说明三点：

一是以陈于朝为首的牛头山佛门弟子，将修筑元祐塔的事，当作了自己的分内事，由此可知陈于朝是真正的行佛学佛，无愧佛家弟子。

二是明代陈于朝在世的时候，枫桥东南紫薇山顶的元祐塔倾圮已久，正亟待修筑，但需要有像陈于朝这样的有识之士挺身而出。

三是枫桥一域的佛寺，牛头山与化城寺，是不可分割的整体，东南化城寺与元祐塔，西北永枫庵与乾元塔，将整个枫桥笼罩在佛光普照中。

陈于朝在建造乾元塔与修筑元祐塔之前，还曾向上级主管部门打过一份报告，题目叫《公举呈子》：

> 为恳恩给发簿示建塔以补地灵事：
> 夫浙之文物固不能雁行南都，而越之声名则庶几巨擘。东海大都、万壑千岩之秀聚会稽，故孕灵为独隆。乃若崇山峻岭之雄，盘踞浣水，而得气为最浊。溪流则倏涨倏涸，而无潆回潴蓄之清；平地则或夭或渊，而少圹阔平夷之趣；人文不竟，民俗难驯；皆归咎造物之独偏，而思补地维之不足。某等窃睹枫桥在通邑下流，而建塔为地方雄镇。众议：建乾元塔于牛头山，修元祐塔于化城寺。事由公举，何分利己利人；功足济时，不计当年后世。伏乞准结簿示，鼓舞人心。仁泽渊深，永作万年香火；慈云普照，功高七级浮图。

前半部分从风水堪舆的角度，说明建塔的必要。跟《募建浮图小引》所阐述的一样，陈于朝始终认为，诸暨风水不如绍兴，特别是浣江，得气最浊。诸暨境内的溪流不够"清"，诸暨境内的平地不够"趣"，且人文不突出、百姓又剽悍。这些都是造物主不肯顾恋的缘故，解决的办法就是"补地维之不足"，就是在合适的地方建佛塔。这个合适的地方在哪里？就在枫桥。因为枫桥在县城的下游，在枫桥建塔可为地方"雄镇"（强有力地镇守）。

于是，"建乾元塔于牛头山，修元祐塔于化城寺"成为当务之急。

陈于朝最后表示，这两件事是大家公认要做的事，所以没有"利己、利人"的考虑，这两件事是救世济时的事，所以没有"当年、后世"的分别。

陈于朝设想很完美，他希望枫桥的两处佛地成为"万年香火"。可惜他英年早逝，要不然，中国的佛教史上或许会留下陈于朝的浓墨重彩也未可知。

五

枫桥的佛事，在陈于朝的倡导下，正逐步兴起与繁荣。他分身有术，既关注着乾元塔的兴建，同时趁着空隙，始终关注着化城寺的兴衰。

万历三十二年（1604），化城寺开始修建。陈于朝没有坐等，一边是大兴土木，一边他已经在作《化城寺募缘疏》了。

陈于朝决定是年中秋节，在化城寺修缮即将告竣之时，延请法师来做道场，讲演《莲华经》七卷。

《化城寺募缘疏》是枫桥化城寺仅存的一份珍贵史料，其开头这样写道：

> 化城寺为暨第一古丛林浮屠，钟铭摹其文，读之令人怅惜不休。偶以顶礼，见佛像颓圮，惊泣伏地不能起。亟捐资饰也，敬白檀越，而自序罗刹之状如右：

> 哀哉！可恨矣。佛法为万代依凭，三教圣人原同一理。自古明主通儒莫不皈依三宝，迩者众生顽钝，但知焚香礼拜，不识修性修心。

化城寺是诸暨"第一古丛林浮屠"。当时寺内有一个钟鼎，钟鼎上刻着文字。陈于朝偶尔来拜佛烧香，每读钟鼎上的文字，总是惋惜不已，觉得寺院倾废甚是大罪。有一次，他看到寺内的佛像倒塌在地，惊恐不止，泪流满面，他想把佛像扶起来，可怎么也扶不起。面对化城寺如此破败境地，陈于朝痛下决心，捐资装修，并众告其他信徒，决计一改其面貌。于是有了这篇《化城寺募缘疏》。

陈于朝在文中着重阐述了佛法的重要性，中心思想是："假使人人菩提，个个神仙，何用治世语言？何用奔走劳苦？何用争名争利？何用官府囹圄？"但是现实却是"众生顽钝，但知焚香礼拜，不识修性修心"，甚至连佛寺都遭毁坏。

也正因如此，"亟捐资饰"（亟待捐资装修）、"警群迷"（教育不知佛法的民众）成为当务之急。

陈于朝牵头捐资整修化城寺，没有留下文字细节，只有一句"今化城寺见在修建，禅房作速完工"，说明他是说到做到，万历三十一年（1603）十月倡议并请示，万历三十二年（1604）秋即有措施到位。遥想其时的枫桥，东南角上正修缮着化城寺与元祐塔，西北角上正新建着乾元塔，枫桥的佛寺工程进行得如火如荼。这就是陈于朝所谓的"亟捐资饰"。

然后是"警群迷"，就是做道场，宣扬佛法。这一个情节，在陈于朝笔下有详细记录：

> 议于甲辰年秋间，本寺僧众先于佛前发大誓愿，不食荤酒，持斋敦请高足沙门至寺讲演《莲华经》七卷，以警群迷。以中秋日为始，善男信女助成功德者，不论多寡，俱交会首，协同僧众，登记簿内，分派供给。大家听讲之时，男东女西，仍用竹帘数十片遮隔，西廊自山门下用竹篱夹障，直至殿上，不至混杂。其僧众如有侵盗财物及私用荤酒，定于佛前令众严戒。

当年中秋节，善男信女登记缴费的场面，男东女西听诵佛经的场面，跃然纸上。然而四百多年过去，乾元塔已不见，化城寺也不存，唯留下孤零零的元祐塔，在那里向"群迷"们诉说着它曾经遭遇的苦难。那，一定是一曲大悲咒。

孝乃大本

——陈洪绶子孙的孝事

这是关于陈洪绶子孙行孝的故事，《光绪诸暨县志》有载，而《宅埠陈氏宗谱》未载，故补缀于此。陈洪绶先后生有六子，其中四子陈字，初名儒桢，字无名。陈儒桢不仅"承父志"，继"老莲"之后自号"小莲"，颇有画名，而且他还将孝顺的门风发扬光大，于是演绎出一段孝义之人终成眷属的佳话。故事涉及陈儒桢的儿子陈国昇、陈国昇的儿子陈异闻（陈异闻后改名"陈大本"）。

一

先说陈儒桢。他颇得父亲陈老莲真传，称得上是子承父业，在陈洪绶的六个儿子中，数陈儒桢最有成就。陈儒桢善书画，工诗文，但才能不外露。绘画的名气颇响亮，人物花草，样样精通，且用笔新奇，别出心裁，名噪一时。当时人们以得到他的画作为至宝，其珍贵稀罕的程度不亚于陈老莲。他的性格脾气，也是与父亲从同一个模子里印出来似的，"简抗，好面折人意"，天性高傲，自命清高，直来直去，不怕得罪人，若是志不同道不合，"辄绝去"，转身走人。对待买画者的态度，与陈老莲也如出一辙，想卖就卖，不想卖就不卖，他若看不惯人家，便"却千金如敝屣"，哪怕人家一掷千金，他也视如粪土，决不见钱眼开。就是这么一个人，在行孝上却做得不折不扣，两件事值得一说：

一是对待父亲的诗画作品，陈儒桢是敬重有加。孝而且敬，由物质上的赡养，上升到对父亲作品发自内心的珍惜，这是孝顺的一大创新。曾子曰："孝有三：大孝尊亲，其次弗辱，其下能养。"这是孝的三原则。大孝是使双亲受人尊敬，其次不使父母的名誉受辱，最下等的是能赡养父母。陈儒桢行的是大孝，他做了一件非常了不起的事情，就是编印陈洪绶的《宝纶堂集》。陈儒桢当初未必有"功在当代，利在千秋"的深谋远虑，他只是痛惜父亲的著述、画作慢慢散失，出发点仍是心底里朴素的孝。陈洪绶去世后，陈儒桢在众多的谱牒碑版中苦苦搜寻，找出父亲生前的遗墨，集合起来，编印成册，这就有了现在我们能读到的《宝纶堂集》。想当初，陈儒桢因无法找到父亲撰写的时事策论，于是痛苦地说："这样的结局肯定不是我父亲能料到的，他若地下有知，怎能含笑九泉？"陈儒桢长期在外游历，后来回乡祭扫祖坟，而此时父亲的侄子辈家道已经中落，为了生计，侄子辈将陈洪绶的画作变卖殆尽了。陈儒桢得知后，又从他人手里赎回父亲的作品，他说："这些画难道仅仅是画吗？这上面可是依附着祖宗的精神灵气，是万万不可以卖给人家的。"陈儒桢这么说，也这么做，所以，他的结局是"卒于穷困死"，宁愿穷得饿死，也决不变卖寄托着父亲精神灵气的画作。

二是面对妻子对公公的不孝，陈儒桢毅然"出妻"。陈儒桢原本是上门女婿，入赘到杭州周家。按杭州的习俗，入赘女婿应当住在女方，如果男方父母亡故，女婿可以回家奔丧，但媳妇并没有这个要求。陈儒桢当初入赘时哪会考虑到这个环节，所以当父亲陈洪绶去世，周家"丧之如俗"、媳妇不肯跟自己到绍兴奔丧的时候，陈儒桢终于按捺不住了，他以一"怒"一"绝"的方式来处理。回老家前他先是怒骂："岂有此理！天下竟然有公婆去世而媳妇不去奔丧之理？也不想想，我父亲命赴黄泉了，你以后哪怕想见也见不到了。"这规矩是不合情理的，这妻子是不能要了，于是陈儒桢个性脾气充分暴露，"别娶于徐"，讨了一个姓徐的女子做妻子，且很快生下儿子陈豸昇。至于他跟前妻的儿子陈国昇，因为周氏"不哭于枢前"的缘故，也连带受到了不公平的待遇。陈儒桢对陈国昇的态度极为冷淡，后来陈国昇多次请求相见，要求投靠父亲，陈儒桢始终"拒不相见"。这件事情陈儒桢做得颇为极端，除了他自身性格因素使然，也从侧面说明，在陈儒桢心目中，"孝"字第一，孝的分量远远超过老婆孩子的分量。

二

再说陈国昇。他是当时被乡人称为"陈孝子"的典范，有一个叫陈仪的人还专门为他写过《陈孝子传》，可见其行孝之事曾轰动当时。陈国昇从小就遭遇了家庭的变故，因为父母离异了。这事若发生在今天，由于价值观发生了变化，社会伦理遭受污染与侵蚀，陈国昇不致人格分裂就相当不错了。现在像陈国昇这样的孩子远比过去多得多，但在孝敬教育不断缺失的时代背景下，恐怕也难有像陈国昇当初那种孝子的境界了吧。也正因如此，陈国昇的孝心在当下尤其具有教育意义。陈国昇的孝心，贯穿了他的一生，倘若编成故事，可列举三点，妙笔生花地演绎人间真情。

一是求父。母亲周氏眼看丈夫要休了他，突然有了悔过之心，因此赶紧拿出补救措施："哀服毁容，屏居以鞠。"虽然当时公公去世没有随丈夫前去奔丧，但当被指责为不孝之妇后，却也在家里穿上了丧服，满脸哀戚憔悴，谢绝见人，独居家中，既为公公守孝，也算自我反省，期待亡羊补牢。但婚姻最终无法挽回。儿子陈国昇长大后，追着向母亲讨要自己的父亲，母亲周氏只好把离异的原因告诉他。陈国昇得知真相后，第一反应竟是"号恸欲绝"，哭得死去活来。他为啥哭？因为人子不能为父尽孝，因为那个时代崇尚的是单向度的"父为子纲"。母亲对陈国昇说："做娘的也就这样了，但你是陈家的后代，何不去投靠你的父亲呢？"陈国昇觉得母亲说得在理，就满怀希望去投靠自己的父亲了。但是，到父亲家里，迎接他的却是父亲的"拒不见"。这事若发生在现代，结局或许就成这样的版本："你拒不见我，不承认我这个儿子，那么从今往后，我也没你这个父亲，我们恩断义绝。"但是，孝子陈国昇心里装着人伦道德，事情的进展出乎常人意料。他碰到了同父异母的弟弟陈豸昇，兄弟相见，一起痛哭，不是哭父亲无情，而是哭做儿子的不能认父，不能尽孝。兄弟俩不肯罢休，"各请所亲"，各自设法劝说父亲，但父亲最后还是不想见陈国昇。事情做到这个份上，陈国昇该仇恨父亲了吧？并没有！陈国昇虽求父失败，落得个"泣而还"的结果，但这丝毫没有撼动他孝顺父亲的那片诚心。

二是侍母。陈国昇重返母亲身边时该怎么说呢？陈国昇说："父有豸也，母我而已。"父亲有弟弟豸昇照顾着，你只能由我来照顾。陈国昇的口气里，依然没有透出丝毫的怨天尤人。就这样，他尽力做好自己该做的事：母亲未病时，他日侍母侧，搔摩痛痒；母亲生病时，他祷天割股，杂糜以进；母亲去世时，他哀毁骨立，无肠可断；母亲下葬后，他盖庐墓侧，早晚痛哭，他哭得无比伤心，将路人都感染得动容了。这桩桩件件，说起来容易，做起来其实是很难的，哪怕只做好其中的一件，在当时就够得上是孝子了，但陈国昇集众多孝行于一身。这还不够，陈国昇更想两全其美，他既想孝顺母亲，又想孝顺父亲，因此，表现在日常生活上，他"每念及父辄泣"，泣自己不能为父尽孝。

三是寻父。陈国昇心里永远装着父亲，虽然父亲从此杳无音信，但岁月并不能扼杀他寻父、孝父的凤愿。他的儿子陈异闻终于长大了，陈国昇寻找父亲的计划再次提上议事日程。陈国昇翻来覆去地想："去寻找父亲的话，到底是我去好呢？还是让异闻去好呢？我去的话，怕又像上次那样，碰着父亲发怒，拒绝不见我，那样的话我就走投无路了。想想父亲现在年纪也大了，或许看见孙子，他会喜欢上孙子，只要他承认异闻是他孙子，那么我就是他的儿子了。"事实证明，经历世事沧桑，父亲的恩怨情仇已经一笔勾销，陈儒桢最终承认了陈国昇。遗憾的是父子相见时，却阴阳相隔，生离死别。那么陈国昇呢，因为"子欲养而亲不在"，伤心欲绝，差点儿要以身殉父。这件事刺激了陈国昇，所以此后但凡碰到身边有人伦缺陷的事情，他都会竭力插手相帮，成人之美，他那样做其实是为了填补内心的隐痛，因为他不忍心看见别人承受与自己一样的痛苦。这种推己及人的古道热肠，不正是儒家"老吾老以及人之老，幼吾幼以及人之幼"的孝心吗？儒家的仁爱不限于爱亲，而是以天伦之乐作为生命之爱的最初体验，进而推己及人，爱他人，爱天下人。

三

再来说陈异闻。陈异闻字雨序，也叫大本，他的名字取得有点怪。"异闻"

是父亲陈国昇给取的，"大本"是后来祖父陈儒桢给改过来的。陈异闻聪明好学，博学工文。从小耳濡目染父亲的言传身教，沐浴孝道家风，"性复至孝"，顺理成章地出落成一个孝子，且与父亲一样声名在外，"江东人士多称之孝子"。不仅如此，他还将孝发扬光大，一辈一辈地传下去，即所谓"能世其家"。

关于陈异闻更多的孝行无从查考，单是千里寻祖这一件，便是可歌可泣的孝孙形象。陈国昇把自己的夙愿告诉异闻后，异闻是二话不说，千里奔赴，北上寻祖。途中，陈异闻吃尽多少奔波之苦不得而知，但后来发生的故事听起来曲折离奇，果真是个"异闻"。或许是孝感动天吧，让孝孙陈异闻在异乡的一家旅馆里，奇迹般地碰到了自己的叔叔陈豸昇，上演了一次催人泪下的"有缘千里来相会"的奇遇。当时，陈异闻与陈豸昇刚一见面，还以为是意外地碰到了老乡。老乡见老乡，两眼泪汪汪，别提有多激动了。于是两人海阔天空地聊起来，聊着聊着发现不对劲了，一阵你问我答，揭开的谜底竟不是老乡，而是叔侄关系。此刻，两人正同处一室，相对而坐，于是喜不自禁，"相持而泣"。这就是人间沧桑，这就是人间悲喜。异闻把父亲的意思转告了叔叔，叔叔陈豸昇"驰报字"，飞奔着去向老父亲报喜。得知有孙子在寻他，儒桢老人高兴得一塌糊涂，好在此刻他的脑子倒异常清醒，立即指派陈豸昇赶紧去把陈国昇也请来，他同意陈国昇来侍奉自己了，还十分可爱地夸了一句："我本来就知道国昇会有儿子的。"好像数十年前他"拒不见"国昇是故意埋下了这个包袱似的。不过细想想，儒桢老人这句话也算是说到了点子上，因为陈国昇当初"抵家"时就表现出一片孝心，这样的孝子不可能不替他陈儒桢传宗接代，否则岂不是"不孝有三，无后为大"？

陈儒桢年事已高，突然从天上掉下了一个大孙子，自然是欢喜得不得了，于是"大本"两字脱口而出，将"异闻"改成了"大本"，成为祖父给孙子的一个见面礼。"大本"何意？指根本，指事物的基础。儒桢老人想表达的意思是，陈大本是他陈儒桢的大孙子。儒桢老人的潜台词是，孙子的得来，全仗孝道相助。当然还暗含了更深层的含义：孝者，德之本；孝者，家之本。孝乃大本！家之兴替，在于礼义，不在于富贵贫贱。正是以孝为家风，代代相传，才得以圆了陈儒桢临终前祖孙相见、人伦圆满的一个美梦。

笔通造化

——陈洪绶《乾坤交泰图》题款解读

现今存世的陈洪绶早年画作并不多见。有一幅纸本的《乾坤交泰图》(也称《龟蛇图》或《龟寿图》),收藏于浙江省博物馆,画上虽无陈洪绶题款,但钤有"莲子""洪绶"两印,是目前公认的陈洪绶早期作品,甚至或许是陈洪绶存世最早的一幅作品。此画的画面为龟蛇纠缠相交,嘘气相对,表现乾坤交泰的情景,满幅画面水墨氤氲,幽深晦暗,令人观之悚惧。

这幅画能保存到今天,实在应归功于枫桥的陈遹声及其父亲陈烈新。

我们现在见到的这件珍宝,分为上下两部分,上部为题款,下部为画作。画作是陈洪绶少年时的亲笔,而题款则是陈洪绶六世族孙(陈遹声误称是"七世族孙")陈遹声所作。通过陈遹声的题款,可知这幅画的一些来龙去脉。

陈遹声题款分四部分:一是介绍此画创作、流传及收藏情况;二是重录陈继儒(眉公)的题款;三是陈遹声对此画的题赞;四是陈遹声对此画的附记。

一、介绍《乾坤交泰图》的创作、流传及收藏情况

此章侯先生所仿唐吴道玄《乾坤交泰图》也,奇古神化,精神赫奕,真宰上契,笔通造化。余虽不见道子原本,想亦不过尔尔,若世间所称传道子画,则神变远不及此。当时先生为其姻家楼氏画作,代端阳悬钟葵(馗)以驱邪,不知何以为同邑杨村郭氏所得。道光戊戌(1838),先光禄以六十金得之郭氏。余三岁(1848),于堂壁见之,惊吓啼奔,

先常光禄携还，告以是画非走蛇，且细述："系汝七世族祖老莲先生名洪绶者所画。"余颇领会，即走告楼太夫人，欲求族祖画以作玩物，不得，则又哭，至被呵责而止。儿时光景宛在目前，而此画藏余家已九十余年矣。稍长，念及此画，辄忘寝食，时向先光禄求观，先光禄即以畀余，余宝护如筋髓头脑者又七十一年。画之空处，纸尽敝裂，而有笔墨处，精神奕奕不减，无丝毫损裂，天地间神物，必有五丁六甲、山灵水怪守护之。画额旧有陈眉公题，虫蛀鼠龁，几难辨识，为重录于后并题赞。

由上述文字，可知这幅《乾坤交泰图》的流播。此画系陈洪绶仿唐代吴道子的作品，送给亲戚楼氏，代替端阳节悬挂的钟馗像。后来此画流传到枫桥杨村一户姓郭的人家。1838年，陈遹声父亲陈烈新花60两银子从郭氏手中购得此画。陈遹声三岁时，见到堂上悬挂着此画，吓得哭泣狂奔。后来父亲向他解释此画的作者，得知这是七世族祖陈洪绶的作品，陈遹声觉得这个族祖的绘画很好玩，便向楼太夫人（曾祖母，开先公之庶）讨要陈洪绶别的作品，结果闹出笑话，被大人呵斥。陈遹声长大后念念不忘此画，常向父亲讨要欣赏，最后父亲将此画送给了他。经七十一年陈烈新父子两代人的收藏，陈洪绶的笔墨无丝毫损坏，而空白处及题跋则已斑驳破损，陈继儒当年的题款也被虫蛀鼠咬，难以辨识，陈遹声为此重新裱饰，既重录陈继儒的题跋，又写上自己的题赞。陈遹声晚年在枫桥构筑畸园，内辟有"十莲室"，专门用于收藏陈老莲的十件作品，此幅《乾坤交泰图》即其中之一。（陈遹声言此画"藏余家已九十余年"，不确，实系七十一年。）

二、重录陈继儒的题款

天地交泰，风云相得。望分威威，观分赫赫。吴道子之胡本，陈子章侯之手勒。得者珠之，后世镇宅，邪魔尽息。异哉别出手眼，神乎超凡墨笔，真珍藏之瑰宝，爱者不能易其拱璧。君璇楼大社督命题于七樟庵。云间陈继儒。

由陈继儒题跋可知，陈继儒当年曾经来过枫桥，并应楼君璇之请，在陈洪绶的这幅画上留下了以上题款，地点在陈洪绶祖父陈性学的七樟庵藏书楼。陈继儒（1558—1639），字仲醇，号眉公、麇公，松江府华亭（今上海市松江区）人。明朝文学家、画家。陈继儒与陈洪绶父亲陈于朝、陈洪绶长兄陈洪绪均有过书信往来。从题款中可知，这位晚明大文人在言语中对陈洪绶的这幅画作大加称赞，而此时陈洪绶还只是一个少年。虽然没有确切的记载说明陈洪绶早年即与陈继儒有过接触，但显然陈继儒在陈洪绶的绘画中发现了令人惊异的元素，并对他寄予了很高的期望，后来他也曾多次对陈氏的作品予以褒奖。

三、陈遹声对此画的题赞

云门弗迟，胜朝遗老。南献西闽，烽连城堡。三边告警，京辅云扰。明社将屋，栋梁尽倒。呫呫嗟嗟，寄意翰藻。借吴生之粉稿，写胸中之郁恼。呜呼！安得以此健笔，鞭雷笞电，廓妖气而尽扫。先世所贻，小子珍此，如护头脑。时见灵龟神龙，出没于草堂之表。驱风云而变化，穷造（化）之神妙。以此镇宅而驱妖，天地忽而昼昏阴阳没其晨晓。巢温骇而惊走，探蛟穴而深掏。传之千岁万秋，子子孙孙其永保。宣统纪元岁在著雍敦牂皋月中旬。七世族孙陈遹声题。

此题赞有两层意思：前半部分写陈洪绶所处时代及绘画的用意。明亡之际，陈洪绶避难云门，自号弗迟，故称其为"云门弗迟"。作为明朝遗老，陈洪绶晚年以绘画为生，实际是寄意翰墨，抒写胸中郁闷。后半部分写《乾坤交泰图》之收藏。陈遹声前后两次提到，先世留下来的这幅作品，自己格外珍惜，爱护它如爱护自己的筋髓和头脑一样。陈遹声后来将这幅作品悬挂在畸园内的"十莲室"，既是对族祖的膜拜，同时也作为镇宅之宝。他希望这幅作品能传之千秋万代，子子孙孙要永远保护它。这一年是宣统元年（1909），陈遹声六十四岁，五月份他告病辞官归家，故题赞地点当在川东或在归途。由此可知，对于陈洪绶的这件墨宝，陈遹声是始终携带在身边的。这与陈遹声在《畸园写定诗文稿》中的自述也相符。

四、陈遹声对此画的附记

不书款，钤"莲子"白文、"洪绶"朱文二印。号称"莲子"，知为先生少年笔墨。当时过平阳水陆社，见吴道子真迹数十幅，归时所作。七樟庵，先生家藏书室名。初陈跋，则是眉翁曾游枫桥矣，亦足为吾家添一故实。中元日附志。

图8 陈洪绶画作《乾坤交泰图》

这则附记是关于陈洪绶《乾坤交泰图》创作年代的判定，以及陈继儒题款的记录，附记写作时间是陈遹声辞官归家后的中元节（七月十五日）。陈遹声根据陈洪绶画作上钤有"莲子"白文印，推测是陈洪绶少年时的笔墨。相传山西平阳城南水陆社因保存有唐代吴道子的水陆画轴120幅，社由之而得名，陈遹声推测这是陈洪绶观摩归来之后所临摹的作品。又交代七樟庵，是陈洪绶家族藏书楼的名称。对于陈继儒题款一事，陈遹声认为陈继儒曾游过枫桥，这对于陈氏家族而言也是一件有历史意义的大事。

陈洪绶少年时所作的《乾坤交泰图》，结构严谨而匠心独运，陈遹声评价它"奇古神化，精神赫奕，真宰上契，笔通造化"。还说："余虽不见道子原本，想亦不过尔尔，若世间所称传道子画，则神变远不及此。"认为陈洪绶绘画的神奇和变化远在吴道子之上。这显然是陈遹声的溢美之词。实际上，可能是因为临摹吴道子作品的缘故，陈洪绶在《乾坤交泰图》中使用了细劲的圆笔，有些局部略显板滞稚嫩，尚未表现出陈洪绶自己的绘画风格。然而十几岁的他对于物象的具体描绘及画面气氛的营造，显然已经十分出色。若再联系陈洪绶四岁画关公、惊吓得妇翁张葆生跪地下拜一事，则陈洪绶在成名前临摹的"神似"委实不虚。

文章写性灵，修辞崇典雅

——陈洪绶诗论

为文最忌假

文章写性灵，修辞崇典雅。我常为叔言，叔今深信者。近来伪文行，居业趋而下。慎毋为所误，不将性灵写。为人固要真，为文最忌假。邪说售不售，误人不为寡。圣贤传道言，降为市贾也。溪山好读书，琴张结清夏。澄源流生生，清越入洒洒。我尝数过之，为我设杯罕。

（《送十三叔、十五叔读书骆庄》）

这是陈洪绶写给年龄小于自己的两位叔父的诗歌（陈洪绶十三叔、十五叔详见《陈洪绶诗文里的族亲》），体现了陈洪绶的人生观和文艺观。陈洪绶的为人法则是"为人固要真"，为文法则是"为文最忌假"。他是这么说的，也是这么做的。诗中两次提到"性灵"一词，表明陈洪绶主张文章抒写性灵，强调率真的特征。"写性灵"就是写自己的真切感受，写自己内心深处对人对事的思考。这段话也指出了时文的流弊：伪文横行，邪说误人。正是在这样的大背景下，"写性灵"尤其显得可贵，"写性灵"才是艺术的真谛。

"写性灵"接近于李贽的"童心说"。陈洪绶"写性灵"的主张，分析其思想根源，主要来自两个方面：一是受晚明心学的影响。陈洪绶十八岁来到绍兴，听刘宗周讲习性命之学，成为刘宗周的入室弟子，虽然他在那里待的时间并不是很长，但刘宗周的思想和人格对他的影响却非常大。二是受到了公安派文艺思潮的影响。公安派反对前七子和后七子的拟古风气，主张"独抒性灵，不拘格套"，发前人之所未发。他们认为"出自性灵者为真诗"，强调非从自己胸臆中流出，则不下笔，因此他们主张"真者精诚之至。不精不诚，不能动人"，应当"言人之所欲言，言人之所不能言，言人之所不敢言"，这里包含着对儒家传统温柔敦厚诗教的反抗。陈洪绶主张"写性灵"，在自己的诗画创作中做到"境有所触，心能摄之；心欲所吐，腕能运之"。

为文当存作者之意

莲尝模周长史画，至再三，犹不欲已。人指所模画，谓之曰："此画已过周，而犹喋喋，何也？"曰："此所以不及者也，吾画易见好，则能事未尽也。长史本至能，而若无能，此难能也。吾试以为文言之。今夫为文者，非持论即摭事耳。以议属文，以文属事，虽备经营，亦安容有作者之意存其中耶？自作家者出，而作法秩然，每一文至，必衔毫吮墨，一若有作者之意先于行间，舍夫论与事，而就我之法，曰如是则当，如是则不当，而文亡矣。故夫画，气韵兼力，沨沨容容，周秦之文也；勾绰捉勒，随境堑错，汉魏文也；驱遣于法度之中，钉前燕后，陵轹矜轶，抟裂顿斫，作气满前，八家也。故画有入神家，有名家，有当家，有作家，有匠者家，吾唯不离乎作家，以负此喋也。"其论如此。

（毛奇龄《陈老莲别传》）

这是陈洪绶的一段画论。为了说清道理，陈洪绶以文说画，表达了"为文当存作者之意"的观点，即写诗与绘画均不可拘泥于法度，反对备极经营，以文害意。这里的"作者之意"同前面的"性灵"一样，都是指个人的真

陈洪绶之谜

231

实思想和真情实感。陈洪绶认为，有的人原本也有"作者之意"存于胸中，可一旦落笔，却想着如何遵从行文的法则，认为这样表达恰当，那样表达不恰当，若是这样计较文法，文章反而变得僵化死板了。陈洪绶看重周秦的文章，因为它们气韵兼具；看重汉魏的文章，认为它们收放自如；对于唐宋八大家的文章，则并不看好，认为他们固然力求超越，但是"作气满前"，过于做作，反而影响了真情的抒发，故称不上"大家"，只能算是"作家"。陈洪绶自我评价也是"不离乎作家"，原因就在于他过于重视"作气"，反而损害了"作者之意"。

推崇周秦汉魏之文，并非陈洪绶一个人的观点。早在唐代就有韩愈发起的古文运动，韩愈常说"非三代两汉之书不能观"。到了明代，又有李梦阳、何景明为首的"前七子"和以李攀龙、王世贞为首的"后七子"倡导的复古运动，他们倡言要"文必秦汉，诗必盛唐"，反对陈陈相因的台阁体诗文。当然，这些运动的真正目的并不是一味追求要模拟古人之作，而是为了去除繁复空洞、峻靡绮丽的文坛风气，提倡创作有思想有情感的诗文，也就是陈洪绶所说的"作者之意"。

清新秀丽，可歌可咏

此家兄以方伯公名宦事，走五千里瘴海、盗贼中危疑忧惧而得之者也。其诗固清新秀丽，可歌可咏，可刻之以行。吾善斯举也，有三焉：夫诗即不清新秀丽，但为方伯公名宦事，走五千里瘴海、盗贼中危疑忧惧而得之者，刻之不羞吾辈饱食安居、付祖父俎豆盛典于罔闻者乎？一也。又为方伯公名宦事，走五千里瘴海、盗贼中危疑忧惧而得之者，刻之不大过人之盘乐山水、薄游江湖而得之者乎？二也。而况诗之清新秀丽，有不待以方伯公名宦事、走五千里瘴海、盗贼中危疑忧惧而得之者以取悉者乎？三也。

（陈洪绶《粤游诗序》）

陈洪绶胞兄陈洪绪，为修订《宅埠陈氏宗谱》，搜集祖父陈性学的事迹，远赴广东祖父的为官之地，五千里长途跋涉，不顾个人生命危险，在途中创作了一批诗歌。陈洪绶对这些诗歌给予充分肯定，认为兄长的诗写得清新秀丽，可歌可咏，值得刻板行世。原因有三。其一，这些诗就算不清新秀丽，但它事关祖父为官经历，兄长为弘扬祖宗功德，重走祖父的仕宦之路，这样的壮举，令那些饱食安居、数典忘祖的人羞愧汗颜。这是就诗歌的作用而言的。其二，这些诗作是兄长不顾个人生命危险，在危疑忧惧中写成的，诗中充满了真切的个人体验，比起那些游山玩水、薄游江湖的诗作，显得更加真实感人。这是就诗歌的内容而言的。在陈洪绶看来，抒写真情实感的诗歌能给人以清新秀丽的感觉，而无病呻吟的诗歌是无法打动人的，真情实感才是诗的根本之所在。其三，兄长的诗原本就写得清新秀丽，并非因为走了五千里瘴海而变得清新秀丽。这是就诗歌的创作倾向而言的。陈洪绶兄弟俩均在主张和实践"清新秀丽，可歌可咏"的诗风。

其口必如其心

> 古今文章，有国贼巨奸而称说贤圣，摘发袆壬、其口不如其心者，故以文章匿其情事，人亦第玩其文章，而并贱恶，以其文章市名誉，乃恣肆其奸恶也。仁人善事而称说贤圣，摘发袆壬、其口必如其心者，故以情事为其文章，人岂第玩其文章，而并叹慕，以其行事券文，载歌咏其懿美也。

（陈洪绶《孟叔子史发序》）

写诗作文，如果不抒写性灵，做不到我手写我心，最终必然导致沽名钓誉。陈洪绶在给孟称舜《孟叔子史发》所作的序中，总结古今文章之得失，有感而发，说了上面这番话。他说，古往今来，那些国贼巨奸歌颂圣贤之文，那些指责奸佞但心口不一之文，有意用文章来掩盖真情，人们只欣赏他们的文笔，对其人品则深感厌恶，这样的文章旨在沽名钓誉，只会让奸恶恣意妄为。反之，那些仁人君子歌颂圣贤之文、指责奸佞且心口合一之文，是用真情铺写的文章，人们不仅欣赏他们的文笔，而且还会叹服他们的人品，这样的文章用真情说话，自然能达到弘扬美德的作用。陈洪绶说这一番话，意在说明：作文如同做人，务求心口合一。"以情事为文"，才能做到"其

陈洪绶之谜

口必如其心"；"以文章匿其情事"，必然导致"其口不如其心"。

陈洪绶对书写真情尤为重视,在《祔庙碑记》中,陈洪绶对"情"和"礼"的关系有这样一段论述："天下有徇情违礼,使人思慕感悦反逾于尊礼夺情者,今为祔庙于此者是也。然情之所至,礼亦宜之,况礼系情生,则为祔庙于此者,未必不为礼也。"祔庙,旧指祭祀后死者于先祖之庙。这里鲜明地表达了对于"情"的尊重,"徇情违礼"之所以能超越"尊礼夺情",是因为"情"字当先,能催人怀念与追慕,使人感动悦服。陈洪绶认为,"礼"由"情"生,"情"之所至,"礼"也恰当自然了。由此我们也可以了解,为什么陈洪绶的作品不拘陈规而且饱含人情味了。陈洪绶在为孟称舜《节义鸳鸯冢娇红记》所作的序言中,也表达了他对"真情至性"的高度重视："若人非不知理义之患也。唯知有理义而貌之以欺世,而其真情至性与人异,故自坠于非人之类而不知也。唯知有理义之根柢也。苟夫性情无以相柢。"他强调了"性情"乃是理义的根柢,没有了真性情,也就坠于非人的境地了。

老格淡韵，渐进自然

余于戊午与吉士游。吉士与余同年生,余长其十余日,常兄事余。余见其诗有"脚头寻野趣"之语,直言有中郎语气；又用"哗"字,嫩；结语有"不妨乌帽斜",甚弱,后宜去此。十年来,来往疏远,闻为诗日长。今年饮酒湖上,读近作,有似香山者,有似东坡者,老格淡韵,渐进自然,戊午诸病尽去,吉士可谓信予极矣。然予今日之信吉士亦余每于试蹶后,辄多怨恨悲愁之语,不能如吉士旷观。与余同饮同诗,无一怨恨悲愁之语,是知命人也。不以朝觐之荣为眷眷,是有志千秋事业人也。曾子固曰："吾儒胸次,唯读书能宽大。"吉士之诗工,以读书故；能不为愁恨悲怨语,以读书明理故。刘后村曰："诗以人重。"吉士诗即工矣,而不能为旷观,人毋取也。予诗,人皆许可,予所自不许可者,为怨恨悲愁之语。今见吉士,当不复为也。吉士兄事余,益余者多多矣。

（陈洪绶《吕吉士诗序》）

这是陈洪绶三十一岁时为老友吕吉士写的诗序。从陈洪绶对吕吉士十年来诗风转变的评价中，不难发现他在诗歌创作上追求"老格淡韵、渐进自然"的艺术倾向。陈洪绶对公安派所提倡的"独抒性灵"的观点本是肯定的，但他不喜欢袁宏道的"中郎语气"，公安派一些作品因过于率直浅俗，加上作者不经意的创作态度，以至于"戏谑嘲笑，间杂俚语"。陈洪绶对这种弊端有着清醒的认识，因此当看到吕吉士诗中"脚头寻野趣"这种过于直言的诗句时，便给予了直截了当的批评。除了语句过于直白外，吕吉士的诗在韵律上也有刻意追求的痕迹，这样便失去了诗歌应有的美感，所以陈洪绶建议"后宜去此"。十年后，当陈洪绶再次读到吕吉士的诗作时，赞其"老格淡韵，渐进自然"，是因为吕吉士的诗已有白居易和苏轼的味道。白居易的诗"老妪能解，童孺能知"，以平淡自然为其美学追求，苏轼则主张"在有意无意之间"创作诗歌的观念，两位大家的诗风正是陈洪绶欣赏和追求的。清顺治六年（1649），陈洪绶在《香山四乐图》上题跋："洪绶以香山曾官杭州，风雅恬淡，道气佛心，与人合体。"由此不难发现，无论是作诗还是绘画，陈洪绶在艺术趣味上一向追求自然，追求恬淡。如何才能写出恬淡自然之诗？陈洪绶援引刘克庄"诗以人重"的观念，主张诗人既要重诗品，更要重人品，而诗品更源于人品。陈洪绶认为，只有胸怀豁达，不执着于功名利禄，不以物喜，不以己悲，才能真正写出老格淡韵、平易自然的诗歌来。陈洪绶还客观评价了自己的诗，虽然"人皆许可"，但"自不许可"，原因是自己的诗多"怨恨悲愁之语"。

老格淡韵、渐进自然的诗歌创作倾向，在陈洪绶《八叔索诗》中有类似的表达："我诗甚平易，率意书其情。非若沾名客，奇诡骇人听。万事贵淡漠，岂可令人惊。即以诗家重，大道贵隐名。安得并平易，默然不一鸣。"陈洪绶主张，诗当率写心灵，崇尚平易，且要放下功利心，切不可为沾名钓誉，以奇句骇人。陈洪绶以陶潜为师，能成平远诗，就是因为他在实践中奉行"万事贵淡漠"，奉行"大道贵隐名"，这不仅是陈洪绶作诗的态度，更是他做人的原则，是"诗以人重"的忠实实践者。

苦吟费神思，且乏天真好

除了主张为诗文应该书写真情至性之外，陈洪绶还认为应当有天真的创作状态，只有天真的创作状态，才能达到自然的艺术境界。

他在《失题》中这样写道："酒酣技痒难收拾，又对秋林写我真。"这里的"真"指的是自己的真情实感，是对物象的真切感悟。"真"在中国古代哲学中指的是事物的本质，是事物所具有的自然、天分、情性等。陈洪绶在这里主要表达了两方面的意思：第一，诗文应当书写自己的真情实感；第二，诗文应当有"天真"的创作状态和自然的艺术境界。

他在《解姤》中说："苦吟费神思，且乏天真好。"苦吟和天真都是一种创作状态。"苦吟"的创作状态，耗费心神，穷思竭虑，会妨碍诗文情感的表达，不利于创作出好的作品。与之对应的是"天真"的创作状态，"天"就是人的自然本性、天性，"真"就是自然而然的表现，自然而然才是最好的状态。关于"苦吟"和"天真"，陈洪绶在诗文中将两者做了对比："千秋画苑写崔莺，费尽春工总不成。侬若画时呼欲下，海棠花下拓陈琼。"这里以绘画阐释了两种状态的差距，于画苑中画崔莺，如果没有一种自然的状态，就算费尽工夫也创作不出形象的作品，刻画不出物象的神韵，而一旦进入了一种呼之欲出的创作状态，那便能创作出清新自然的作品。

对于这种"天真"的创作态度，陈洪绶在诗文集中多有论述。如《雨中示》："书画得随意，湖山系我思。"如《南山偶书》："无意作诗诗远澹，殚力为之力甚艰。""随意"与"无意"都是一种自然而然的创作状态。书画作品是在随意中而得，自己的心神系在山水之间，无意之中做的诗是恬淡而广远的，而竭尽心思来做诗却需要花费很大的力气，一个是无意为之，一个是殚力为之，两者的差别显而易见。由此可以看出，陈洪绶不仅认为诗文应该写真情，也主张要有自然的创作状态。陈洪绶在这里还表达了另外一种意思，经苦吟而得的诗，缺乏一种天真的美，只有在"真"的状态下才能创作出"真"的诗文。前一个"真"是天真的创作状态，后一个"真"则是指诗文平淡自然的境界。

陈洪绶诗文里的族亲

宗亲是以姓氏为区分的同宗亲属，如陈洪绶《赠陈庚卿入国子学序》中提到的陈庚卿，即陈姓宗亲。而族亲，则是在同一族谱上具有血缘关系的亲属，在《枫桥宅埠陈氏宗谱》上，"都"字第均是陈洪绶的同族祖辈，"钶"字第均是陈洪绶的同族父辈，"灏"字第均是陈洪绶的同族兄弟。陈洪绶虽然晚年离乡背井离开了故土枫桥，但是他的诗集《宝纶堂集》中，却留下了大量他与枫桥陈氏族亲之间的诗词唱和。阅读这些诗歌，并弄清陈洪绶与族亲的关系，有助于更深入地了解陈洪绶的身世，体会陈洪绶与枫桥陈家长道地的浓浓乡情。

三位叔祖

陈洪绶写三叔祖的诗：

> 枫林将换梅花节，族亭酒滴沙叶楫。明年讲散草花砖，归来袍映新枫叶。

（《送三叔公会试》）

> 大人远千里，教诲隔数年。书札不间断，思之恒怅然。政事皆就绪，子民如二天。可以慰子弟，可以履圣贤。羞我年三十，为文未成篇。

酒味颇有得，功名罔计焉。

（《寄三叔祖》）

眼见花花草草辰，独觞独咏两三春。五年歌舞书良吏，千里笙箫迎老亲。羞我为生逢圣主，闭门坐看负先人。许多落寞言难尽，又恐忧思不欲陈。

（《寄三大父》）

诗中的三叔祖、三叔公、三大父，所指均为同一人，用枫桥本地的称谓来说，他就是陈洪绶的"三爷爷"。

查《宅埠陈氏宗谱》可知，陈洪绶曾祖陈鹤鸣生有四子，分别是：都六十八（陈性学），都百六十九（陈文学），都二百五十二（陈善学），都二百六十七（陈经学）。陈洪绶的三叔祖即陈善学。

陈善学（1579—1635），字渊止，号豫庵。万历四十年（1612）中浙江乡试举人（第四十六名），多次参加会试不中。赴吏部应选，授杭州府富阳县儒学教谕，升直隶凤阳府五河县知县。五河县是陈善学从祖陈元魁曾经为官的地方，当地建有陈元魁的生祠，陈善学到任后，在从祖的遗像前立誓，决计为民父母，兴利除弊。当时白莲教密谋起事，陈善学计擒渠魁，徒众悉散。五河地势低洼，常苦水患，陈善学筑堤疏流，民赖以安。以政绩卓异，升任广德州知州。后因母卒，丁忧回乡，遂不出。著有《豫庵文集》，与眉公陈继儒镌刻《杨铁崖乐府》。

陈善学与陈洪绶虽是祖孙关系，实际两人年龄只相差十九岁。上引三诗，第一首作于陈善学赴京会试之际，第二首作于陈洪绶三十岁那年，第三首作于陈善学为官五年之际。显然，这些诗都是陈洪绶在枫桥写就的。从诗中可知，陈善学当年对于从孙陈洪绶颇多教诲，两人还经常书信往来。而陈洪绶在三叔祖面前，总是感到羞愧，三叔祖三十四岁就考中了举人，而自己三十岁时依然是个秀才。功名无成，导致陈洪绶心头积聚着一种亏欠落寞的情绪，一种无法陈说的忧思。

陈洪绶写四叔祖的诗文：

吾闻有道人，养生得其常。学问与务本，寿命康且长。引仲并服食，其说多荒唐。乃知仙籍中，一一皆善良。

（《寿四叔祖四十》）

某见天下者不能敦睦周亲者，必其不能咸和庶民者也。能敦睦周亲者，必其能咸和庶民者也。某忆四五岁时，为鸠车竹马之戏，叔祖便欣然身先之。十八九岁时，知声能歌曲，叔祖便与击鼓按拍。二十岁外，嗜酒学诗，喜草书，工画，叔祖不善饮，便引满，买纸索命书所得诸文为折，写得一树一石，玑璧不能易其爱。见某出处跋踬，少有声誉，便分忧喜。某不事礼仪，酒酣或与叔祖争坐，叔祖且乐为狎，叔祖抚某殆朋友者。然此虽叔祖溺爱于某，然于周亲亦无一事之乖离，且无辞色之相忤。今五十岁如一日，周亲无不敬而爱之。今天下苦浚削久矣，叔祖行将卜仕进，不知何地受其抚字焉。时乙亥四月二十六日，侄某顿首拜书。

（《奉觞叔祖大人五十寿序》）

陈经学（1586—1637），字所明，号孔璧。县学生。宗谱载有《太学生考授县丞孔璧陈公传》，称其"少聪哲，誉并八龙三凤"，又赞其"心性慈良，乐善施仁"。他曾游兄长为官之地，"视民蹈法，每每流泪，民咸目为慈母"。陈经学兄弟四人，三位兄长均外出为官，为了终养父母，他毅然放弃举子业，"不求闻达，唯依依承膝下欢，凡问寝视膳，愉色婉容，毫无不惬尊人意"。待父母谢世后，例入太学，职授县丞，因闯贼作难，又隐身不仕。

陈洪绶与四叔祖年龄只相差十二岁，陈经学四十岁时，陈洪绶二十八岁。上引《寿四叔祖四十》即写于是年。在陈洪绶的笔下，陈经学是一个有道之人、一个善良之人，与宗谱传记所颂赞的文字相得益彰。而《奉觞叔祖大人五十寿序》则写于陈洪绶三十八岁那一年，序中列数叔祖关爱自己的种种情状，读来充满着满满的爱意。

陈洪绶写叔慧叔祖的诗：

书从韦曲去，远寄漆园中。知我山中桂，怜君爨下桐。折威冲杀气，乐土散淳风。微禄堪沽酒，毋劳问紫濛。

（《寄叔慧叔公》）

性爱写此花，复爱作花句。况坐南屏楼，有画宜有赋。

（《题叔慧居士梅花》）

这位叔慧叔祖，名叫陈悟学（1571—？），与陈洪绶同在一个房头（维六房）。叔慧是陈翰英的曾孙，而陈洪绶是陈翰英的六世孙。宗谱行传载："都二百十八，讳悟学，字叔慧，号冲宇，鼎百二十一公三子。由吏员授陕西西安府税课司大使，升陕西巩昌府徽州巡检司。"

上引两诗，从第一首中可以看出，陈洪绶与叔祖陈悟学常有书信往来。"书从韦曲去，远寄漆园中"，指陈悟学的书信从陕西巩昌的官府内远道寄来的，然后陈洪绶将叔祖比作"山中桂"，将自己比作"爨下桐"（遭毁弃的良材）。"折威冲杀气，乐土散淳风"写叔祖做巡检司的功绩。"微禄堪沽酒，毋劳问紫濛"，交代自己的处境，说自己尚能靠微薄的收入买酒，但紫濛（指功名）却不值叔祖询问了，因为自己羞于向祖上交代。从第二首诗可知，陈悟学致仕回家后，性喜梅花，既作画，又吟诗，陈洪绶的这首诗就是写在陈悟学梅花图上的题诗。

陈洪绶诗中为何没有提到祖父陈性学、二叔祖陈文学？因为这两位祖父去世较早，而其时陈洪绶尚年幼。

陈性学（1546—1613），字所养，号还冲。万历五年（1577）进士。授行人，不久出任贵州道监察御史，上疏弹劾督臣周某、按臣陈某，使削职。督修武英殿，功成，任粤东佥事，升粤西少参，转贵州副宪，力主安抚边疆。后按察闽南，罢黜恶吏，昭雪冤案，整顿军队，减免税收，有政声，升广东左布政使。丁父忧，服除，任陕西左布政使，兵备榆东。不久，遭谤归家。著有《平定东兰纪事》《楚北抚苗议》《湖北宗功》《舞干遗化录》《防边筹略》《盐政遗思》《西台疏草》《光裕堂集》《紫瑛山房藏稿》。在兄弟四人中，陈性学学问最大，官职最高。陈性学去世时，陈洪绶年十六岁。

陈文学（1562—1609），讳文学，字所蕴，号南华，又号联璧。太学生，考授山西按察使司知事，升陕西兰州通判。丁父忧，服阕补山东泰安州通判。宗谱载有《征仕郎山东济南府泰安州通判联璧陈公墓志铭》，历数其为官政绩。著有《舸楼诗集》《犹贤余选》。陈文学去世时，陈洪绶年十二岁。

十八位叔父

读陈洪绶的《宝纶堂集》，发现其诗题中出现了"仲叔""五叔""七叔""八叔""十叔""十三叔""十六叔""十八叔"这样的称呼。为此特查阅《宅埠陈氏宗谱》，梳理其父辈的兄弟情况，这一查竟查出陈洪绶父辈有十八堂兄弟。

陈洪绶高祖陈衮（廉三十六），字懋贤，号文峰，又号碧崖。生二子：陈鹤鸣（鼎百四）、陈鹤升（鼎百六）。陈鹤升无子嗣。陈鹤鸣生四子：陈性学、陈文学、陈善学、陈经学，其中陈性学、陈文学为楼氏所出，陈善学、陈经学为马氏所出。

陈性学三子：于廷、于墀、于朝（陈洪绶之父）。陈文学三子：于宀、于明、于黼。陈善学七子：于蔿、于来、于嘉、于磬、于蕃、于迈、于兴。陈经学五子：于浦、于附、于信、于家、于羔。以上共十八人，均是陈鹤鸣的嫡孙，是陈洪绶的伯叔。陈洪绶诗文中出现的以数字区分的伯叔，就是这十八位。现根据行第排列，将宗谱中的行传录如下：

（大伯）柯三十六：讳于廷，字嘉言，都六十八公长子。恩荫生。生嘉靖甲子（1564）九月。聘山阴鹊竿王氏。公氏卒葬祠堂山西陇。

（二伯）柯七十七：讳于墀，字仲孚，号兆龙，都六十八公次子。县学生。入监考授鸿胪寺司仪署班事，乡饮大宾。生隆庆辛未（1571）四月初四日。配墨城寿氏、太学生延年公女，子三：灏二十三，灏五十五，灏八十五；女二，长适太学生周之鼎，次适庠生骆方宁。公卒崇祯戊寅（1638）八月初三日，与氏合葬琪树坪。其行述详载传志。

（父亲）柯九十五：讳于朝，字孝立，号饮冰，一号鬶溟，都六十八公三子。县学廪生。性至孝,读书于苎萝山之西竹庵,恒与名士游玩,触景吟咏,著有《苎萝山稿》《自得斋稿》。其行状详载邑志传文。公生隆庆壬申(1572)十二月初四日。配王氏本乡纯斋公女,生万历乙亥九月二十七日,子二:灏四十一,灏七十七,女一,适萧山大学士来宗道子咨谀。公卒万历丙午(1606)五月十八日,氏卒万历乙卯二月十三日,合葬五十二都子安山。有司旌其孝,宗祠乡贤。

(四叔)钶百九十九:讳于宁,字面之,号百朋,都百六十九公长子。守祠生。生万历丙戌(1586)六月二十二日。配楼氏,女一,适华舍赵。继配傅氏。庶李氏,子三:灏二百九十,灏三百五十,灏三百九十四,幼子出继幼弟钶二百七十五公为嗣。公氏葬石虎柜。

(五叔)钶二百十七:讳于明,字清臣,号觊生,都百六十九公次子。生万历庚寅(1590)六月初六日。配楼氏。继配盛氏,女一,适楼。庶马氏,子一,灏三百七十八。公氏葬青岭里。

(六叔)钶二百七十五:讳于黼,字宸明,都百六十九公三子。生万历丙申(1596)六月初九日。配何氏。继长兄钶百九十九公幼子灏三百九十四为嗣。公氏葬石虎柜。

(七叔)钶三百二:讳于蒍,字元鲁,都二百五十二公长子。县学生。生万历己亥(1599)十二月十二日。配余氏,子四:灏二百六十五,灏三百二十五,灏三百五十九,灏三百六十九,三子出继三弟钶三百四十四公为嗣,幼子出继五弟钶三百六十八公为嗣。公氏葬黄沙桥墩地。

(八叔)钶三百二十八:讳于浦,字东墅,都二百六十七公长子。生万历甲辰(1604)二月二十一日。配楼氏,子五:灏三百二十,灏三百四十六,灏三百八十一,灏四百十七,灏四百八十五;女一,适霞朗桥。次子出继二弟钶三百三十八公为嗣。公氏合葬陶家庙侧墩地。

(九叔)钶三百三十七:讳于来,字子方,号介庵,都二百五十二公次子。县学生。善解乡里纷争,凶年寒月曾作粥济人,有声气,所交皆名士,颇工书,求索者必应之。生万历丙午(1606)三月初九日。配郭氏,子一,早世。继配张氏、骆氏,子七:灏三百四十二,灏三百八十,灏三百九十,灏四百三十七,灏四百五十二,灏四百六十六,灏五百十二,四子出继三弟钶三百四十四公为嗣。公葬葬吴马头,氏葬宋家岭。

（十叔）钶三百三十八：讳于附，字东来，都二百六十七公次子。生万历丙午（1606）三月初十日。配楼氏。继配赵氏。继兄钶三百二十八公次子灏三百四十六为嗣。公氏合葬大坞青山湾里陇。

（十一叔）钶三百四十四：讳于嘉，字叔通，都二百五十二公三子。仁和县学生，弃而就武官，授宁锦卫守备，升鸢州府参将。生万历丁未（1607）九月二十九日。配林氏。继长兄钶三百二公三子灏三百五十九为嗣，又继二兄钶三百三十七公四子灏四百三十七为嗣。公氏卒葬五十二都何肇金村礼十九公众山。

（十二叔）钶三百五十三：讳于磐，字子危，都二百五十二公四子。县学生。生万历己酉（1609）十月初二日。配何氏。继配沈氏，子二：灏四百三十六，灏四百五十九；女二，皆适何。公氏葬石虎柜。

（十三叔）钶三百五十九，讳于信，字君实，号信生，都二百六十七公三子。性耽书，上世显宦，志在绳武，日夕攻击，遂成痼疾。生万历庚戌（1610）十月二十三日。配同里楼氏克成公女，子一，灏三百七十六，女二，长适桥上骆玉林，次适紫里王国斌。公卒顺治丙戌（1646）七月二十一日。兄弟以公早世，举一子，唯恐悬绝，故葬五十八都干岭亭子山祖父通奉大夫鼎百四公墓下。氏抚孤守志，节操足嘉，享年六十六岁，卒葬四十九都石砩岭里施家湾山，坐南字号，塚西向。

（十四叔）钶三百六十八：讳于蕃，字元俊，都二百五十二公五子。生万历壬子（1612）正月二十八日。配骆氏迟春公女。继长兄钶三百二公幼子灏三百六十九为嗣。公氏葬右单提。

（十五叔）钶三百七十一：讳于家，字子先，号仁庵，都二百六十七公四子。守祠生。生万历壬子（1612）闰十一月二十六日。配墨城寿氏赞育公女，子四：灏四百三十九，灏四百四十八，灏五百十三，灏五百十七；女一，适寿干臣。公氏葬青山头灵峰寺右骑龙山。

（十六叔）钶三百八十二：讳于羔，字素常，都二百六十七公五子。生万历丙辰（1616）十月初四日。配姚氏，子五：灏四百十六，灏四百二十九，灏四百四十六，灏四百七十七，灏四百九十六；女一，适花坟前何。公氏葬大坞岭青山湾里陇。

（十七叔）钶三百九十九：讳于迈，字子公，都二百五十二公六子。

生天启辛酉（1621）六月初八日。配骆氏，子二：灏四百三十五，灏四百六十一。公氏葬石虎柜。

（十八叔）钶四百十七：讳于兴，都二百五十二公七子。生崇祯癸酉（1633）正月初七日。配楼氏，女一，适施。后为僧。

由上可知，陈洪绶的父辈，已经在科第上走下坡路，十八位叔伯中，只出了六个秀才（县学生），没有举人或进士出现。

陈洪绶出生于 1598 年 12 月 27 日，他如此众多的叔伯，年长于自己的竟只有六位，年小于自己的却有十二位，即所谓的"叔大侄不小"。正因为这些叔父与自己年龄相仿，有的甚至远小于自己，故陈洪绶与叔父之间，既是叔侄，也是朋友。陈洪绶生活在枫桥期间，常与他们把酒吟风，踏雪寻梅，诗文酬唱。

陈洪绶写仲叔的诗：

莫非祖德尽，骨肉渐云亡。四日丧二老，两棺置一堂。哀号无断续，吊唁动成行。惨怛惊疑并，令人不可当。

（《伯母仲叔四日死》）

这首诗写于崇祯戊寅（1638）八月，这一年陈洪绶四十一岁。八月初四（宗谱载陈于墀卒于八月初三），陈洪绶的伯母（陈于廷原配王氏）与二伯陈于墀竟在同一天去世，所以陈洪绶家族所在的堂屋，同时放置了两口棺材。这是不吉的兆头，这个场面既令人悲痛忧伤，又让人心生惊疑，所以陈洪绶一落笔就发出"莫非祖德尽"的疑问。

陈洪绶写五叔的诗：

花事于今大半过，海棠开得甚婆娑。主人出酒君当醉，况复秋来风雨多。

（《五叔招赏海棠，即席索诗》）

高卧千竿修竹中，松风入树响高空。不须海上神仙诀，能使先生老复童。

（《寿五叔》）

休说功名不大，自小不知饥饿。屈指计明年，添个粉儿上坐。高卧，高卧，夜饮朝醒且过。

（《如梦令·寿五叔》）

五叔陈于明，字清臣，号觊生，比陈洪绶仅年长八岁。第一首写五叔邀请自己饮酒棠花，杯来盏去时，五叔向陈洪绶索诗，陈洪绶即席吟诗一首。第二首诗是祝寿诗，陈洪绶写了五叔惬意的生活，并祝五叔返老还童，青春永驻。第三首也是祝寿词，从功名说起，说到了五叔第二年纳妾之事。

陈洪绶笔下的四叔、五叔、六叔：

丁卯十一月八日，莲子至永枫庵访大先和尚，叔觊生、宸铭与俱。溪涨无舟楫，道人负而济。大先远出，其徒寰和尚煮茶栗馆之，饮酒塔下。面之叔从东山来，让二叔曰："何不凤期，使我巫巫于事而步履甚劳。"言迄后痛饮。宸铭叔曰："当作诗。"莲子辞以庵中游诗亦多无记，不可以无记。叔即妥纸，莲子举笔，慨然有感。……

（《游永枫庵记》，完整引文见《陈洪绶与枫桥牛头山、永枫庵》）

陈洪绶的《游永枫庵记》作于天启七年（1627），这一年陈洪绶三十岁。十一月八日，陈洪绶到牛头山永枫庵拜访大先和尚，一同前往的还有"叔觊生、宸铭"，觊生是陈洪绶的五叔，宸铭是陈洪绶的六叔。后来，"面之叔从东山来"，这个面之叔是陈洪绶的四叔。面之叔还责怪两位弟弟没有事先预约，害得他长途跋涉赶来。在永枫庵，陈洪绶与三位叔叔痛饮一场，还在叔叔面前展露了自己的诗才。

陈洪绶写七叔的诗：

　　薄游不得已，达士每如斯。交道虽沦丧，端人存故知。花开吾独看，燕到子还期。舟返吴江日，将来一会之。

（《送七叔之扬州谒司理》）

　　花缘逼我卷残书，载酒行歌春思余。赋得七言诗数绝，此番游览未为虚。梅花开时我不来，梅花落时我始来。喜得一半犹未落，不到月斜我不回。

（《与七叔问梅干溪，酒间书以记游》）

　　我欲为楼居，倚山而临涧。无钱不可得，市处又不惯。我叔开高楼，远山可四盼。留我与读书，酒食为我办。口腹累安邑，此语良可患。

（《坐广怀阁赠七叔》）

　　旧时西湖上，拨棹朝暮游。美人催新句，大叫书高楼。人以风流观，而乃步影求。求欲将何为，落叶风飕飕。

（《醉中画荷与元鲁叔》）

　　千里别无恨，有怀在醉翁。棹头杨柳色，驴背落梅风。酒劝扬州女，歌听吴市童。归来茶正熟，生活竹溪东。

（《送元鲁叔之五河》）

　　十年同卧起，一夕倍伤神。聊以灵床宿，完兹山馆因。声音永不接，骸骨暂相亲。明日藏空木，荒丘伴野燐。

　　叔父如兄弟，髫年到壮时。蒙师同句读，操管角奇思。属望皆能切，穷途各为悲。至亲原可痛，何况最心知。

　　悲痛终无补，如来度有情。写经赍冥福，画佛乞超生。业障君知否，冤情人漫评。莫言前世造，忏悔自分明。

　　佛事吾虽任，遗孤难立身。教儿能识字，择婿颇知人。在世原关切，殁时当更亲。主张唯二叔，有见必相陈。

二叔真难及，扶持亦尽情。衾棺必诚信，哭泣不俱生。一妾鬓才冠，双孤议已成（妹八叔携归，许助嫁）。重泉宜瞑目，主柜妥精英。

传铭吾自写，勒石立茶园。翰墨平生爱，劳心只此番。辞非流世代，君可示儿孙。但恐濡毫日，凄然不尽言。

辞尽情无尽，更深痛愈深。命灯如见影，覆面似闻音。月踏归山魄，风听落叶吟。愀然呼二叔，相读哭人琴。

（《宿七叔灵床侧哭七律》）

在所有叔父中，陈洪绶与七叔陈于蔚的关系最亲密，所以写七叔的诗竟有 13 首之多。陈洪绶比七叔只大了一岁，所以两人是"十年同卧起""叔父如兄弟""蒙师同句读"。七叔是秀才，他外出赴扬州、赴五河的时候，陈洪绶以诗相送。七叔与陈洪绶都性喜梅花，所以经常到干溪寻梅，到西湖放棹，又是饮酒，又是吟诗。七叔待年长于自己的侄子亲如兄弟，所以在自己的高楼里留陈洪绶读书，为陈洪绶置办酒食。七叔死后，陈洪绶痛不欲生，留宿在七叔的灵床边，回忆往事，一气呵成七律七首。陈于蔚，字元鲁，故陈洪绶有时也称元鲁叔。

陈洪绶写八叔的诗：

何日溪行乞再携，白羊几只草萋萋。君思江北春天否？杨柳鹅黄载马嘶。

（《东望寄八叔，约复过永枫庵》）

孟春朝雨歇，溪山皆新清。诸叔步塘上，索我作新声。我诗甚平易，率意书其情。非若沽名客，奇诡骇人听。万事贵淡漠，岂可令人惊。即以诗家重，大道贵隐名。安得并平易，默然不一鸣。

（《八叔索诗》）

吾想数年前，花间必饮酒。今年但静坐，酒可不必有。

（《画梅与八叔》）

写佛写经事已，黄花黄叶都齐。老子心神妙远，画将空谷寒溪。

（《题画赠八叔》）

八叔陈于浦，小陈洪绶六岁。两人经常邀约出游，第一首诗即写两人复游永枫庵之事，从诗中看出，陈于浦似不在枫桥本地。陈于浦对陈洪绶钦佩有加，经常向陈洪绶索诗索画。陈洪绶的《八叔索诗》，是不可多见的表达自己诗歌创作倾向的诗作，他认为诗当率写心灵，崇尚平易，且要放下功利心，切不可为沽名钓誉而作诗。

陈洪绶写九叔的诗：

不图一月两握手，笑拔金钗沽酒来。攫食宛同村社饮，置身如上望乡台。前期已失看乌桕，后约当归待绿梅。聚首应知无几日，何劳郑重送君回。

（《子方叔、亦公兄、仲琳兄复过青藤书院小酌，送之且约即归》）

诗题中的子方叔，就是陈洪绶的九叔。陈洪绶移居绍兴青藤书屋后，陈洪绶的九叔带着陈洪绶的族兄亦公、仲琳前来看望。另，三十八岁那年，陈洪绶组织了一次枫溪雅集，为赵公简过生日，陈洪绶作《赠赵公简初度》一诗，在诗序中也出现了"子方叔"。"乙亥（1635）四月七日，为公简初度。伯蕙翁，叔绣夫、子先、不庸、子方，兄亢老、亦公、桑老，洪绶，弟子师，侄伯翰，邀山阴赵钦子、武林关子书、表弟楼祁生，合钱觞于枫溪。"

陈洪绶写十叔的诗：

达人小天下，何事载虚名。文字真难识，升沉不可评。红莲开数朵，翠羽叫三声。还有余愁不？偕君桥上行。

（《与十叔》）

归期君已定，何必感高秋。但好通宵语，难忘竟夜游。穷经当细讲，服药用深求。休忆吾萧寂，藏书有半楼。

（《送九芝伯十叔之五河》）

十叔陈于附，小陈洪绶八岁。第一首，陈洪绶旨在宽慰劝导，排遣十叔内心功名不成的痛苦，所以有"文字真难识，升沉不可评"之说，意思是十叔的文章虽然做得好，但是这跟功名没有必然联系，故劝他看开看淡，做到"达人小天下"，不必为虚名耿耿于怀。（其实陈洪绶自己也做不到。）第二首，写到十叔与九芝叔（下文将述及）要去五河（陈善学为官之地），因为要分别一段时间，两人总是依依不舍。从诗中可以看出，陈洪绶与十叔虽非同龄，却是志同道合。陈洪绶三十三岁乡试失利的那年秋天，他的兄长陈洪绪为宽慰他遭遇落榜的打击，特地约了一批人到杭州宽慰陈洪绶，陈洪绶在《予见摈，兄亢侯为予买酒买舟游南屏，邀十三叔公、十叔、侄翰郎、客单继之相宽大，醉后书之》一诗中也提到了十叔。

陈洪绶写十三叔的诗：

> 文章写性灵，修辞崇典雅。我常为叔言，叔今深信者。近来伪文行，居业趋而下。慎毋为所误，不将性灵写。为人固要真，为文最忌假。邪说售不售，误人不为寡。圣贤传道言，降为市贾也。溪山好读书，琴张结清夏。澄源流生生，清越入洒洒。我尝数过之，为我设杯斝。
>
> （《送十三叔十五叔读书骆庄》）

> 人性最放豪，必当有所归。吾叔以笔墨，百动不一违。高山翻语录，秋风吹我衣。遥想幽思人，君当压光辉。
>
> （《怀十三叔》）

> 旧年秋暮君送我，今年秋暮我送君。两度离尊话残月，寒螿唧唧竹根闻。
>
> （《送十三叔至五河》）

十三叔陈于信，小陈洪绶十二岁；十五叔陈于家，小陈洪绶十四岁。两位叔父年轻时曾在枫桥骆氏在紫薇山麓开办的书塾内读书，陈洪绶以过来人的身份，以诗相赠，论说了如何写文章。这首题为《送十三叔十五叔读书骆庄》的诗，体现了陈洪绶的人生观和文艺观，是事关陈洪绶诗论的经典语录。陈于信性嗜书，志在继承祖先的辉煌，因此朝夕攻读，立志功名，但力不从心，他像陈洪绶父亲陈于朝一样，最后也得了疾病，英年早逝。

陈洪绶写十五叔的诗：

除在《送十三叔十五叔读书骆庄》中提到十五叔，陈洪绶在《赠赵公简初度》一诗的诗序中也有提及，称其为"子先叔"。"乙亥四月七日，为公简初度。伯蕙翁，叔绣夫、子先、不庸、子方，兄亢老、亦公、桑老，洪绶，弟子师，侄伯翰，邀山阴赵钦子、武林关子书、表弟楼祁生合钱觞于枫溪。"文中的"子先"，就是陈洪绶的十五叔。

陈洪绶写十六叔的诗：

吾叔有道人，读书而饮酒。随世如随心，心且不自有。笑者为影侮，女曹曾知否？

（《赠十六叔》）

十六叔陈于羔，小陈洪绶十八岁。这位叔父与陈洪绶一样，都有"读书而饮酒"的爱好。在陈洪绶眼里，十六叔不仅是个厚道人，还是个性情中人，他做到了随心所欲，凭着自己的心意行事，凭着自己的心意处世。陈洪绶最后说，那些取笑十六叔的人，只看到了十六叔的外在表现，你们可曾知道他这个有道之人的真实的内心？（"影侮"一词出自《悟道录》："童子弄影而自以为乐，不知被影所弄，枉费精神；狂夫侮像，而自以为能，不知为像所侮，徒劳唇舌。"）

陈洪绶写十八叔的诗：

痛忆西楼语，章侯是我师。今年唯养病，明岁愿相随。为子多藏酒，游山乞好诗。斯言犹在耳，何日可忘之。

少艾如收敛，多非享大年。每忧君不寿，岂料遽归泉。魂飞能过我，来生可问天。若还生故土，同种上平田。

日望当遇举，何知竟溘然。为文能刻入，处世甚周旋。鬼录添佳士，吾家失后贤。生平少眼泪，不觉涌如泉。

（《哭十八叔》）

十八叔陈于兴，小陈洪绶整整三十五年，比陈洪绶第三子陈楚桢还要小两年。正因如此，陈于信小时候，曾拜陈洪绶为师，故有"痛忆西楼语，章侯是我师"这样的诗句。上引《哭十八叔》，是陈洪绶痛悼陈于信英年早逝，与陈洪绶哭七叔一样，均体现了陈洪绶对叔父们的挚爱之情。从诗中可知，陈于信也喜酒好诗，写得一手好文章，处世颇能周旋，他的不寿，使陈氏家族痛失后贤。宗谱行传称陈于信"后为僧"，大概除了向陈洪绶学诗，还像陈洪绶一样学佛。

除排行明确的叔父之外，陈洪绶诗作中还有统称的叔父，如《京邸除夕书示三老叔》："黄鸡碧酒拥寒炉，湖海相逢度岁除。但愿明年吉祥事，各人多读数行书。"这是陈洪绶在京城写给家乡三位老叔的诗。这三位老叔究竟是哪三位，诗中没有明说，但必然是年长于陈洪绶的三位叔父，因为三位老叔比自己大不了几岁，所以他在书信中并没有祝愿康寿之类的话，而是用"各人多读数行书"相勉励，其实也寄托着陈洪绶对叔父辈继承祖业、博取功名的期盼。

陈洪绶另有一首题为《都下别三叔》的诗，共三首：

离会寻常见，天亲亦屡经。如何远送去，别有不胜情。珍重千秋事，休辜万里征。吾今从此去，猛志慰生平。

晓来饮至午，微醉卧高楼。残菊完花信，轻寒送素秋。今年何所事，懒病蓄新愁。德业吾已矣，诸君能振否。

唯君笃爱我，期我作玙璠。社结多闻友，灯挑法语言。感深几泪下，别后岂能谖。何处酬知己，读书常闭门。

这个诗题颇令人生疑。陈洪绶父亲陈于朝，在同门兄弟中排行老三，陈洪绶的族兄弟可以叫他"三叔"，陈洪绶岂有"三叔"之称？根据诗意推测，此诗可能是在传抄过程中，于"三叔"下漏了一个"祖"或"公"，实际是指三叔祖陈善学。这从最后一首诗中可以看出些端倪。这三首诗可与陈洪绶《送三叔公会试》《寄三叔祖》《寄三大父》一并参阅。

综合以上，在十七位叔伯中，除大伯陈于廷早逝外，陈洪绶在诗文中共提到了十二位叔伯，陈洪绶累计为他们创作诗文多达30余首（篇）。这些诗文，是陈洪绶留给故乡的精神遗产，也从一个侧面反映出陈洪绶在枫桥生活期间的诗酒生活、亲情友情、孝心文心。

远房叔伯

除了自己房头的叔伯之外，陈洪绶诗文中还写到了不少远房叔伯。

蕙莅伯（蕙翁先生）

乙亥二月十七日，乃蕙翁先生七十岁也。绶于上元日闻之，喜谓先生曰："寿哉，乐乎？"先生揶揄曰："我老缝披，不识所以为乐。"绶请为先生言："老人有乐者，又有忧者，试先言其乐者。彼小人或倖得贵富，反道悖德，世乱四国，众目指之，吴越可起于几席者，其志虑危疑，年愈高而愈深矣。若夫君子敦伦而仗义，无履凶之道，魂魄手足和畅康宁，一日有一日之享，百年有百年之享矣。忧无过于彼，乐有过于此者乎？先生自思七十年间，孝友之道有微损否？然诺小信有少负否？未尝以口过而视仇于乡，拙谦以与人，大度以容物，乡党宗亲语及先生，有不称为"长者，长者"者否？曾何事足令其心烦意乱耶？又使开老为先生子，言行不一如先生。业祖亦为先生子，嗣先生之兄。二老人服勤不一，如先生将奈何？观其躬耕劳瘁，面如死灰色，老人见之涕泣。先生于梦觉酒解时，试再思之，寿哉，乐也。"先生曰："差足以谢犬马之齿矣。子为我叙，我即饮子于溪山。"二十四日黄昏，命先生之女弟子粹祯温酒，童子犬子义桢捧砚，峙桢执烛，楚桢伸纸，书于退居。

（《蕙翁先生七十序》）

有道能文八十翁，桃花万斛啸长松。寿虽世上非常事，不在方瞳绀发中。

（《寿蕙茝伯八十》）

徒新数茅屋，复种几梧桐。僧舍兵将驻，山村盗易攻。太平催不至，离乱急难通。儿子虽同县，茫茫何处逢。

（《蕙茝伯、开祖兄不知避乱何地》）

诗题中的蕙茝伯，即陈蕙茝（茝，读 chǎi）。宗谱行传载："钶四十六，讳廷遂，字蕙茝，都五十公次子。县学生。生嘉靖丙寅（1566）二月十七日。配楼氏，子二：灏二十一，灝六十，幼子出继兄钶三十五公为嗣；女一，适新街骆。公孝友端方，德行表著，而谈言雅谑辄解人颐，饮酒十夜不乱，好吟咏适志，遇事触景，与群从唱和，成帙自赞曰：'杏坛之士有青衿，老持铅椠坐茅祵，不恶旨，不及乱，饮之微醺；不谐律，不审音，兴至长吟斯何人氏。'樵夫牧竖指之曰：'君子不争。'公卒崇祯癸巳（有误）二月初十日，与氏俱葬西山之阳。"

寿序结尾："又使开老为先生子，言行不一如先生。业祖亦为先生子，嗣先生之兄。二老人服勤不一，如先生将奈何？"这里的"开老"，即陈蕙茝长子陈起泰（字开祖，陈洪绶称其为"开老"，下文将述及），而"业祖"则是陈蕙茝次子，之所以说他"嗣先生之兄"，是因为业祖做了伯父的继子。"二老人服勤不一"中的"二老人"，指的也是开祖和业祖。

乙亥年是崇祯八年（1635），陈洪绶三十八岁，长子义桢十岁，次子峙桢八岁，三子楚桢六岁。闻悉蕙茝伯七十岁寿辰即将来临，陈洪绶退居为蕙茝伯撰写寿序。蕙茝伯的女弟子帮着温酒，陈洪绶的三个儿子，一个捧砚，一个执烛，一个伸纸，陈洪绶在枫桥的人伦之乐宛如眼前。

陈蕙茝八十寿辰在 1645 年，这一年陈洪绶四十八岁，借住在绍兴青藤书屋。陈洪绶称其"有道能文"，与宗谱记载一致。清兵攻打绍兴后，陈洪绶曾隐居薄坞，一家人不得团圆，陈洪绶的第二首诗即写于此时，他时刻挂念着蕙茝伯与开祖兄的生命安危。

此外，在《赠赵公简初度》诗序中提到的"伯蕙翁"，《寄蕙翁桑公》诗题中出现的"蕙翁"，均是陈蕙茝。

九芝伯（九一叔）

诗就不寄君，君却有诗否？一夜数十章，酒尽将一斗。

（《寄怀九芝伯》）

津头芳草放乌骡，画幅斜阳霜叶柯。不道相思无寄处，知人情绪此间多。

（《题画别九一叔》）

诗题中的九芝伯，即陈九芝。宗谱行传载："钶九十一，讳芝，字九芝，号黯顾，都九十七公长子。县学生。生隆庆壬申（1572）八月初七日。配骆氏迟春公妹，子六：灏五十，灏六十三，灏八十六，灏百三十六，灏百六十四，灏二百二十。公卒崇祯癸未正月十一日，与氏合葬胡家洞朱家湾。"因陈九芝行第为"钶九十一"，故陈洪绶有时也称其为"九一叔"。陈九芝住胡家洞（今属赵家镇)，后子孙又迁回枫桥，定居于今枫桥镇紫薇村棣萼堂。从诗中可知，陈洪绶与陈九芝多有诗文往来。

宗甫叔

我叔有园题嘉石，爨流黛屿凝空碧。老桂凌秋发道心，疏篁压露留吟屐。昆山厉石老僧禅，石渠秘录梁台客。卧游山海画满床，屏绝奢华衣大帛。叔心恬静畏狂呶，视我酒徒如吐核。叔学渊湛尚古人，接我侗子当避席。经年止酒不宴宾，为我高楼浮大白。书如积稿不借人，我常借之常不惜。我画奴隶天下工，我书天下差有敌。诗虽不工无馁钉，不轻与人金不易。感叔爱我如惠连，长歌飞白不辞役。时花绝磴古圣贤，叔每索我无塞责。叔今五十悬弧辰，亲朋馈酒数百。作诗作画为叔觞，叔应醰我玻璃甋。莫惜新厨烹白雁，莫惜金盘脍元鲫。集我同心五六人，悬诗悬画黄华侧。玩咏一回酒一觞，霜月冷冷始归息。

（《寿宗甫叔五十》）

何事依吾身后名，吾非子美负君情。知吾名赖君成否，气借藏书读半生。

偶然一事便成名，野老当年无此情。不过邻居杜老宅，樱桃相馈见平生。

(《辛未夏，宗甫叔见遗葡萄札，云野老樱桃名与诗不朽，仆愿效之，戏答二首》)

陈宗甫，宗谱行传载："钶百二十四，讳于京，字宗甫，号印怀，都七十六公子。太学生。所著有《杨铁崖文集》。生万历丙子(1576)十月初七日。配华舍赵氏，女一，适山阴鲁菜。庶虞氏，子一，灏二百四。公卒崇祯辛巳三月十八日，氏葬王舍桥石壁山。"宗谱有传文。

函鹤叔

大山小山秋风高，焦心子儿真珠娇。铁笛一声呼白鹤，月中载得白石樵。

(《题函鹤叔焦子心扇寓意》)

薄游却喜与君居，又与题诗过岁除。努力明年两得意，与君此夕劈柯书。

(《除夕与函鹤叔》)

函鹤叔，即陈廷傅，陈玖学的第三子。陈玖学有《评注七子兵略》传世，陈廷傅身任校订，名字亦载于此书。宗谱行传载："钶百九十一，讳廷傅，字君传，号函鹤，都百五十二公三子。县学生，入监考授华州判官，升江西都司经历。生万历乙酉（1585）十二月十九日。配毛氏，子三：灏百十五，灏又百六十四，灏二百五十八；女一，适楼履嘉。公氏合葬大圵地。"

陈洪绶有《寿函锡叔》诗："客中值初度，酒禁大宜开。可庆材当老，还逢侄远来。春风将就律，梅蕊已并胎。以此新生意，为君寿一杯。"但查宗谱无果，或函锡叔与函鹤叔是兄弟。

际明叔

　　君偕大生入太学，君知偕往之义与？古礼太子入四学，出入居处三公俱。少有失度则匡政，位匪老成不得居。君与大生今同学，年长大生三载余。亦如太子有保傅，载拜赠言其思诸。

（《送际明叔之京》）

　　陈际明，宗谱行传载："钶二百九十三，讳际明，都七十四公长子。生万历己亥（1599）二月初一日。配郑氏，子三：灏二百三十五，灏三百六十二，灏又四百十一。继配傅氏，子三：灏五百三，灏五百十一，灏五百二十。"诗中提及的"大生"，即陈胤蕃，下文将述及。

绣夫叔、不庸叔

　　在《赠赵公简初度》的诗序中，陈洪绶还提到了"叔绣夫……不庸"（引文见上）。绣夫叔与不庸叔，两人在宗谱中检索无果，故不知其详。《宅埠陈氏宗谱》因年久不修导致行传信息不详，前引陈洪绶父辈的十八堂兄弟，大多有生年而无卒年，就是因宗谱年久失修造成的。

　　此外，陈洪绶诗集中还出现了《寿某叔》《为远林尊公七十》等诗，具体为何人则不知其详。

同族兄弟

开祖（陈起泰）

　　老友老兄吾开祖，穷年穷经化陈腐。国亡焚砚养老父，椎结短衫为市贾。花香月白具酒脯，老父婆娑辄起舞。念我巴山卧夜雨，煮酒欲过畏蛇虎。两人酒友隔箛鼓，两人俱老难相聚。吾怀此老日不数，彼望吾归良亦苦。

（《怀开祖》）

九茹有道更风流，不是长安旧酒俦。读罢始来相问难，老榆树底劝三瓯。

（《书与开祖》）

带水浮遐想，屏峰度远情。有朋来客舍，知子忆江城。莫怨归舟杳，毋令中酒轻。缄书增怅慕，仍听老鹍声。

（《武林寄廿一兄九茹》）

宗谱行传载："灏二十一，讳起泰，又讳起家，字开祖，钶四十六公长子。业儒不偶，人咸惜之，生平笃实敦厚，所作事无不可对人言，善饮不乱，年将九十，神干犹强，灌园如汉阴丈人，蔬畦之外，莳植花卉，欣然自得。生万历戊子（1588）十一月初九日。配何氏，子五：榆十八，榆三十四，榆五十一，榆八十四，榆百十二；女一，适何。公卒康熙癸亥七月十四日，寿九十有六。公氏葬屠家坞象山。"陈洪绶对陈起泰有多个称呼，或开老，或九茹兄，或开祖兄，或根据行第称呼为廿一兄。

公雨宗兄（陈洪典）

君今返乡国，病客最伤神。憔悴无知己，飘零失故人。马嘶千里月，舟绕万山春。亲戚言辛苦，期程只数旬。

（《公雨宗兄归》）

云飞风劲唱骊驹，倍使临岐叹索居。不为弟兄伤雁断，可怜游子送征车。

（《送公雨宗兄之平谷》）

公雨，即陈洪典，陈洪绶二伯陈于墀长子，陈性学长孙，比陈洪绶年长九岁，故陈洪绶称其为"宗兄"。宗谱行传载："灏二十三，讳洪典，字伯雨（陈洪绶称"公雨"，或宗谱有误），号如张，钶七十七公长子。守祠生。生万历己丑（1589）七月二十一日。配王氏，子四：榆七，榆二十二，榆三十二，榆四十二，次子出继二弟灏五十五公为嗣；女二，长适骆，次适田。

葬本都琪树坪。"

桑公（名不详）

孝友难于贫病中，桑公笔舌路俱穷。可师更有糟糠妇，两侄分甘与子同。

欲为子弟作良模，便写桑公抚侄图。如此看来无甚事，几人如此一人无。

贫病如卿正复佳，卿能得我且宽怀。画将一幅如虬树，换得三朝似桂柴。

（《赠桑公》）

酒徒病矣我何情，强作高怀漫自倾。恐酒不酣眠不熟，妄为身世想经营。

（《寄蕙翁、桑公》）

树叶凋才赤，相看固可悲。偏无迟暮想，最爱季秋时。色相移真性，因循失远思。偶为感慨句，必欲令人知。

（《柏塘书示绣夫叔桑老兄》）

桑公、桑老皆是同一人，此人在陈洪绶诗文中多有提及，但查《宅埠陈氏宗谱》行传，在陈洪绶的行第"灏七十七"之前，未见字号带"桑"字之人，但他必是陈洪绶的族兄，且是知交无疑。

亦公（陈槙）

年老将归守墓田，向人借屋两三椽。弟兄尺牍深长计，长老传言绝可怜。

（《亦公书相促，十三叔托张内生寄语》）

试茶日日樟花香，时书新句数百章。安得亦公一扣户，出诗出茶与之商。

闻君拥书溪上楼，新竹一丛鸣乳鸠。当有好句写真悟，亦能示吾老渴否？

我为酒病头不梳，便能止酒懒不除。欲就君语惮出户，早晚邀君君何如？

新夏万山新雨晴，乌衣巷口少人行。不为访吾宜出户，当此景光难寡情。

我与来君独阖门，来君弹琴我得闻。有此清福岂独好，故遣新句来邀君。

（《邀亦公》）

晴和溪山春，人物都受福。乌乌桑柘中，身声散黄梜。有酒菜田香，高山见修竹。天下事难为，进退又难卜。岂使恬隐放，不复学干禄。

（《丁家故址饮第二日，书寄亦公》）

酿菊浇吟屐，怆焉平楚过。晚香香有望，秋实实无多。那得空情感，明知奈若何。与君同出处，不觉又悲歌。

（《与亦公山行口占》）

会鼓寻常见，且为难得看。如何销冗事，借此一盘桓。红树来溪女，黄花解绣鞍。吾曹不速客，社长也生欢。

（《约亦公、仲琳观秋社》）

亦公，即陈槙。宗谱行传载："灏五十，讳槙，字亦公，号孟公，钶九十一公长子。县学生。生万历甲午（1594）十一月初六日。屡空晏如，为诗文多惊人语，不寄人篱下。配骆氏，子三：榆四十，榆四十九，榆九十三；女二，长适庠生姚洪超，次适庠生寿洪祚。公寿九十，氏寿亦八十余，公氏合葬祠侧坟庵。"

君植（陈梓）

纳凉不用石床眠，只写梅花自冷然。脱手赠君堪换酒，枫溪柳市觅渔船。

（《画梅与君植》）

蟹肥树红君莫行，事无奈何伤人情。一马两马逢落日，千山万山闻笛声。

（《送君植》）

萧山荒夜饮，浣水领秋天。人事虽云达，身名未可捐。心惊思禁酒，气热辄忘眠。差喜才居后，超然志欲先。

（《归自萧山书示君植》）

与子常同饮，新年只一同。梅花还看否，佳客几曾逢。痛饮当尊我，长歌亦乃公。元宵灯月好，幸过小斋中。

（《君植来》）

陈君植，宗谱行传载："灏五十四，讳梓，又讳柱，字君植，钶六十五公三子。生万历乙未（1595）二月十五日。善属文，屡试不售，数奇若此，人尤惜之。配楼氏，子一，榆百一，女一，适泗村。"

仲友兄（陈洪训）

飘飘出门意，懊恨送君心。解缆悲难浅，无书惜别深。凄清先客路，凛冽已山林。黄耳何时返，吾将罢苦吟。

（《送仲友兄之稜陵》）

陈仲友，宗谱行传载："灏五十五，讳洪训，字仲友，号航泉，钶七十七公次子。县学生。生万历乙未（1595）五月初十日。配山阴沈氏忠愍公深炼孙女。继配张氏，子四女三，皆先公卒，女一适康熙丁卯举人楼生桂。继兄灏二十三公次子榆二十二、弟灏八十五公长子榆二十九并为嗣。公卒崇祯乙亥十二月十八日，与氏合葬宋家岭。"

260

阿琳（陈橄）

碧山栖尚杳，皓首寂无闻。见客新牛饮，怀人旧马军。摧残胡不尽，鼓舞我成群。子若来看日，筝琶宿水云。

（《寄老琳》）

愧我有何名教责，便为清议亦堪议。不知花报生身受，多少冤亲说是非。其二：薄福常存积福想，日将美酒灌皮囊。如何消得吾能事，薰沐书经三两行。

（《寄亦公、阿琳、桑老》）

择侣为游境，胸怀固不宽。广交写会性，独契爱相安。老树全凋日，孤村亦尽欢。黄昏书小记，当得可人看。

（《与亦公、桑老、阿琳山行》）

宗谱行传载："灏六十三，讳橄，字仲琳，号琪墅，又号慎铭，钶九十一公次子。生万历丁酉（1597）七月二十三日。愨诚自矢，书博今古，治《春秋》，中崇祯癸酉科乡试第八十二名，台州府黄岩县教谕致仕家居，躬编族谱以垂后世，孝友之性本诸天良。配横山黄氏，女一，适何。继配石砩黄氏，子五：楡六十，楡七十五，楡百九，楡百六十一，楡百七十四，寿八十有二。公卒康熙戊午六月初三日，葬湖家洞朱家湾，原配葬市下上地塔，继配葬祠堂左地。"

五十兄（陈槙）、六十三兄（陈橄）

叔父弟兄皆皓首，刀兵甲马过蓬头。东邻送米供吾饭，西舍遗钱助酒筹。再世再逢亲骨肉，重生重整旧风流。醉来仍自鼾齁睡，借得僧房当我留。

（《喜十三叔、五十兄、六十三兄、留生侄至，早饭》）

诗中的"十三叔"是陈于信。"五十兄"是陈槙，因其行第为"灏五十"。"六十三兄"是陈橄，因其行第为"灏六十三"。留生侄，即陈留生，陈楨次子，名余煌，字留生，生天启壬戌（1622）十二月初七日子时。

大生（陈胤蕃）

我性固放荡，花酒情复深。长老每训戒，怫耳不能禁。往年游京师，病几弗可针。归来试期迫，膝软头涔涔。王司乃不录，困厄如鸡㷀。君今入京去，遗君以此忱。君性酷似我，体气更不任。况为贵公子，咄咄称其心。试期亦不远，珍重惜寸阴。慎毋蹈前辙，勖哉受我箴。

（《送大生之京》）

宗谱行传载："灏六十六，讳胤蕃，字大生，钶百五十六公长子。太学生。生万历丁酉（1597）十一月二十一日。配于氏，子一，榆又四十八。继配孙氏。"陈洪绶以过来人的身份，劝即将入太学的族兄，务必吸取自己失败的教训（性固放荡，花酒情深），要珍惜光阴，不重蹈前辙。

性之大弟（陈德阳）

我已昏昏过五十，为君五十赋新诗。耳边战鼓休悲叹，且说鸠车竹马时。

（《贺性之大弟五十寿》）

宗谱行传载："灏八十一，讳德阳，字性之，钶百十七公长子。县学生。生万历己亥（1599）正月十四日。配骆氏，子五：榆四十五，榆七十三，榆百十六，榆百二十九，榆二百六；女二，长适钱，次适何。公卒十一月初四日，葬萧山尫山埠行伍山，氏葬遮山。"陈德阳五十寿辰时，陈洪绶已过五十岁了。历来对陈洪绶生年存有争议，有说是1598年的，也有说1599年的，从陈洪绶称陈德阳为"性之大弟"可知，宗谱记载的陈洪绶"生万历戊戌（1598）十二月二十七日"是正确的。

良庵五弟（陈洪诰）

羡子扫松楸，吾先作梦游。归期从二竖，未必不三秋。盗贼萌初见，

262

舟车或少留。非因不忍别，曾与老人谋。

五弟避兵日，病夫乞食时。归欣同里住，实望告还迟。乱世唯兄弟，沉疴必赠诗。自知犹未死，灏泪不需垂。

（《送良庵五弟归里》）

春雨不萧索，移尊花下歌。可人真不少，酒客岂须多。文杏鸣山鸟，车前歇水蛾。笑看新节意，谁敢便蹉跎。

可爱有花日，雨中游亦佳。人情皆发发，鸟语特喈喈。终夜眠溪屋，何时坐竹斋。酒诗缘未了，自得好情怀。

（《五弟邀饮溪上，即席口占》）

宗谱行传载："灏八十五，讳洪诰，字季良，号良庵，钶七十七公三子。县学生。生万历己亥（1599）五月初八日。配楼氏，子七：楄二十九，楄三十九，楄四十四，楄七十一，楄百三十三，楄百四十八，楄百八十七，长子出继二兄弟灏五十公为嗣；女三，长适庠生楼玑，次适太学生楼，幼适增广生方逢吉，公卒顺治戊戌正月二十八日，葬琪树坪，氏葬干岭亭子山。"陈洪绶父辈十八兄弟，生子39人，陈洪诰排行第五，故称其为"良庵五弟"。

克之兄（陈洪泉）

原无猛志着蒲衣，又逐人间是与非。且喜今年成一事，南山揭得数峰归。

（《与克之兄游炉峰》）

宗谱行传载："灏百四十四，讳洪泉，字克之，钶百十三公子。生万历丙午（1606）二月二十六日。配楼氏，子四：楄五十二，楄五十九，楄百十七，楄百二十五，女一，适寿。公早世，氏守志。"陈洪绶称洪泉为"克之兄"，是尊称，实际是弟。

子师（陈自成）

乙亥四月七日，为公简初度。伯蕙翁，叔绣夫、子先、不庸、子方，兄亢老、亦公、桑老，洪绶，弟子师，侄伯翰，邀山阴赵钦子、武林关子书、表弟楼祁生合钱觞于枫溪。

（《赠赵公简初度》节选）

宗谱行传载："灏百四十七，讳自成，字翼之，号子师，钶百五十三公子。县学生。生万历丙午（1606）七月初二日午时。为文不屑时蹊，超然高出，兼善岐黄，多疗人疾。配按察使副使骆缵亭公曾孙女，子八：榆六十四，榆八十，榆百八，榆百二十四，榆百三十八，榆百六十八，榆百七十八，榆二百九，女二：长适张，次适毛。公氏葬高湖。"

彦翔九弟（陈振阳）

世人贵得子，我则贵子多。岂唯万事足，盛事将不磨。弟今有三侄，王氏三株柯。长君乳虎骨，功名如甘罗。次君山头云，读书匡山窝。此君美二美，一时莫我过。鸿业大我宗，文章后世模。劝弟一杯酒，令我亦婆娑。他日如我言，令我千日酡。

（《贺彦翔九弟得第三侄》）

宗谱行传载："灏百六十二，讳振阳，字彦翔，钶百十七公三子。山阴县学生。生万历丁未（1607）十一月二十九日。配何氏，子三：榆百十五，榆二百一，榆二百三十一，以幼子纯庵贵，公诰赠承德郎，氏赠安人。公卒康熙丁巳十一月十三日，与氏合葬屠家坞飞凤形。"陈振阳得第三侄，实指他生第三子。第三子名曰登，字于岸，号纯庵，生顺治乙酉（1645）八月十二日寅时，任直隶永平府山海关督关通判，诰封承德郎。据此可知，此诗作于陈洪绶四十八岁那年的秋天。陈洪绶称陈振阳为"九弟"，并非同一曾祖名下堂兄弟的排位，而是另一种同族兄弟的排位。

十三弟（名不详）

君爱竹香书舍，我寻松雪人家。但得性情有寄，便于生死无加。

（《十三弟至薄坞，约同觅隐地》）

如果按同曾祖名下堂兄弟排位，在陈洪绶 39 个堂兄弟中，排行第十三的是"灏三百五十九"，名洪涛，字松侯。但也不排除像"彦翔九弟"那样，可能是陈洪绶另一个圈子里的排位。

子新弟（名不详）

把酒祝君十九岁，思侬十九那年时。五行过目俱成诵，数载埋头转盼遗。少隽轶群终有得，老来秉烛每无为。东归相忆西窗下，月郎风清读此诗。

（《子新弟初度以诗励之》）

冬夜雪窗同剪烛，春天花槛共衔杯。三千里外为兄弟，俱是三生石上来。

（《题子新弟扇上石》）

新柳阴阴新燕飞，对君重挂旧征衣。眼看处处皆新好，何似征夫依旧归。

（《别子新弟》）

查宗谱，未见此人，必是宗谱行传信息缺失造成的。类似情况仍然不少，在《宝纶堂集》中，凡陈洪绶以兄弟相称，不著姓，只称名字号的，多是陈洪绶在枫桥的陈氏族亲。

畏友同宗兄（陈庚卿）

陈庚卿者，予畏友同宗兄也。食饩不十年，可次贡，其间遇恩典可期选，数就官，则府州县学不与群吏等，兀兀穷年者半生，有此一日，亦少慰也。……庚卿可为降志屈身以广其亲者，于辛未二月三日行矣。

（《赠陈庚卿入国子学序》节选）

陈庚卿与陈洪绶同宗不同族，查《宅埠陈氏宗谱》未见此人。在《宝纶堂集》中，陈洪绶称族亲只称名、字、号，或以字第来称呼，一般不著姓氏。

陈洪绶特意交代陈庚卿是"畏友（令人敬重的朋友）同宗兄"，表明这个陈庚卿非同族。

其他族亲

雨中最寂寞，今夜独欢然。我恨貂裘敝，人怜毛羽鲜。一尊频换烛，七尺可缫天。不信通经术，深山老此毡。

（《予见摈，兄亢侯为予买酒买舟游南屏，邀十三叔公、十叔、侄翰郎、客单继之相宽大，醉后书之》）

诗题中提到的"兄亢侯"，即胞兄陈洪绪。"十三叔公"，名不详。"十叔"，即陈于附。"侄翰郎"，即陈洪绪之子世桢，字伯翰。"单继之"，陈洪绶好友。

五旬虽有弟，三侄已无兄。弟富搜牢贯，侄孤篦汝惊。平时轻握手，兵燹重伤情。窜逐同群否，群鸦逐队鸣。

（《诸暨有警怀季良弟、居卿、粟卿、畏卿诸侄》）

诗题中的"季良"即陈洪诰，陈洪绶也称呼其为"良庵五弟"。炯卿、居卿、粟卿、畏卿，兄弟四人，皆是陈洪绶宗兄陈洪典之子，炯卿已去世，故陈洪绶称其为"三侄已无兄"。

陈洪绶为侄子世桢、侄孙见远所作的诗有：《虎林归，书与犹子世桢》《诸暨有警忆侄孙见远》《又怀见远却寄》《怀侄孙见远》《十月朔闻枫桥不避兵又怀侄孙见远》等，因已在本书相关文章中有述及，故此处不再引用。

陈洪绶外婆家，曾捐千金治道梁

明朝万历年间，枫桥地盘上，一个叫陈鹤鸣的官宦之家，与一个叫王元梓的富豪之家结成了亲家，因为陈性学的第三子陈于朝，与王希忠的女儿王祖齐喜结良缘了，两人婚后生育两子一女，长子叫陈洪绪，次子就是大名鼎鼎的陈洪绶。

这段姻缘并不见文字记载，它源于陈于朝的《苎萝山稿》。陈洪绪撰写的《先严慈行实》中有这么一段话：

> 吾母王氏，讳祖齐，字孟美，散官王公希忠女。性端静，事舅姑以礼，居家淡泊，克相夫子，勤修内政，母仪备焉。后先君十年卒，盖今乙卯二月十三日午时也，生万历乙亥九月二十七日卯时，得年四十有一。

这里传递出一个信息，陈洪绶的外祖父叫王希忠，是级别并不高的散官。借助这条信息，再联系骆问礼撰写的《诸暨县重建枫桥记》《重建五仙桥碑记》两篇文章，一个湮没于故纸堆的家族秘密就浮出了水面。

陈洪绶外祖父王希忠，就是万历壬午（1582）重建枫桥的负责人。《诸暨县重建枫桥记》载：

> 诸暨县治东五十里，为枫溪。溪横孔道，环溪民居数千灶，涉无昏晓。旧有桥颇雄丽，岁久渐圮。事当鼎建，而县大夫谢今适至，乃召里之冠带义民王元梓暨其子藩司从事希忠任其事，不逾岁而告成，制悉如

其旧……余与王以周亲比邻，方任事时与有画。

重建枫桥，就是重建东溪上那座唐桥（现在称呼为"燥枫桥"）。文中提到的"县大夫谢"，就是当时诸暨知县谢方壶。谢方壶虽是知县，但那时的知县跟现在的县长不可同日而语，现在造桥有财政拨款，那时造桥靠民间力量。重建枫桥由谁来出钱呢？由谁来牵头呢？谢方壶找到了当时枫桥镇上的富翁王元梓（陈洪绶的外曾祖），把建桥的重任交给了王元梓父子俩。这事要换在今天，可是个发财的机会，但在古代却是一个捐资出力的苦差事。王元梓不愧是"冠带义民"，他们父子俩竟用了不到一年的时间，就让枫桥雄姿重现。"桥工始万历壬午（1582）秋仲月，阅明秋（1583）讫工，工费约五百余金。"这五百两银子，有一部分是靠知县谢方壶出主意，请了两个和尚化缘得来的，其余的则由王元梓父子俩"抱箩底"（负责到底）。

王元梓父子俩到底出了多少钱，我们不得而知，但从王元梓"冠带义民"的头衔里不难看出，他是枫桥好义的典范。"冠带义民"是朝廷对富民仗义疏财的一种道德表扬。《明世宗实录》卷三十一载："被灾地方，军民有出粟千石赈饥者，有司建坊旌之，仍给冠带。有出粟借贷者，官为籍记，候年丰加息偿还。不愿偿者听照近例，准银二十两者授冠带义民，三十两者授正九品散官，四十两者授正八品，五十两者授正七品，各免本身杂差。"按照此规定理解，在重建枫桥之前，王元梓至少已捐过二十两以上的银子，而王希忠则捐过三十两以上的银子了。注意，这个王希忠也叫王以周，在重建枫桥时，他曾与骆问礼有过商量谋划，他此时的职务是"藩司从事"。"藩司"是明清布政使的别称，"从事"是级别较低的僚属。也就是说，陈洪绶的外祖父可能通过捐资获得了级别不高的实职。

其实，早在十年前的万历癸酉（1573），当五仙桥倾圮重建时，王元梓也参与其中。五仙桥重建由枫桥里人骆世卿、陈国贤牵头，但当时带头捐款且捐款数额最多的人却是王元梓。骆问礼《重建五仙桥碑记》里有这样一句话：

遂于乙亥（1575）冬日落成。桥凡二洞，长若干丈，阔若干丈，高若干丈，工料诸费约四百金。任事诸君瘁劳斥资无少顾惜，而石工

268

李二不求美直，犹人所难。佐筹者生员骆轩。输赀者王元梓共若干人，别有列。

这里提到名字的有石匠李二，筹资人骆轩，捐资者王元梓。五仙桥重建后，所有捐资的人都立在功德碑上，王元梓到底捐了多少钱我们也不知道，但他的名字既然排在第一位，那么肯定是捐资数额最大的。

现在再回过头来读陈于朝的《苎萝山稿》，关于陈洪绶外婆家的事也就更加丰富起来。

《苎萝山稿》收录的文章，有不少注明了"代笔"字样，其中一篇《寿王纯斋亲家六十序（代大父）》，题后注"代大父"，便是陈于朝帮祖父陈鹤鸣起草的一篇祝王纯斋六十岁寿辰的贺文。这个王纯斋，不是别人，就是王元梓（"纯斋"应该是王元梓的号），故陈鹤鸣称其为"亲家"。文章开头是这样写的：

> 江淮以南故呰窳，数田至数十顷，则居然一都君矣，以故通邑谭素封必白眉王君。先是，闾左争奢侈，而君能薄饮食忍嗜欲，折节为俭，不饰冠剑连车骑，为游闲公子容，余雅重之。

这段话的意思是：江南百姓向来比较懒惰，日子也过得贫穷，如果家中拥有数十顷农田，那这户人家就相当于古代的诸侯了，所以整个诸暨要么不谈财富，一谈财富，必首推你王元梓。但此前，当乡民们贪图享受的时候，你王元梓却以节俭持家，忍得住嗜好和欲望，省吃俭用，不讲究穿戴，不添置车马，与那些游手好闲的富家子弟表现得截然不同，所以我向来敬重你。

这席话里透露出王元梓富裕的程度。虽没有明说他拥有多少农田，但寿序中出现的"数十顷"实际就是王元梓拥有的田亩数。一顷，在古代是50亩，十顷便是500亩，数十顷便是数个500亩。正因为有这么多农田，所以他成为整个诸暨的首富。但王元梓跟现在的首富不同，他省吃俭用积累的财富，不是用来购买豪车的，也不是用来建造山庄的，他是用来捐赠做慈善的。且看贺文里的另一番话：

王君长者，未尝以金多骄人。曾捐千金治道梁；乡人多疫，为供具汤药；或苦旱涝，则发囷粟以赈。凡此即未能敝屣视之，若禔躬愿谨足多也。

王元梓是德高望重的人，未尝因钱多而傲视他人。六十岁之前，他在修桥铺路的慈善事业上就已经捐了一千两银子。除此之外，每遇疫情发生，王元梓必施药救治；每遇旱涝灾害，王元梓必开仓赈饥。凡此种种，别以为他的所作所为没有价值，其实恰恰说明王元梓富而有仁。他以"舍"为"得"，就是最好的"禔躬"（修身）；他不以金多骄人，就是人品的"愿谨"（质朴恭谨）。

陈洪绶父亲陈于朝，是诸暨有名的才子，出身于官宦世家、书香门第，他当年与王祖齐成婚，必须讲究门当户对，而王家的"富而好德"，定是打动陈鹤鸣决定与王元梓做亲家的关键因素。当然，还有一个因素，陈、王两家通婚由来已久，当年陈氏始迁祖陈寿卜居梯山之阳，其继配就是枫桥王君章之女。

《苎萝山稿》里还有两篇文章，跟陈洪绶的外祖父王希忠有关。

一篇是《植槐堂辨》。植槐堂是王希忠的新构之堂，堂厦落成后，王希忠请陈于朝这个才子女婿题额，陈于朝题了"植槐"二字，义取太原王氏王晋公的"三槐堂"。陈于朝题"植槐"，旨在祈求王家未来也能出三公九卿。但是，这个题额一挂到堂上，就遭到众乡亲反对。他们质问陈于朝，说《周礼》中有"面三槐，三公位焉"（相传周代宫廷外种有三棵槐树，三公朝天子时，面向三槐而立。后因以"三槐"喻"三公"）。这是朝廷的事，你怎么可以大小不分，将天子"面三槐"的事搬到王氏的堂上来？更何况你岳父的大伯叫王元槐，你题"植槐"岂不是犯讳了？王希忠听了这些话，觉得言之有理，就想把堂额毁掉。后来陈于朝苦口婆心给岳父讲道理，王希忠才靠着墙壁说"唯唯"（恭敬的应答声）。

另一篇是《葬外舅王公说》。外舅，就是陈于朝的岳父王希忠。这篇文章写的是陈于朝如何为岳父相墓、岳母听信流言后请人另找墓地、陈于朝痛哭三天终于将岳父下葬在齐鲤山的事。文中有这样一段话：

会外舅殁，诸内弟尚幼，余白外姑，谢绝诸家，愿身任相墓之责。因不惮虎豹蒙茸之险，历旬日而得齐鲤山北枝之尽垄。齐鲤山蜿蜒百里而来，嵯峨峭崛，雄峙于吾乡之东。相传此山閟灵葆异，将出名世豪杰，以故游人墨客往往过指属目焉。其后骆氏葬于山足，子本公果以名进士至中宪大夫，然骆氏赘疣鼻祖势稍短促，依然山谷之隈，而田砂倾侧，凭卑小独立之山。今北枝更飞拔曳出于田间，培塿拱抱凝聚于前，而峰若屏障叠面于北。未至此山数武望之，自齐鲤山肩臂而下，奔腾直走，东折而北，断而复续，巍然于此。即骆犹若支派，然第骆较稍藏，此亦非露。右砂惜长而喜伏，左砂惜短而喜昂，要不足以亏损厚力。至如左砂之外，微有反顾，则秀曜所钟，非凡心世眼所能识也。

陈于朝是通堪舆术的。王希忠去世时，家里的几个儿子还年幼，女婿陈于朝便自告奋勇，他跟岳母说，不必请别的相术家，自己愿意挑起相墓的重任。于是，他不怕豺狼虎豹，足足在山里找了十天时间，最后锁定齐鲤山，在齐鲤山北坡相好了一处墓地。在陈于朝看来，齐鲤山是枫桥的风水宝地，若在此山相中一处墓地，将来子孙必定大发。有事实明摆着，枫桥骆氏的祖先就葬在齐鲤山脚，后来骆氏家族就出了进士骆问礼。陈于朝反复对比岳父的墓地与骆氏的墓地，发现自己相中的墓地，气势上强过骆氏，而墓地的隐藏似乎骆氏更好些。陈于朝说了一大通堪舆上的道理，最后不无自得地说，自己为岳父相中的墓地，不是凡心世眼能够识破的。当陈于朝将这个考察结果告诉家人时，除祖父陈鹤鸣表示赞同，其他亲戚朋友竟无一人支持。后来墓地开始施工，陈于朝身董其事，或许是干活的仆人吃不消长途跋涉，他们竟伙同王氏外戚，散布墓地不吉的流言，陈于朝岳母听闻流言，立即召来相术家，欲另行寻找墓地。陈于朝"盛气力净"，岳母根本不听，无奈之下，陈于朝竟"痛哭于外舅枢旁三日"，岳母才勉强答应陈于朝。不过，岳母最终同意陈于朝，缘于陈于朝向自己打了保票。

余复请外姑曰："以朝占五行壬寅，次内弟将有不可言。此天意不能逭。次内弟如夫人所出，异时愿如夫人，毋咎此山耳。"

陈于朝是这样对岳母说的："根据我陈于朝占卜五行，排盘八字，我的第二个妻舅将来必定前途无量。这是天意，天意是不可违背的。我的第二个妻舅如果是岳母你亲生的，那么到时候您看着，他的前途一定会如您所愿，请您再也不要怀疑和责怪我相中的墓地了。"女婿把话都说到这个份上了，做岳母的还能说什么呢。

陈于朝的相术到底准不准？说准么，肯定也有点准的，因为陈于朝相信天道好还，"以外舅谨厚，知天将昌王氏"，王希忠一生为人谨慎忠厚，老天不保佑也没道理啊。但说不准么，真的也不准，陈于朝第二个妻舅的名字并没有流芳，陈于朝当初信誓旦旦地说"余何心哉？请识余语以为券"，这句话显然是落空了。

王希忠于万历辛丑（1601）三月某日下葬在齐鲤山，陈于朝捐资刻石于墓旁。这一年，陈洪绶四岁，就是他"就塾妇翁家"，在山阴张葆生家爬梯子画关公像的那一年。这么说来，陈于朝的堪舆术还是相当高明的，因为齐鲤山的北枝是朝向陈家的，陈洪绶或许是得了外祖父王希忠的保佑吧。

陈洪绶墓地，属于陈氏祖遗之山

　　陈洪绶墓在绍兴越城区鉴湖街道谢墅村官山岙，即现在的绍兴望秦山公墓山脚。2018 年 8 月 7 日《绍兴日报》发表了题为《寻访老莲墓，何时有路标？》的报道，报道说陈洪绶墓"杂树掩住入口，野草遮蔽石碑"，"作为省级文保单位的陈洪绶墓地荒草萋萋，且墓地没有任何路标，外人要祭拜难以找到"。诸暨文史爱好者阮建根因为敬重传统文化，出钱请人清扫陈洪绶墓，把通往陈洪绶墓地的小径、墓前杂草全部收拾干净，同时呼吁："作为一个省级文保单位，是否该在陈洪绶墓的入口处，设立一个标识，且有专人对墓地进行定期打扫。"文章见报后，引起了枫桥镇党委政府的高度重视，即派周小海同志赴绍兴联系落实相关工作。

　　后来一个偶然的机会，听枫桥镇政府周小海谈及陈洪绶墓的环境整治之事。他无意中说道："据当地绍兴人说，陈洪绶墓所在的山，以前是枫桥陈家人的。"笔者一听，有茅塞顿开之感。因为在读陈洪绶的诗歌时，笔者脑子里一直存有疑问，一直读不懂陈洪绶的一首诗。现在听周小海这么一说，答案便开始水落石出。

　　笔者读不懂的陈洪绶那首诗，诗题为《卜居薄坞，去祖茔三四里许，感祁季超、奕远叔侄赠资》（引文详见《陈洪绶隐居绍兴薄坞的贫困生活》）。陈洪绶隐居在绍兴薄坞期间，得到了祁季超、祁奕远叔侄在资金上的大力支持，陈洪绶特意作诗致谢。诗题中的"去祖茔三四里许"和诗中的"守墓近松楸"，让笔者费思量。当时简单地想，从绍兴薄坞到陈洪绶故乡枫桥陈家，直线距离岂止三四里，三四十里还差不多。陈洪绶父亲陈于朝，其墓在子安山（今诸暨赵家镇境内）。陈洪绶祖父陈性学，其墓在枫桥陈家村北梯山。陈洪绶曾祖陈鹤鸣，其墓在枫桥镇北干岭亭子山。

陈洪绶诗中所说的"祖茔"之山，具体位置在哪里？后查阅《宅埠陈氏宗谱》，梳理陈洪绶世系，终于发现了真相。陈洪绶的两位祖母就合葬在"山阴二十九都秦望山裘园之麓"。这两位祖母，一位姓楼（枫桥楼家），是陈性学的原配，一位姓马（阮市乌程），是陈性学的继配。既然墓地选择在裘园之麓，说明这里的山地当时是属于陈洪绶家族的。

不仅陈洪绶两位祖母安葬在裘园，安葬在裘园之麓的还有陈洪绶的三叔祖陈善学夫妇，宗谱行传载："都二百五十二，讳善学，字渊止，号豫庵，鼎百四公三子……配花坟前何氏参军永年公女……公卒崇祯乙亥三月十八日，与氏葬山阴二十九都秦望山裘园。"

因为陈家在裘园拥有山地，故在陈洪绶之后，房族内仍有人将墓地选择在秦望山裘园。陈洪绶是宅埠陈氏第十六世，此后十八世的陈琦，其夫妇安葬在裘园，宗谱行传载："炜二十，讳琦，字载韩，又字子池，号敬斋，榆二十九公子……公卒康熙己丑十一月初一日酉时，与氏合葬山阴秦望裘园。"十九世的陈士岳，其夫妇也安葬在裘园，宗谱行传载："圻五，讳士岳，字铁山，号巢云，炜二十公子……公卒雍正辛亥十月初三日戌时，与沈氏合葬山阴秦望山裘园。"二十世的陈泰元，也安葬在裘园，宗谱行传载："铉二十一，讳泰元，字昌期，号逸士，圻五公长子……公卒乾隆十六年辛未二月初二日丑时，与父母合葬山阴秦望裘园。"这个家族的祖孙三代，均将墓地选择在秦望山裘园。细究其世系：陈琦系陈洪诰的长子，陈洪诰系陈于墀三子，陈于墀系陈性学次子。

这就十分明了，陈洪绶祖上曾拥有秦望山裘园一带的山林，且陈洪绶至少有四位祖辈安葬在此地。陈洪绶诗中说"守墓近松楸"，是因为自己的隐居地薄坞，与安葬祖先的裘园，两地之间只有三四里的路程。陈洪绶隐居地"薄坞"，现在叫"濮坞"，在秦望山下，与云门寺很近。

多年前，根据上述发现，笔者写过一篇《陈洪绶墓在祖茔之山》，将陈洪绶墓所在的谢墅官山岙，想当然地归入陈洪绶祖茔之山，以为裘园与谢墅在同一个地方。后来，笔者在电脑上录入《宅埠陈氏宗谱》，发现山阴谢墅是陈洪绶的祖遗之山，既是陈洪绶的墓地，也是其他陈家人的墓地，不是陈洪绶的祖茔之山。祖山和祖茔之山，两者是有区别的。

在《宅埠陈氏宗谱》的"行传"中，发现在谢墅选择墓地的，不止陈洪绶一个人，陈洪绶也不是第一人。

宗谱记载最先安葬在谢墅的，是维六公派下、陈洪绶堂叔——陈廷佐的两氏（章氏和王氏）。"钶百五十三，讳廷佐，字世亮，号石亭……配章氏……继配王氏……公葬高湖，二氏合葬会稽谢墅。"然后才是陈洪绶与两氏（来氏和韩氏）。"灏七十七，讳洪绶，字章侯，号老莲，又号悔迟……公寿五十四岁（虚岁五十五），卒顺治辛卯十月十六日，与二氏合窆山阴里谢墅官山隩横棚岭下。"

此后，陈洪绶的子孙也多安葬在谢墅。依次有：

陈洪绶次子陈峙桢夫妇。"榆八十九，讳峙桢，更讳稷，字子谷，灏七十七公次子……公氏葬山阴南池埠谢墅山。"

陈洪绶四子陈儒桢夫妇。"榆百四十一，讳儒桢，更讳字，字无名，自号小莲，灏七十七公四子……公卒，与氏合葬山阴里谢墅官山呑陈洪绶公墓侧山，冢向香炉峰。"

陈洪绶之孙、陈峙桢之子陈昭。"炜三十七，讳昭，字懋德，榆八十九公子……公卒葬山阴里谢墅洪绶公墓前左首第二陇小天柱之麓。"

陈洪绶之孙、陈儒桢次子陈豸三氏。"炜二百二十六，讳豸，字冠祖，榆百四十一公次子……配张氏，继配朱氏，又继配潘氏……又继配傅氏。公葬龟山，三氏合葬谢墅。"

陈洪绶玄孙陈朱显夫妇。"鋐十九，讳朱显，字仕登，号念庵，圻十一公子……公氏卒俱葬山阴谢墅陈化祠。"

陈洪绶五世孙陈允绅夫妇。"洽又六十八，讳允绅，字缙卿，号思斋，鋐十九公次子……与氏合葬山阴里谢墅。"（陈洪绶墓碑右首题有"乾隆六十年八月裔孙允绅立"，此"允绅"即陈洪绶五世孙陈允绅。）

陈洪绶六世孙陈光㻲配氏。"森又百四十一，陈光㻲，字敬亭，洽又六十八公长子……配寿氏……氏卒葬谢墅。公卒于甘肃省中，葬浙江会馆地。"

陈洪绶八世孙陈宝贤。"培四百十五，陈宝贤，灿又百九十六公长子。生道光九年己丑十二月安装十日亥时。配白氏。公卒光绪十三年丁亥八月，葬山阴里谢墅。"

除陈洪绶这一个房头，枫桥陈氏也有多人选择在谢墅安葬，譬如"鋐"字辈里就有：

"鋐三十六，讳鸣鹿，字嘉宾，圻五十一公次子。生康熙三十九年庚辰八月二十三日酉时……公卒雍正元年癸卯十月十三日酉时，葬谢墅。"

"鋐四十七，讳鸣鹤，字闻九，圻三十七公次子。生康熙四十二年癸未九月二十八日寅时……公卒乾隆十一年丙寅十一月十三日，葬谢墅。"

"鋐五十一，讳鸣一，字叶飞，圻五十一公三子。生康熙四十二年癸未十二月初八日寅时……公卒乾隆十三年戊辰九月初二日未时，葬谢墅。"

"鋐七十，讳鸣国，圻五十一公幼子。生康熙四十八年己丑二月初四日丑时，葬谢墅。"

……

由此可知，陈洪绶墓所在的山地，以前的确归属于枫桥陈家。谢墅当地人的说法，在宗谱里找到了文字佐证。明清时代，陈氏家族内众多子孙将墓地选择在谢墅，说明陈家人在谢墅所拥有的山林面积还不小。

陈洪绶去世时，家人考虑到枫桥已无田产，而陈洪绶生前又喜欢薄坞一带的自然环境，且陈氏祖茔之山裘园也在薄坞附近，于是按照就近就便的原则，在谢墅官山岙祖遗之山上为陈洪绶选择了一处墓地。虽然这里不是枫桥，但这里的山地属于枫桥陈家，那么在此安葬也算是另一种"叶落归根"吧。况且，陈洪绶的坟墓还在秦望山下裘园附近，离祖茔也近在咫尺，这也算是圆了陈洪绶生前在诗中透露的"守墓近松楸"的一大愿望。

陈洪绶绍兴旧宅成了家族的"考寓"

考寓，就是科举时代供考生复习、备考、居住的寓所，也叫试寓。譬如诸暨，通过县试的童生若要考秀才，就得到绍兴参加府试，因此考生需提前赶到绍兴城。有钱的考生可以花钱住旅馆，家族在绍兴设有考寓的，该家族考生就可以入住考寓，所以考寓是供族人免费使用的"福利房"。譬如枫桥陈氏家族，清代光绪年间就在绍兴设置了这样一所考寓。

枫桥离绍兴不远，往返并不费力，陈氏家族以前在绍兴并不设考寓。之所以后来设置考寓，是因为陈洪绶的八世孙陈宝贤、陈宝善，将祖宅捐给了陈氏萃涣堂宗祠。这件事发生在光绪五年（1879）十月，陈宝贤、陈宝善与陈氏萃涣堂签署了捐书。

捐书如下：

考寓捐书

　　立捐书：陈宝贤等缘九世祖洪绶公位下从前皆因出仕在外，遂各侨居外省，唯贤祖光鬺公一派始于道光年间回籍居住郡城，自兵燹以来，伯叔兄弟相继去世，仅存三叔父南屏及堂弟宝善三人相依为命。去年秋，三叔父又已谢世，临终时以贤等兄弟年俱五十又无子嗣，宝善又系蠢愚不知人事，念及祖父辈神主均未曾入祠附祭，嘱贤："将自置郡城坐落火珠巷司农第内第四进坐北朝南楼屋一所、计正屋四间、前面左右游廊、屋后披屋一间、余地一块、窨池基一块，一并捐入宗祠萃涣堂内，以作试寓，请将祖父辈神主入祠附祭。作寓以外间空房屋所得租钱一半归祠，一半归鼎百四公房下清冬两节代为祭扫历代祖墓之需，如是则庙食墓祭两有所赖，在九泉之下亦瞑目矣。"今贤谨遵遗命，邀请房族，情愿将前项房屋余地尽行捐入宗祠以作试寓。自捐之后，并无异言。欲后有据，爰立捐书，永远存照。

入祠附祭诸公讳列后：洪绪公　光鼎公　光鼎公　光国公　安公　宁公瑞公　蕙贞姑（不给胙）琢公　宝贤　宝善。

光绪五年（1879）十月

立捐书：陈宝贤

同捐：宝善

房族：芝亭、明良、大观、恒盛、序官

捐书中提到的光鼎公，即陈光鼎。《光绪诸暨县志》载陈蕙时提到了其父陈光鼎："贞孝烈女者，姓陈氏名蕙，章侯先生六世孙、湖南武冈州州判陈光鼎女也。光鼎故侨寓云南，以女字云南某氏子。继而东归，寓郡城凤仪桥……"陈光鼎是陈洪绶的六世孙，官至湖南武冈州州判。他原本乔居在云南，后来考虑到祖籍在绍兴，于是举家迁到了绍兴凤仪桥。故凤仪桥的陈光鼎住宅，可能是陈洪绶曾经在绍兴的旧宅，因为宗谱明确记载"本系章侯公旧宅"。

陈光鼎落户绍兴，至其孙辈，家道就中落了。特别是咸丰辛酉（1861）经太平天国兵燹，家庭成员相继去世。至光绪五年，原本一个大家庭只剩下两个没有子嗣的老男人，他们是陈光鼎的孙子陈宝贤和陈宝善。陈宝贤无子，陈宝善愚蠢不知人事。陈宝贤根据三叔南屏公临终时的遗嘱，考虑到祖宗神主尚未入祀萃涣堂，自己死后又无子嗣祭扫，故以入祠、祭扫为交换条件，将坐落在绍兴火珠巷司农弟内的住宅全部捐给了枫桥陈氏萃涣堂，用作陈氏读书子弟的考寓。除考寓外，多余的房子用于出租，租息一半归宗祠，一半用于祭扫之费。

立下捐书后，宝贤、宝善仍继续居住，但同时也兼做了寓所，因为他家的空房子较多。但后经住过的考生反映，说这个地方做考寓并不理想，因为"邻居夹杂，进出不便"。既然此屋不便作考寓，故陈氏萃涣堂决定，在宝贤、宝善去世后，将此屋出售。萃涣堂分谱在《考寓捐书》后附了这样一段文字：

　　此屋不便作考寓，公议出售，得价洋三百元，另置考寓，屋价不足，再议添补，今将捐书暂录于谱，俟别处置就后妥定章程，别撰考寓记。

　　时隔九年，至光绪十四年（1888），枫溪陈氏在绍兴置换考寓。出售陈洪绶旧宅，得大洋 300 块（下文的"三百千文"。一块大洋即一个银元，兑换 1000 个铜板），额外增添大洋 155 块，共花费大洋 455 块（下文的"四百五十五千文"），从山阴县西如坊黄静甫父子处购得房屋一所，坐落于洗马池德字号。于是，陈氏考寓从火珠巷搬到了洗马池。当时的协议分成三份，包括绝卖、找卖、寄户单各一纸，455 块大洋分成三笔支付。选录其绝卖契据如下：

　　　　改置郡洗马池考寓契据
　　　　山阴县西如坊立绝卖屋契人，黄静甫同子玉溪，自己户内德字号房屋一所，挽中情愿出卖与诸暨县陈处名下为业。三面议定，得时值估价钱叁百陆拾千文，其钱当日一并收足。自卖之后，不准回赎，亦无重找，任凭钱主管业，收户办粮并无重叠交关，倘有事端，卖主自行承值，不涉买主之事。欲后有凭，立此绝契为照。
　　　　计开楼屋上下六间，左右侧屋两间，石明堂一个，台门一个。中进平屋三间，左右侧屋一带，石明堂一个，台门一个；前进平屋三间，东至街，西至孔姓基地，南至路，北至洗马池。旧管山阴县西如坊黄姓户，新管诸暨县五十九都枫桥镇陈姓户，坐落洗马池沿，土名当街。
　　　　光绪十四年十一月　日立
　　　　绝卖契人：黄静甫同子玉溪
　　　　中人：黄克斋、陶景福、李孙贵、王敬芳
　　　　代书：陶长春

　　萃涣堂分谱记载了陈氏考寓改置的经过，以及缺口资金的筹措：

　　陈氏考寓旧在郡城火珠巷司农第内，本系章侯公旧宅，光绪五年，由其派下宝贤等捐入萃涣堂作为考寓，旋因邻居夹杂，进出不便，公议出售，得价钱三百千文，遂于光绪十四年另置郡城洗马池房屋一所，出价钱四百五十五千文，不敷钱一百五十五千文，由萃涣堂派下维六、维七、维十、维十三四房如数派捐。

　　从契据所列的明细中看出，新置的考寓是一个四合院，分前、中、后三进，内有石砌天井两个、台门两个、平屋六间、楼屋上下六间、侧屋两间。如此独门独户的一个四合院，作为考寓显得阔绰有余。

　　陈氏考寓大约使用了十年时间。每年有府试时，陈氏学子就提前住进考寓复习备考，府试结束后就关门落锁，故房子的利用率并不高，且因长年无人居住，这样反而加速了房子的老化，故到光绪二十五年（1899 年），陈氏考寓不得不进行维修。此次维修内容包括：一是对后进的楼房略加整理；二是将中进的平房翻作楼房；三是将前进的平房改造成台门。共计花钱七百串有余（一串为 100 文，七百串即为七十千文，相当于 70 块大洋），仍由萃涣堂"维"字四个房头派捐。

　　这次维修并不局限于硬件改造，经过陈氏族人策划，还将考寓布置成陈洪绶的旧居。在新辟的门台上题写了"陈章侯公"的门额，又在中进设置祭台，摆放陈洪绶的神主。这样布置的目的，一是为了让旅居考寓的陈氏学子做到"喝水不忘掘井人"，二是让研究瞻仰陈洪绶的人在绍兴城内找得到陈洪绶的遗址。

　　既然考寓兼有陈洪绶纪念馆的性质，所以陈氏萃涣堂族人商定，对考寓的多余房子对外出租，招人在考寓内长年居住，既给房子增加人气，又便于接待慕名而来的游客。

　　1905 年 9 月 2 日，清政府发布"上谕"，宣布"自丙午（1906 年）科为始，所有乡试、会试一律停止。各省岁科考试亦即停止"。至此，在中国历史上延续了 1300 多年的科举制度正式废除。那么理所当然的，陈氏考寓也就名存实亡了。

　　以前陈氏学子在府试前，必会提前聚居于考寓。科举制度废除后，陈氏考寓也门前冷落了。除陈洪绶后裔每年清明节到绍兴扫墓，顺便会到城里的考寓走一走，枫桥陈氏子弟基本上没人再去洗马池了。陈氏萃涣堂族人担心时间长了房子荒废，索性就将考寓整体出租，每年的租金收入做如此分配：提取大洋 14 块（十四千文），用于陈性学（陈洪绶祖父）房下的祭扫费用；剩余部分用作陈氏初等小学的办学经费。

> 光绪二十五年复因房屋陋恶，醵资重修，后进楼房略加整理，仍招人居住。其中进平房翻作楼房，前进平房开造台门，颜其额曰"陈章侯公"。中进设神座一，供章侯公主，以示不忘所自之意。共计费钱七百串有奇，亦由萃涣堂派下四维派捐，于是庙貌焕然，永峙蠡城。考古者遂得于稽山镜水间求吾章侯公之遗蹱焉。方今国家崇尚实学，罢斥科举，诸生童东奔西驰，罕有过其地者，唯章侯公群从子孙每遇清明墓祭，岁一往寓，年湮代远，恐好废度，爰将房屋招人居住，以其租金所入每年提归都六十八还冲公房下祭扫费钱十四千文，其余津贴陈氏初等小学经费，其房屋亦归学堂及时修整，永远勿替。以上慰章侯公在天之灵，并不没其派下慨助之美意也可。

宣统三年辛亥夏六月萃涣堂公具

至少在宣统三年（1911）六月前，陈氏考寓一直完好地保存着。辛亥革命后，考寓的产权归属于枫桥陈氏学堂，成了学产，这有宗谱上记载的一则"公具"文可作证。但毕竟此房产远在绍兴，使用管理上存在诸多不便，所以，至于后来如何整修，再后来又如何变卖，则不得而知了，也不再有相关文字的记载。

前人希望的"永远勿替"虽未能如愿，但陈洪绶子孙的慷慨乐助却值得颂扬。另外，陈洪绶在天之灵也当稍感欣慰，因为枫桥陈氏族人以陈洪绶为骄傲，后来在宝纶堂故址旁建造了"陈洪绶纪念馆"。这么说来，陈洪绶也算叶落归根了。

陈洪绶家世

今据《宅埠陈氏宗谱》（中华癸酉重纂），就陈洪绶家世做一次全面梳理，汇总如下：

宅埠陈氏始迁祖

迁一，陈寿，字益年，又字玄冈，号寄隐。河南陕州阌乡县官庄里之东皇人，诩善公长子。宋高宗建炎三年，金人犯阙，宋室南迁，与父扈跸如杭，侨寓临安。绍兴五年乙卯，中特奏名进士，除庆元路州学正教授，迁翰林经谕。因上言忤秦桧，贬应奉翰林文字，遂以疾辞职。依外氏卜居于诸暨枫桥梯山宅埠之阳，因行曰"迁"。初配胡氏，桂阳令咸宾公女，生子乾，皆先公卒。继配王氏，教授君章公女，生子泰，女适门人、州学生郑大成。公生崇宁丙戌八月十二日，卒淳熙戊戌二月十五日。胡氏葬杭州慈云岭诩善公墓侧。公与王氏合葬家前溪汇园。

陈洪绶十四世祖

万三，陈泰，字安卿，号朴庵，迁一公次子。配陶氏萧山县学教谕成德公女，子一，曾十。公生绍兴己卯十二月二十日，卒嘉定辛巳十月初九日，合葬家前诸家衕。

陈洪绶十三世祖

曾十，陈本，字理元，号主一，万三公子。配胡氏，子二：明二，明七。

公生淳熙丙午八月二十一日，卒淳祐庚戌七月二十四日，葬家前青园。

陈洪绶十二世祖

明二，陈国，字道之，号爱泉，曾十公长子。两征不仕。自幼刻意坟典，后因十道廉访使姚枢荐，拜翰林文字，以老疾辞归。配潘氏五十一都汉阳通判潘伯洪公女，子三：端一，端三，端五；女端四，适肇何仍二十一公。公生宝诚乙酉六月十一日，卒至元己卯二月十九日，合葬庄坞。

陈洪绶十一世祖

端三，陈北辰，字拱之，号梯山，明二公次子。配喻氏，子六：福一，福二，福三，福五，福七，福八，幼儿福八生而母病，不能乳养，出继弟端五公为嗣。公生淳祐七月十二日，卒月二十日，寿九十有五，合葬八姬堂。

陈洪绶十世祖

福八，陈策，字汉臣，号惜阴，端三公幼子，端五公继子。以文学著。元绍兴路总管泰不花辟为稽山书院山长，不久辞归，后为元将华元游兵所害。配胡氏，子六：礼十二，礼十四，礼十六，礼十九，礼二十一，礼二十三，五子礼二十一出继弟福十公为子。公生大德丁酉十二月二十三日子时，卒至正己亥二月十一日辰时，葬铺前凤山。氏寿九十六岁，葬干溪凤山。

陈洪绶九世祖

陈洪绶礼十九，陈玭，字季玉，号慕椿，福八公四子。生至顺壬申十一月初三日。配阮氏，子四：秩一，秩四，秩六，秩七，三子出继弟礼二十一公为子。公卒永乐己丑三月二十三日，寿七十有八。公氏合葬五十二都何肇金村之原，巽山乾向。

陈洪绶八世祖

秩七，陈蕴，字叔坚，又字太和，号养源，礼十九公四子。生洪武乙卯九月十二日。配虞村虞氏陕西按察使司金事以文公佺女，子五：维六，维七，维十，维十三，维十四。卒宣德壬子六月二十一日，公氏合葬本乡金村阪即青龙阪。

陈洪绶七世祖

维六，陈斋，字仲肃，号南斋，诰封广东南雄府同知，秩七公长子。生洪武丁丑二月二十三日。配杨氏同里蜩鸣公孙女，生洪武乙亥十二月十八日，子五：贞六，贞十，贞十八，贞二十九，贞五十五；女名九贞，适泗村骆准十三。公卒天顺庚辰八月十三日，氏卒天顺癸未六月初一日，合葬祠堂山东陇左单提。

陈洪绶六世祖

贞十八，陈翰英，字廷献，号松斋，维六公三子。生宣德丙午五月初九日子时。以《礼》经中景泰癸酉乡试第五名，五上公车不第，遂谒选，授广东南雄府同知。配本乡骆溪园公孙女、西坞登一公女，生宣德戊申三月初四日申时，子四：寅十五，寅二十三，寅四十九，寅五十七；女二：长适骆晋百十七，次适杨蔬园楼十八。氏卒正德丙寅六月十九日申时，寿七十九；公卒正德乙亥二月十一日申时，寿九十，合葬祠堂山西陇右单提之原。其著作、政绩、生卒、行述详载传文，《邑志》名宦、乡贤两崇祀焉。

陈洪绶五世祖

寅五十七，陈元功，字应武，一字康伯，号柏轩，贞十八公四子。生天顺甲申六月二十四日。善诗文，太学生，援例授德府典膳所典膳正。配同里骆氏逸叟公女，生成化丁亥五月二十三日，子五：廉二十四，廉三十六，廉四十六，廉五十八，廉六十七；女一，适司寇冯珏子庠生昌运。氏卒嘉靖甲午七月十一日，公卒嘉靖甲午七月二十八日，葬祠堂山贞十八公墓侧。所著书集与行状、生卒详载墓志铭。

陈洪绶高祖

廉三十六，陈衮，字懋贤，号文峰，又号碧崖，寅五十七公次子。县学生，入监例贡，后以孙都六十八贵，赠通奉大夫、广东布政使司左布政使。配郑氏，州判天骏公女，累赠夫人，女二：长适楼呈宪，次适骆瑞庆。继配章氏。继配黄阆斯氏宿儒公女，累赠夫人，子一，鼎百四。庶王氏，子一，鼎百六，出继弟廉五十八公为嗣。公葬东坞宋家岭，郑氏章氏葬祠堂山西陇，斯氏葬西阪蟹形，王氏葬宋家岭。公氏行状生卒详载传志。

陈洪绶曾祖

鼎百四，陈鹤鸣，字子声，号闻野，廉三十六公长子。太学生，廪例贡生，考授京卫经历，改选扬州府经历，邑志以循吏载后，以长子性学贵，累诰封广东布政使司左布政使，卒后又以三子善学贵，追赠正奉大夫。生嘉靖丙戌四月初十日午时。配同里楼氏继明公女，生嘉靖丙戌十一月十四日申时，累诰赠夫人，子二：都六十八，都百六十九，次子出继弟鼎百六公为嗣。氏卒隆庆辛未五月十六日。继配乌程马氏马茗公长女，累诰太夫人，子二：都二百五十二，都二百六十七；女五，其适处及公氏行实详于志状。公卒万历癸卯正月十三日，寿七十八岁，葬五十八都干岭亭子峰之原。楼夫人马夫人合葬山阴二十九都秦望山裘园之麓，塚北向。

陈洪绶祖父

都六十八，陈性学，字所养，号还冲，鼎百四公长子。生有异资，七岁自联其书室曰："刺股每怀分夜志，杜门常抱惜阴心。"万历丙子中浙江乡试第十五名，丁丑中会试七十七名，殿试三甲十三名。初授行人司行人，历仕至陕西布政使司左布政使，整饬湖北、榆林兵备，苗感其义，尽化良民，宦迹显著，继详志铭。生嘉靖丙午正月二十四日。配同里骆氏友直公次女，封夫人，子三：钶三十六，钶七十七，钶九十五；女四：长适太学生楼成梧，次适刑部郎中山阴鲁公锦子廪生湘，三适湖广按察司副使骆问礼孙庠生方至，季适兵部主事山阴俞公意孙、太学生大临。公卒万历癸丑七月初七日，与氏合葬本境阮家山，乡贤、名宦两崇祠焉。

陈洪绶父

钶九十五，陈于朝，字孝立，号饮冰，一号蓊溟，都六十八公三子。县学廪生。性至孝，读书于苎萝山之西竹庵，恒与名士游玩，触景吟咏，著有《苎萝山稿》《自得斋稿》。其行状详载邑志传文。公生隆庆壬申十二月初四日。配王氏本乡纯斋公孙女，生万历乙亥九月二十七日，子二：灏四十一，灏七十七；女一，适萧山大学士来宗道子咨诹。公卒万历丙午五月十八日，氏卒万历乙卯二月十三日，合葬五十二都子安山。有司旌其孝，宗祠乡贤。

陈洪绶兄

灏四十一，讳胥邕，字洪绪，号亢侯，钶九十五公长子。杭州府学增广生，例贡。同修宗祠，纂族谱。生万历癸巳六月二十一日。配胡氏江西袁州府通判大臣公女，子一，榆十三。公卒崇祯壬午四月十一日，与氏合葬五十二都子安山。

陈洪绶

灏七十七，字章侯，号老莲，又号悔迟，钶九十五公次子。县学生。生万历戊戌十二月二十七日。授例贡，入太学，积分屡优，未几归里。及鲁藩监国，授翰林院待诏。所著有《宝纶堂遗稿》，其诗文字画国中洋溢，凡学士文人无不识巅末而珍公节义，其行述细载传志。配萧山来氏大方伯斯行公女，女一，适楼。继配韩氏杭州卫指挥同知女，子六：榆七十六，八十九，百十四，百四十一，百四十五，百六十五；女二：长适福建副使张汝霖公曾孙庠生桢耆，次适楼。公寿五十四岁，卒顺治辛卯十月十六日，与二氏合窆山阴里谢墅官山隩横棚岭下。庶胡氏，名净鬟，亦能画花草。

注：宗谱记载陈洪绶卒年有误。陈洪绶卒于顺治九年壬辰（1652），寿五十五岁。出现错误是因为受孟远《陈洪绶传》的影响，内有"年五十四"的记载。

陈洪绶子（含侄）

榆七十六，陈义桢，字不害，灏七十七公长子。生天启乙丑十二月三十日戌时。配王氏，子一，早世，继侄炜三十七长子圻十一为孙。

榆八十九，陈峙桢，更讳稷，字子谷，灏七十七公次子。太学生。生崇祯戊辰正月十八日卯时，配山阴殿元张阳和公孙女，子一，炜三十七。公氏葬山阴南池埠谢墅山。

榆百十四，陈楚桢，字子晋，灏七十七公三子。生崇祯庚午三月二十一日丑时。配庠生王正义公女。

榆百四十一，陈儒桢，后更名为字，字无名，自号小莲，灏七十七公四子。太学生，考授州同。方龀时，即知孝友读书，追慕字画，出塾，人多异之。又喜吟诗，追老精工奇突，与父洪绶公令闻后先追随。生崇祯甲戌五月初一日辰时。配周氏，子一，炜七十一。继配徐氏，子一，炜二百二十六，女二：长适山阴庠生朱份，次适太学生张行健。公卒与氏合葬山阴里谢墅官山呑陈洪绶公墓侧，山塚向香炉峰。

榆百四十五，陈芝桢，字子政，灏七十七公五子。生崇祯乙亥五月十六日亥时。早世。

榆百六十五，陈道桢，字子德，灏七十七公六子。生崇祯丁丑五月二十日午时。早世。

（侄）榆十三，讳世桢，字伯翰，灏四十一公子。县学生。生万历壬子四月初十日未时。配同里骆氏太仆寺卿方玺公长女，子一，炜二，女二：长适庠生楼邦立，次适前阪何子就。公卒崇祯壬午六月二十九日亥时，与氏合葬五十二都子安山。

陈洪绶孙（含侄孙）

炜三十七，陈昭，字懋德，榆八十九公子。由吏员功加都司签书。生顺治丁亥十二月十八日未时。配孙氏。继配李氏，子二：圻十一，圻百二十六，长子出继榆七十六公为孙。公卒葬山阴里谢墅洪绶公墓前左首第二陇小天柱之麓。

炜七十一，陈国昇，字旭彰，榆百四十一公长子。生顺治癸巳十一月十二日寅时。配杨氏，子一，圻又二十八。继配吴氏，女一，适程应龙。公氏葬杭州西湖顶。

炜二百二十六，陈豸，字冠祖，榆百四十一公次子。由吏员授河南开封府仪封县典史。生康熙壬子八月初七日酉时。配张氏。继配朱氏。又继配潘氏，子一，圻三百一。又继配傅氏。公葬龟山，三氏合葬谢墅。

（侄孙）炜二，讳尉燇，字见远，楠十三公子。会稽县学生。生崇祯己巳闰四月初一日戌时。配山阴贡生叶十州公女，子二：圻一，圻二；女二：长适寿北平，次适何省安。公卒康熙己巳十月二十七日丑时，与氏合葬子安山。

陈洪绶曾孙

圻十一，陈克圣，字可清，炜三十七公长子，楠七十六公继孙。太学生。生康熙丁未九月二十日亥时。配朱氏，子一，鋐十九。公卒与氏俱葬山阴白洋山西首。

圻又二十八，陈大本，字立仁，号两亭，炜七十一公子。居京城。生康熙癸丑十一月二十六日卯时。配任氏，子一，鋐又十九，女一，适舞阳知县蔡汝齐公子。公氏卒归葬杭州西湖顶。

圻百二十六，陈垕，字永载，炜三十七公次子。生康熙庚午十一月二十二日子时。配沈氏，子一，鋐九十九。

圻三百一，陈大望，字云来，炜二百二十六公子。由吏员考授典史。生康熙丙戌十月十六日巳时。配白洋朱氏，子二：鋐二百十，鋐二百五十三。公氏葬龟山。

陈洪绶玄孙

鋐十九，陈朱显，字仕登，号念庵，圻十一公子。生康熙三十二年癸酉七月初七日巳时。寄居山阴白洋。初任云南恩安县典史，补福建仙游县典史。配三江江南梅渚司巡检张浩如公次女，子三：洽又十四，洽又六十八，洽又八十六；女三：长适峡山何煊。公氏卒俱葬山阴谢墅陈化祠。

鋐又十九，陈民则，字敷典，圻又二十八公子。生康熙三十二年癸酉八月二十七日亥时。配吴氏，子二：洽八，洽十六。住京城。

鋐九十九，陈淇恒，字士宰，圻百二十六公子。生康熙五十二年癸巳四月二十六日戌时。配□氏，子三：洽又百七十五，洽二百十七，洽二百四十三。（"□"为原文所缺）

鋐二百十，陈式鹏，字运南，圻三百一公长子。生雍正五年丁未闰三月十六日戌时。葬龟山。

铉二百五十三，陈式鹗，字性南，圻三百一公幼子。生雍正八年庚戌十月初五日亥时。出外。

陈洪绶五世孙

洽八，讳汝志，铉又十九公长子。生康熙五十六年丁酉十月十九日寅时。住京城天津会。

洽又十四，陈绍绅，字缙云，铉十九公长子。生康熙六十年辛丑四月二十八日未时。配陡亶吕氏，子四：森七，森十二，森十七，森二十六。

洽十六，陈汝思，铉又十九公次子。生康熙六十一年壬寅十一月二十六日申时。住京城天津卫。

洽又六十八，陈允绅，字缙卿，号思斋，铉十九公次子。丁酉科拔贡，朝考钦定第二十五名，补授八旗官学教习，期满选授甘肃巩昌府会宁县知县，历任安定文县知县。生乾隆元年丙辰四月二十日午时。配云南恩安县冯公女，子二：森又百四十一，森又百七十一。庶向氏，子一，森又四百八十一。公卒嘉庆□□十一月初七日，与氏合葬山阴里谢墅，冯氏葬郡城偏门外里木栅小桥内。（注：陈洪绶墓碑右首题有"乾隆六十年八月裔孙允绅立"，即为此人。"□□"为原文所缺）

洽又八十六，陈佩绅，字缙贤，铉十九公三子。生乾隆三年戊午四月初二日未时。

洽又百七十五，陈经邦，铉九十九公长子。生乾隆十三年戊辰正月二十日申时。

洽二百十七，陈经国，铉九十九公次子。生乾隆十六年辛未十一月十二日申时。早世。

洽二百四十三，陈经宇，铉九十九公三子。生乾隆十九年甲戌五月十五日卯时。

陈洪绶六世孙

森七，陈光裕，洽又十四公长子。生乾隆六年辛酉六月十四日巳时。
森十二，陈光志，洽又十四公次子。生乾隆八年癸亥。
森十七，陈光美，洽又十四公三子。生乾隆十一年丙寅。

森二十六，陈光业，洽又十四公幼子。生乾隆十三年戊辰。

森又百四十一，陈光黼，字敬亭，洽又六十八公长子。太学生，授山东荣城县典史。生乾隆三十四年己丑二月二十日。配寿氏，继二弟森又百七十一公次子灿又二百九为嗣。氏卒葬谢墅。公卒于甘肃省中，葬浙江会馆地。

森又百七十一，陈光𪏪，字怀亭，号仲华，洽又六十八次子。生乾隆三十六年辛卯十二月初三日子时。云南籍，庠生，入监。原任湖南武冈州州同，候补布政使理问，移居府城凤仪桥。配总督姚义之公曾孙女、贵州甘肃阶州直隶州知州姚继祖公孙女，子四：灿又百九十六，灿又二百九，灿又二百二十五，灿又四百四十四，次子出继兄森又百四十一公为嗣；女五：长名蕙贞，三适前任本邑知县山东马寿昌，四适新宁县典史龚楣公子。公卒道光十六年丙申八月十七日，葬偏门外里木栅小桥内，氏葬偏门外销龙桥鹦哥山。

森又四百八十一，陈光国，洽又六十八公幼子，生嘉庆二年丁巳九月初九日。配新昌县吕氏，子三，因俱无生辰，故未入行第系图。

陈洪绶七世孙

灿又百九十六，陈安，更名璋，森又百七十一公长子。生嘉庆五年庚申六月十七日午时。配刘氏，子三：培四百十五，培四百五十八，培五百三十三。公卒葬郡城偏门外销龙桥鹦哥山。

灿又二百九，陈宁，字顺璠，森又百七十一次子，森又百四十一公继子。生嘉庆六年辛酉八月十七日戌时。配王氏，继弟灿又二百二十五公长子培三百十六为嗣。公卒嘉庆二十二年丁丑二月十七日，厝宝庆府邵阳县。

灿又二百二十五，陈瑞，字辑五，号慕庭，又号南屏。森又百七十一公三子，生嘉庆七年壬戌十有十九日未时。配裘氏，子二：培三百十六，培四百二十九，长子出继兄灿又二百九公为嗣。公氏卒合葬山阴偏门外鹦哥山。

灿又四百四十四，陈琢，字子云，森又百七十一公幼子。生嘉庆二十二年丁丑五月初一日寅时。配举人漓渚傅钟麟公长女。

陈洪绶八世孙

培三百十六，陈宝义，灿又二百九公继子。生道光五年乙酉十一月初九日酉时。配山邑秋官第周绍龄公三女，子一，锟二百六十三，女一。

培四百十五，陈宝贤，灿又百九十六公长子。生道光九年己丑十二月安装十日亥时。配白氏。公卒光绪十三年丁亥八月，葬山阴里谢墅。

培四百二十九，陈宝善，灿又二百二十五公幼子，生道光十年庚寅七月初八日未时。配王氏。

培四百五十八，陈宝任，灿又百九十六公次子。生道光十二年壬辰十月十一日巳时。

培五百三十三，陈宝常，灿又百九十六公幼子。生道光十六年丙申六月十九日申时。

陈洪绶九世孙

锟二百六十三，陈茂荣，字根生，培三百十六公子。生咸丰二年壬子五月二十七日辰时。

……

《宅埠陈氏宗谱》至"锟二百六十三"后不再有陈洪绶后代的记载，但这并不意味着他没有后裔了。实际上，因为枫桥宅埠陈氏历代修谱时，对于居住在外的陈洪绶后代缺乏详细的考证与搜寻，导致对陈洪绶子孙后代的记录不全。从上述行传中不难发现，陈洪绶后代有居于北京的，有居于天津的，有居于山阴白洋的，有居于绍兴凤仪桥的。

其实，枫桥宅埠陈氏家族后来确实也发现了陈洪绶在北京的后裔。如《萃涣堂春秋二祭祝文》后就注有这么一条："赐进士出身、福建漳平县知县，森又九十七，汇义府君，公属寅五十七房钶九十五于朝公派下，向系仕居于外，故图传失考。"这个进士陈汇义，顺天大兴籍，宗谱说陈汇义是陈于朝派下，则基本可断定是陈洪绶的六世孙。

《诸暨历代进士名录》载陈汇义："乾隆三十一年（1766）丙戌科张世勋榜。顺天大兴籍，字子茹，三甲六十二名。"在宅埠陈氏宗谱上，陈汇义的行第是森又九十七。宗谱行传载："洽□□公子，赐进士出身，福建漳平县知县。公居官清廉，因公亏累其房族，恐被株连，删去谱牒，年湮代远，漫无可稽，兹姑从其中式进士年月日附行传，以待查访。"（"□□"为原文所缺）类似这样"漫无可稽""以待查访"的事发生和积累多了，陈洪绶后代繁衍的脉络也就渐渐模糊了。

陈洪绶大事年表

明万历二十六年　戊戌（1598）　一岁

是年，陈洪绶出生于诸暨县枫桥长阜乡长道地。

《宅埠陈氏宗谱》载：陈洪绶"生万历戊戌十二月二十七日"。父陈于朝，本年二十七岁。母王祖齐，本年二十四岁。兄陈洪绪，本年六岁。

明万历二十九年　辛丑（1601）　四岁

是年，与山阴张尔葆女儿定亲，并就塾张尔葆家，作巨幅关羽像于壁。

明万历三十四年　丙午（1606）　九岁

五月十八日，父陈于朝去世，年三十五岁。

明万历三十五年　丁未（1607）　十岁

是年，与兄陈洪绪读书于涉园前之搴霞阁。

至杭州学画。陈洪绶濡笔作画，钱塘画家蓝瑛、孙杕见而奇之。数摹杭州府学李公麟所绘之《孔子及七十二弟子圣贤图石刻》，改变其法，易圆为方。

明万历三十七年 己酉（1609） 十二岁

约此时，作水墨设色《乾坤交泰图》，现藏浙江省博物馆。

明万历三十九年 辛亥（1611） 十四岁

是时，陈洪绶之画极受欢迎，一悬于市中就被卖走。

明万历四十一年 癸丑（1013） 十六岁

七月初七日，祖父陈性学殁，年六十八岁。

明万历四十二年 甲寅（1614） 十七岁

年底，入赘萧山，侍妇翁来斯行先生几杖。（见陈于朝《苎萝山稿》）

明万历四十三年 乙卯（1615） 十八岁

二月十三日，母王氏殁，年四十一岁。

是年，刘宗周在绍兴讲授性命之学，陈洪绶师事之。

此年秋作《无极长生图》于广怀阁，现藏上海博物馆。

明万历四十四年 丙辰（1616） 十九岁

八月，画扇面《人物图》（现藏故宫博物院）。图左款识："丙辰八月，子婿陈洪绶写寄槎庵翁岳父为寿。"

冬，在萧山松石居和来风季一起学《离骚》，来风季取琴作激楚声，陈洪绶作《九歌》人物十一幅，始《东皇太一》，终《礼魂》，又画《屈子行吟图》一幅，凡两日而就。

是年，陈洪绶自言："读书五行齐下，过目俱能成诵。"

明万历四十五年 丁巳（1617） 二十岁

三月十五日，画十八罗汉册页于大悲堂。

是年，读《华严经》，寝食俱废。

明万历四十六年 戊午（1618） 二十一岁

是年为诸生。《寿诸东柱》："戊午与君为诸生，不觉于今十年矣。"

是年，陈洪绶声望斐然，世人争相交结，然只重其画画而已。督学索画，勿与。

是年，陈洪绶开始嗜酒，学诗，喜草书，工画。

明万历四十七年 己未（1619） 二十二岁

是年作《火中神像》《罗汉与护法神像》《枯木竹石图》《松下独立图》《摹古册·双松图》，皆藏美国纽约大都会艺术博物馆。

明万历四十八年 庚申（1620） 二十三岁

正月二十九日，为山阴友人陈至谟作《准提佛母像》，现藏美国纽约大都会艺术博物馆。

三月，在杭州西湖岳坟应名妓董飞仙之请，画莲花图并赋七绝。

是年曾游杭州灵鹫寺。秋，作《奇峰孤城图》，现藏美国纽约大都会艺术博物馆。

明天启元年 辛酉（1621） 二十四岁

是年乡试失利，仕途不得志。

作《双木三鸟图》《乱山丛树图》《月下捣衣图》，皆藏美国纽约大都会艺术博物馆，总题《早年画册十二开》。

明天启二年 壬戌（1622） 二十五岁

是年，作《铸剑图》，现藏上海博物馆。作《三松图》，现藏广州美术馆。作《桃花扇图》，现藏台北"故宫博物院"。作《洞瓶插花图》，现藏美国纽约大都会艺术博物馆。

明天启三年 癸亥（1623） 二十六岁

春，妻来氏卒。临逝，嘱以旧服及简衣殓。陈洪绶甚为伤感，作诗以记之。

陈洪绶以家事飘蓬，兼因亲戚不相容，毅然北上。夏秋间游天津，得诗数百首。

是年，陈洪绶在北京甚穷困。

明天启四年 甲子（1624） 二十七岁

正月，在京得病，逾五六月始愈。

六月底，从京南返诸暨。

九月二十五日，赏红叶于诸暨，得《红树》诗十首。此时，周亮工因父官诸暨，省亲，与陈洪绶数游五泄，成笔墨交。

秋冬间，陈洪绶读书于杭州灵隐韬光山下峋嵝山房。此时，陈洪绶续娶杭州卫指挥同知韩氏女。

作《山水人物图》扇面，现藏故宫博物院。

明天启五年 乙丑（1625） 二十八岁

是年作《水浒图卷》，共四十人。

十二月三十日，长子义祯生。

明天启六年 丙寅（1626） 二十九岁

夏秋间，写佛于西湖南岸。

八月二十六日，为来斯行六十寿辰制序贺之。

明天启七年 丁卯（1627） 三十岁

正月底，在枫桥牛头山永枫庵东廊勤奋读书。五日后，以访社友入城，遂留试。

六月试毕归故里，旋渡江至杭州。

十一月八日，与叔觊生、宬铭、面之等游永枫庵，作《游永枫庵记》。

是年，作《三教图》，现藏无锡博物院。为来廿八画《梅花小鸟图》，现藏美国翁万戈处。在杭州为杨闾生作《古木秋天图扇》，现藏美国纽约大都会艺术博物馆。

是年，陈洪绶仍未有功名，陈洪绶《寄三叔祖》："羞我年三十，为文未成篇。酒味颇有得，功名罔计焉。"（三叔祖为陈善学。）

明崇祯元年　戊辰（1628）　三十一岁

正月十八日，次子峙桢生。

六月，为豫庵先生作《人物山水册》十二幅，在题记中感官隐之事。

是年作《花鸟册》十页，现藏广州美术馆。

陈洪绶《戊辰冬看山归晚饮村居点韵一首政梅老》云："吾以陶为诗，能成平远诗。每逢好时节，点韵不移时。"

明崇祯二年　己巳（1629）　三十二岁

闰四月初一日，侄孙尉燽（字见远）生。陈洪绶作《长麟得成郎喜赋》，有"吾年三十二，今日得侄孙"。

是年在清泉草亭画凤尾墨竹，现藏上海博物馆。作《墨竹》轴，现藏安徽博物院。又作《凤尾墨竹》，程十发藏。

明崇祯三年　庚午（1630）　三十三岁

三月二十一日，三子楚桢生。

五月，故居醉花亭构成，因奔走功名而不得坐感赋。

八月就试，未被录取，愁栖西湖，兄洪绪为招亲友相陪，买酒买舟以宽慰。

九月，为好友单继之画绢本山水一幅于醉花亭。

冬，作人物一幅，写贺张平子卜居，此图现在上海。

十二月，为季方画《岁寒三友图》。

明崇祯四年　辛未（1631）　三十四岁

六月，应萧山来咨隆请，画其亡父母像《来鲁直小像》《来鲁直夫人像》。

是年，为豫安居士所作的《岁朝清供图》画成，现藏故宫博物院。

明崇祯五年 壬申（1632） 三十五岁

是年秋，第二次北上入京。夜泊横市，有诗寄内。在京与倪元璐等人交游，纵酒谈诗。

九月，作《苏武李陵图》轴，现藏青岛市博物馆。

明崇祯六年 癸酉（1633） 三十六岁

是年春离京南归，作《蕉石图》并赋诗辞别倪元璐。

三月，作《花鸟册》十开，现藏上海博物馆。

四月，岳父来斯行卒，年六十七岁。

是年作《松石罗汉图》，现藏故宫博物院。作绢本《山水人物》立轴，现藏美国纽约大都会博物馆。

明崇祯七年 甲戌（1634） 三十七岁

五月初一日，四子儒桢（陈小莲）生。

九月，在借园作《林壑泉声图》扇，现藏上海博物馆。

十月，与张岱、曾鲸、赵纯卿等人集会于杭州西湖"不系园"，极文会歌舞之乐。

明崇祯八年 乙亥（1635） 三十八岁

年初，病目二月。

春，作《乔松仙寿图轴》，现藏台北"故宫博物院"。

四月初七，赵公简生日，集众亲友合钱觞于枫溪，并赋诗赠之。

五月十六日，五子芝桢生。

十一月初一日，与社友采菊赋诗于溪山。

明崇祯九年 丙子（1636） 三十九岁

九月，在绍兴祁彪佳家中观演《拜月记》，席半，游寓山，及暮乃别。

十二月，作《三墨图》轴于焚香馆。

明崇祯十年 丁丑（1637） 四十岁

五月二十日，六子道桢生。

明崇祯十一年 戊寅（1638） 四十一岁

十二月，萧山来钦之《楚辞述注》付刻，以陈洪绶十九岁所画的《九歌》作插图，陈洪绶作序。

是年作《宣文君授经图》祝姑母寿，现藏美国克利夫兰艺术博物馆。作《松竹芝石图》轴，现藏上海文物商店。

明崇祯十二年 己卯（1639） 四十二岁

是年秋，摹李公麟《乞士图》，现藏故宫博物院。

十二月，在杭州西湖定香桥畔为马权奇书《张深之先生正北西厢秘本序》，并作插图六幅。

腊月，为孟称舜《节义鸳鸯冢娇红记》题签、评点、制序，并作《娇娘像》插图四幅。

明崇祯十三年 庚辰（1640） 四十三岁

约是年正月，第三次进京，沿途写了很多诗。

明崇祯十四年 辛巳（1641） 四十四岁

正月十五日，元宵灯市，见《吴草庐先生外集》一书，先因此书原为内府所藏而不敢买，然实爱之不舍，问于友人，后终购之。事后作《买书记》。

二月，作《萱花芝石图》轴，现藏广东省博物馆。

明崇祯十五年 壬午（1642） 四十五岁

是年，挟策入资为国子监生，试辄高等。

四月十一日，兄陈洪绪殁，年五十岁。

六月二十九日，侄陈世桢殁，年三十一岁。

明崇祯十六年　癸未（1643）　四十六岁

二月十三日，刘宗周受谴离京，赋诗赠别。

三、四月间，召为舍人，使临历代帝王像，因得遍观内府画，艺事益进。与顺天崔子忠齐名，时称"南陈北崔"。后被命为内廷供奉，不拜。此时名声斐然，公卿均以识面为荣，得其片纸，珍若圭璧。

清明节前后，接到家书，慨然沿运河南归，有《留别》诗三首。

七月，过天津杨柳青，于舟中画《饮酒读骚图》，现藏上海博物馆。

是年，为张岱之友周孔嘉作《水浒牌》（《水浒叶子》）。

明崇祯十七年、清顺治元年　甲申（1644）　四十七岁

春夏间，僦居绍兴青藤书屋。青藤书屋原为徐渭读书之处，洪绶父陈于朝与徐渭是忘年交，后青藤书屋为洪绶之宅。洪绶身后数年，书屋中青藤便为风雷所坏。

九月，友人劝陈洪绶应南京科举，洪绶赋诗辞之。

是年，陈洪绶闻知国变，在绍兴哭泣狂呼，见者咸指其为狂士。

清顺治二年　乙酉（1645）　四十八岁

正月，赋五言律诗《春雪六首》，借寄亡国离乱之痛。

二月，在绍兴龙山作《杂画册》十对幅，现藏故宫博物院。

六月，在张岱家侍饮鲁王，王命画扇，洪绶因酒醉而未能提笔。

鲁王监国，征陈洪绶为翰林，隆武帝闻洪绶之名，遣使以御史召，皆不赴。

时马士英以重礼求一见，陈洪绶闭门拒之。

是年作《秋江泛手艇图》扇，现藏故宫博物院。

清顺治三年　丙戌（1646）　四十九岁

五月底，清兵下浙东，被虏，因拒画险遭杀害。

六月，避乱山中，自鹫峰至云门寺，剃发为僧，改号为"悔迟""悔僧""云门僧"等。

夏秋间，将四子儒桢为其集录诗稿，展阅裁删，定名为《宝纶堂集》。

九月底，薄坞有老妪舍地给其结茅，遂卜居薄坞。

冬，作《杂画册》八幅，此画原藏嘉兴沈氏海日楼。

除夕，自序《避乱草》于秦望之竹楼。

清顺治四年 丁亥（1647） 五十岁

三月，受友人劝，为卖画方便，从薄坞移家绍兴。

九月，诸暨民暴动，知县领兵杀戮数千家，陈洪绶作诗多首。

十二月十八日，孙昭（次子峄桢子）出生。

清顺治五年 戊子（1648） 五十一岁

正月初八日，作《枯木竹石图》于张墨妙之高寄轩。（见张大千《大风堂书画录》）

八月，在枫桥故里无见阁作《松溪高士图》，现藏天津博物馆。

是年，与毛奇龄相识。

清顺治六年 己丑（1649） 五十二岁

正月，寓杭州吴山。作《抱琴采梅图》扇，现藏上海博物馆。

九月，因友人之约，为《生绡剪》题名。

是年，为南生鲁画《四乐图》，现藏瑞士苏黎世利特伯格博物馆。作《吟梅图》轴，现藏南京博物院。

清顺治七年 庚寅（1650） 五十三岁

是年，在杭州定香桥为周亮工作《陶渊明归去来图》，现藏美国夏威夷州立美术馆。在护兰书堂作《斗草图》轴，现藏辽宁省博物馆。在眠云法堂作《秋游图》，现藏上海博物馆。作《松荫幽憩图》卷，现藏广东省博物馆。作《持扇仕女图》，现藏辽宁省博物馆。作《蕉荫丝竹图》轴，现藏绍兴市博物馆。

清顺治八年　辛卯（1651）　五十四岁

春，卢子由严追《生绡剪》一事，陈洪绶被迫写《辩揭》一文。

四月，与姜延干游西湖及吴山。

七月十五日，自书诗序于吴山火德庙西爽阁。

是年，周亮工入闽，途经杭州，再晤陈洪绶于定香桥畔，陈洪绶为之作《高士雅筵图卷》等大小横直四十二件。

是年，为沈颢画《隐居十六观图册》，现藏台北"故宫博物院"。作《烟霞策杖图轴》，现藏首都博物馆。

清顺治九年　壬辰（1652）　五十五岁

年初二，从杭州乘舟归绍兴。

是年，画《白描罗汉卷》；又画《西园雅集图卷》，未竟，或为绝笔。

十月十六日卒，享年五十五岁。葬绍兴谢墅官山岙横棚岭下。

洪绶卒后不久，配享刘宗周祠和名宦祠。

参考书目

[1] 陈洪绶.宝纶堂集：全2册[M].陈传席，点校整理.天津：天津人民美术出版社，2016.

[2] 陈洪绶.陈洪绶集[M].陈传席，点校.北京：中华书局，2017.

[3] 陈于朝.芑萝山稿[M].陈洪绪、陈洪绶刻本.1615（明万历四十三年）.

[4] 张岱.石匮书后集[M].北京：中华书局，1959.

[5] 张岱.张岱诗文集[M].夏咸淳，辑校.增订本.上海：上海古籍出版社，2014.

[6] 张岱.三不朽图赞[M].公孙夏，点校.杭州：浙江古籍出版社，2017.

[7] 吴敢，王双阳.丹青有神：陈洪绶传[M].杭州：浙江人民出版社，2008.

[8] 王璜生.陈洪绶[M].长春：吉林美术出版社，1996.

[9] 陈传席.陈洪绶[M].石家庄：河北教育出版社，2003.

[10] 葛焕标，骆焉名，楼长君.陈洪绶[M].福州：海潮摄影艺术出版社，2005.

[11] 贾德江.中国画名家经典画库：陈洪绶[M].石家庄：河北美术出版社，2001.

[12] 欧阳云.董其昌与陈洪绶绘画艺术读解与鉴赏[M].西安：陕西人民美术出版社，2010.

[13] 陈遹声，蒋鸿藻.光绪诸暨县志[M].杭州：浙江古籍出版社，2017.

[14] 沈椿龄，楼卜瀍.乾隆诸暨县志[M].杭州：浙江古籍出版社，2017.

[15] 《宅埠陈氏宗谱》陈讷、陈诜修篆 中华癸酉（1933）

[16] 陈洪绶.中国古代名家作品选粹：陈洪绶 [M].北京：人民美术出版社，
　　　2011.

[17] 《万一楼集》骆问礼著 骆先行、骆中行刻本 明万历三十九年

[18] 陈炳荣.枫桥史志 [M].北京：方志出版社，1998.

[19] 陈强.清气满乾坤："枫桥三贤"的清廉风范 [M].沈阳：辽海出版社，20